JN059399

日本で働く

外国人労働者の視点から

伊藤泰郎・崔博憲 編著

松籟社

目次

第2部　技能実習生

第3部　日系人

第4部　さらなる周縁へ

凡例

・★1、★2……は註を表し、註記は近傍の左ページに記載した。
・引用文中および会話データの〔　〕は筆者による補足を表す。
・〔……〕は筆者による省略を表す。
・文献情報は〔　〕でくくり、〔著者名、発行年、参照頁〕の形で表した。
当該文献は論末の文献一覧に記載している。

序章　外国人労働者から見える日本社会

崔博憲

1　外国人労働者に依存する日本社会

少し目を凝らして、いまの日本の何気ない日常を見てみると、それがどれほど多くの外国人労働者に支えられているのかが分かる。

わたしは、朝、出勤する途中、コンビニに寄って弁当をよく買うのだが、買った弁当をレジで会計をしてくれるのは、前の晩から働いている留学生だ。弁当に入っているトマトやホウレンソウ、レタス、キャベツ、ゴボウ等を栽培する農場、豚や牛、鶏を飼育する畜産場、魚を獲る漁船や養殖場の多くで、技能実習生は欠かせない働き手である。また、そうした食材を調理して容器に詰め込む食品加工場でも留学生や日系人、日本人と結婚した外国人女性が働いている。さらに言えば、弁当の容器、弁当を温める電子レンジ、弁当を配送するトラックの部品を製造する工場のラインにも技能実習生や日系人が立っているだろう。こうした外国人労働者たちが昼夜を問わず働いていることで、わたしたちは気軽にコンビニ弁当を買って食べることができるのである。

コンビニ弁当だけではない。地域を支える産業も外国人労働者なしにはもはや成り立たなくなっている。たとえば、わたしがいま暮らしている広島は牡蠣の産地として有名だが、その生産を担っているのはベトナム、中国、インドネシアからやって来た技能実習生、新日系と呼ばれるフィリピン出身者たちである。彼／彼女たちの働きがあってはじめて、わたしたちは手ごろな値段で牡蠣を食べることができている。広島の牡蠣だけではない。日本各地の○○名物や□□名産、あるいは国内生産といった表記の背景には多くの外国人労働者がいる。

ジャーナリストの安田浩一は「典型的な日本の風景や地場産業は低賃金で働く外国人がいることで、ぎりぎりのところで生き永らえている」と述べているが〔安田、二〇一四、一二七頁〕、今日の日本は社会全体が外国人労働者に依存して生き永らえていると言えるだろう。

2　戦後日本と外国人労働者の受け入れ

厚生労働省の「外国人雇用状況」の届出状況によれば、二〇一九年一〇月時点で約一六六万人の外国人が日本国内で働いており、その大半を占めているのが日系人や技能実習生、留学生、日本人と結婚した外国人女性たちである。彼／彼女たちこそが、日本人のやりたがらない仕事を担い、今日の日本の日常を、風景を、地場産業を、社会全体を支えている。ここでは、そうした多くの外国人労働者によって支えられる現在に至るまでの流れを簡単に確認しておこう。

かつて帝国として多民族の協和を掲げていた日本は、敗戦後、対外的関係と内的な差異が再編されるなかで、社会の均質性を標榜するようになる。戦後日本は、海外からの労働力移入をすることなく、朝鮮戦争やベトナム戦争の特需、安い石油の輸入といった追い風に乗って経済成長を遂げたのだが、その成功体験は「均質な日本」という神話に都合よく接合され、喧伝された。そうした戦後空間のなかで、神話におさまらない在日や沖縄、アイヌ、部落という「内なる他者」たちは不可視化され、その多くが底辺労働力として社会に組み込まれていった。

一九八〇年代後半以降、豊かな先進国となった日本を目指して世界中から大勢の外国人労働者がやって来たことで、「均質な日本」というメッキは剥がれていく。バブル期の底辺労働を支えた外国人労働者のほとんどは在留や就労の資格を持っていなかったが、深刻な人手不足に見舞われていた３Ｋ（キツイ、キタナイ、キケン）労働の現場を中心に、資格の有無を問うことなく新たにやって来た外国人が次々と雇い入れられていった。

「不法」に在留・就労する外国人が増加していくなかで日本政府は、一九九〇年代以降、祖国訪問や国際貢献といった看板を掲げ、日系人や外国人研修生・技能実習生を受け入れていく。彼/彼女たちは、実質的には低賃金の労働力として受け入れられたのであるが、日本政府はその来日の目的は祖国での交流や研修・実習であって労働ではないとして、長い間、彼/彼女たちを通常の労働者として扱うことに後ろ向きであった。建前（祖国訪問や国際貢献）と本音（低賃金労働力）の狭間で宙吊りにされた日系人や外国人研修生・技能実習生は、簡単に使い捨てられたり法定以下で安く働かされたりしても、放置され続けた。そのため、景気の悪化がすぐさま失業に直結してしまう不安定な派遣労働から抜け出せない日系人、時給三〇〇円とか四〇〇円で働かされたり過酷なノルマを課されたりしている外国人研修生・技能実習生が大勢生み出された。

また、こうした流れのなかで、留学生や日本人と結婚した外国人女性たちも、アルバイトやパート労働者として低賃金労働を、妻・母・嫁として家事や育児、介護を担い、社会を支える貴重な働き手となっていく。

働くことを前提としない在留資格をもつ外国人こそが、周縁労働の中核的な担い手となって現代日本を下支えしているのである。それは、この国が彼/彼女たちを二級の労働者として位置付けていることを意味している。

そのような外国人労働者の受け入れに対して、国内外からさまざまな批判や是正を求める声があがるなかでも、日本政府は既存の受け入れルートの拡大と新たな受け入れルートの創設を進め、一義的には労働者とは位置づけられない外国人の受け入れを拡大し続けた。経済連携協定（EPA）の下、二〇〇八年から受け入れが始まったインドネシア、フィリピン、ベトナムからやって来た看護師・介護福祉士候補生。二〇〇八年の国籍法改正の翌年から徐々に増えている新日系と呼ばれる主に日本人男性を父にもつフィリピン出身者。二〇一〇年以降の外国人技能実習制度の運用拡大（職種増加、期間延長）によって大幅に増加したアジアの若者。かつて外国人技能実習生の八割以上が中国人であったが、この数年は全体の半数以上をベトナム人が占め、次に中国、フィリピン、インドネシア、タイという順になっており、ミャンマーやカンボジアからの受け入れも増えている。そして、留学生三〇万人受け入れ計画（二〇〇八年）の下、設立要件が緩和された日本語学校や受け入れに積極的な大学や専門学校で学ぶ留学生。もっとも多い留学生は中国人であるが、二番目と三番目に多いのがこの数年間で急増したベトナム人とネパール人となっている。また、最近では、外国人家事労働者（二〇一六年）や、日系四世（二〇一八年）を対象にした新たな受け入れも始まっている。こうした外国人たちが日本人労働者を確保できない産業や職場を支える新たな働き手となっているのである。

二〇一九年四月には、はじめて日本政府が国内の人手不足に対応するためであることを公的に認めた外国人労働者の受け入れ制度の運用が開始された。特定技能制度である。これまで日本政府が目的と実態の乖離した外国人労働者の受け入れ政策をとり続けてきたことを考えると、ようやく実態に即した制度が始まったとも言えるが、それは日本の労働力事情が祖国訪問とか国際貢献といった言葉で取り繕うことができない段階に入ったことに他ならない。[★1]

3　外国人労働者から見える日本社会

ここまで、近年の日本では、法改正や規制の緩和がなされて外国人労働者の受け入れを拡大していることを説明してきたが、それらは日本社会の側から見た変化や事情である。そうした視点から変化や事情を精緻にとらえ、議論することは確かに重要だが、それらはあくまでも外国人労働者を受け入れる側から見た変化や事情である。そうした視点からだけでは、外国人労働者たちが、なぜ、どのような思いを抱いて、今日の日本にやって来ているのかを理解することはできない。人口が減り続け、グローバル化のなかで撤退戦を強いられている現代日本にやって来て働く外国人の実態に迫るためには、彼／彼女たちの目から、彼／彼女たちを送り出す社会から、日本が、世界がどのように見えているのかを考えなければならない。

そもそも、わたしたちは現代日本を支える外国人労働者たちについて、どれだけ知っているのだろうか。外国人労働者、とりわけ周縁的な労働を担う外国人が日本にやって来るのは、彼／彼女たちが貧しく、日本が豊かだからである。その認識は間違ってはいない。だが、日本を目指し、日本で働く彼／彼女たちは、どれほど貧しいのか。あるいは、彼／彼女たちにとって、今日の日本はどれくらい豊かなのだろうか。彼／彼女たちが日本に働きに来るためにどれほどのカネと時間が必要なのだろうか。彼／彼女たちは、自分の国で、日本で、どのような仕

★1　ただし、実質的に移民政策と呼べる新たな制度の創設をめぐる議論において繰り返し発せられた「この制度は移民政策ではない」という言葉からは、実体はどうあれ、移民は認めないという頑なな意思を読み取ることができる。その意思は日本政府だけのものではなく、日本社会によって支えられていると言えるだろう。この点について酒井直樹の次の指摘は重要である。「戦後の日本社会では移民という発想そのものが禁忌となってしまっているために、移民の対策あるいは移民の国民化といった政策を論じるための基盤そのものが否認されてしまっているのです。経済的な政策や社会学的な移民問題論が存在しても、憲法と移民政策の結びつき、移民政策と国民主義の批判的検討を考えることができなくなるのは、このためなのです」〔酒井、二〇一八、五〇頁〕。

事や暮らしをしているのだろうか。彼／彼女たちは、日本で何ができて何ができないのか、何に困っているのか、何に緊張しているのか。そして、今日の日本が、国境の向う側からさらに大勢の労働者を受け入れるようと扉の開け幅を広げたからといって、彼／彼女たちは、それに応えて足りない労働力をすぐに埋めてくれる存在なのだろうか。国境を越えて周縁労働力の受け入れを推進する国が世界中で増えているなかで、彼／彼女たちの目には日本はどのよう位置づけられているのだろうか。

外国人労働者に依存する現代日本にもっとも必要なのは、こうした問いに向き合うことである。しかし、それこそが現代日本にもっとも欠けている。

他者不在の歴史認識やヘイトスピーチが象徴しているように、近年の日本では偏狭なナショナリズム／排外主義が社会のさまざまな場で前景化している。安価で使い勝手のよい外国人労働者の受け入れはこうした時代のなかで拡大しているのである。それゆえ移民や外国人労働者をめぐる議論は、こちら側にどれだけメリット／デメリットがあるのかという自国中心の視点から語られるものが大半を占め、当事者である外国人労働者のまなざしや送り出す側の声は後方に追いやられている。

反発や一時的な足踏みがあっても欲望と格差は拡大再生産され続け、今後も世界中で移民や外国人労働者への依存は高まってゆくだろう。とくに人口減少が加速する日本では、外国人労働者の受け入れが進むのは間違いない。現状を踏まえるならば、そうした展開によって、日本の外国人労働者たちはさらに安価で使い勝手のよい二級の労働者として固定化されることが予想される。

しかし、そのような流れになんとか抗おうとするのであれば、外国人労働者や移民たちから見える景色がどのようなものであるかを考えなければならない。外国人労働者や移民なしに社会が成り立たなくなったいまの日本社会に必要なのは、「「移民」の側から、あるいは移民を送り出す側から世界を見たら何が見えてくるのか」〔西川、二〇一三、六六頁〕という問いに向き合うことである。

4　天秤にかけているのは誰なのか

二〇一九年一〇月二三日、イギリスのエセックス州でトレーラーの冷凍コンテナのなかから酸欠で命を落とした一〇~四〇代の男女三九人の遺体が見つかった。「未来のある人生[★2]」をつかみ取るためにイギリスを目指したベトナム人たちであった。そのうちの一人で、コンテナの中から携帯電話で「私の渡航は失敗だった」「息ができない」と母親に最後のメッセージを送っていた二六歳の女性ファム・ティー・チャー・ミー（Pham Thi Tra My）さんは、同年の六月まで三年間日本で技能実習生として働いていた。報道によれば、日本では忙しいときは月収二〇万円近く稼いでいた彼女は「帰国するのは寂しい。もっと日本にいたい」と同僚だった日本人に言って、一旦ベトナムに帰国した後に再び来日して技能実習をあと二年間延長する意思を示していたという。だが、彼女は、合法的な労働者として慣れた職場である程度の収入を得ながら働くことができた日本ではなく、イギリスを選んだ。非合法な身分であっても、実際に思い通りの仕事に就けるのかどうか確証がなくても、ベトナム人が技能実習生として日本に渡る際に送り出し機関に支払う一般的な手数料の三~四倍に相当する三万ポンド（約四二〇万円）を払ってでも、イギリスを選んだ。事件を伝えた記者は「チャー・ミーさんがなぜ日本を再訪しなかったのか分からない」と記している。★3

確かに、チャー・ミーさんが、なぜイギリスを選び、日本を選ばなかったのかは分からない。だが、この記事から分かるのは、天秤にかけられていたのは日本（とイギリス）の方で、その結果、日本は選択されなかったということだ。

もちろん、これまでも外国人労働者たちは、彼／彼女たちを送り出す社会は、そのときどきの状況のなかで日本や他の選択肢を天秤にかけてきたはずだ。だが、経済大国という自意識、外国人とりわけアジア人に対する優越感、国内の非日本人に対する差別感情等が詰め込まれた日本社会には、外国人労働者たちの側にも天秤や選択肢があることを気にかけることなく、こちら側が一方的に、誰を、どこから、どれだけ受け入れるのかを決められる、あるいは決めるべきという思い込みがある。そして、幸運（?）にも長い間、その思い込みが大きく揺らぐことはなかった。

しかし、世界中で周縁労働力としての外国人労働者や移民の需要が高まり続け、大きかったはずの途上国との間の経済格差も縮小している。「向う側」から、日本が、世界がどのように

★2　9・11の翌年に公開された映画 *In This World*（2002, ICA Projects, Showtime Entertainment, Sundance Film Series（=『イン・ディス・ワールド』、二〇〇四、アミューズメントソフトエンタテイメント））は、パキスタンの難民キャンプに暮らすアフガニスタン人の二人の少年が、陸路でイギリスのロンドンを目指すロード・ムービーである。パスポートも身分証もない二人は地中海を渡る船に積まれたコンテナに乗ることになるのだが、少年の一人は酸欠で命を落とす。「未来のある人生」はその少年の父親の言葉。

★3　BBC, 8 Nov, 2019, "Essex lorry deaths: Who are the victims?" https://www.bbc.com/news/world-asia-50568607（二〇二〇年八月一日閲覧）
朝日新聞、二〇一九年一二月二二日、「コンテナの中　ついえた夢　英で犠牲のベトナム女性　日本での三年間」

見えているのかを考えることなしに、彼／彼女たちとともに新しい時代、新しいわたしたちをつくることはできない。

5　コロナ禍の外国人労働者

二〇二〇年、世界に感染が拡大した新型コロナウィルスは、外国人労働者や移民の脆弱性を改めて浮き彫りにした。本書は、コロナ禍以前の日本の外国人労働者に焦点をあてた内容となっているが、コロナ禍の外国人労働者について簡単に触れておきたい。

世界中で、多くの外国人労働者や移民が仕事や住まいを奪われたり、望まない帰国を強いられたりしているが、日本で働く多くの外国人労働者たちも同様の苦境に立たされている。

たとえば、日本の製造業を支えてきた日系人労働者たちのなかには新型コロナウィルスの感染拡大によって仕事を奪われ、暮らしが立ち行かなくなっている者が増えている。コロナ禍の外国人労働者を追ったあるテレビ番組のなかで、派遣で働く日系ブラジル人が「現場スタッフが嫌がってやらないような仕事でも率先してやっていただいて本当に助かりました」と言われながら真っ先に解雇されていた。[★4] それは、この国で日系人労働者たちが底辺労働力、雇用の調整弁に他ならないことを象徴する映像であった。コロナ禍で日本各地の自動車部品や電気機器等の工場では、多くの日系人労働者が同じように解雇されている。彼／彼女たちが失っているのは仕事だけではない。派遣会社の用意したアパートや集合住宅等で暮らす日系人にとっては、仕事を失うことは住まいも失うことを意味する。さらに、解雇や大幅な収入減にみまわれた日系人家庭の子どもが、学校を辞めたり進学をあきらめたりということも起きている。

また、日本社会でもっとも安い賃金でもっともキツイ仕事を担っている外国人技能実習生も、コロナ禍でさまざまな困難に直面している。二〇二〇年一一月二四日の東京新聞はベトナム人技能実習生の窮状を伝えている。

暴力が原因で実習先から失踪。不法に働いていたが、昨年末に仕事がなくなり四月に名古屋市の入管に出頭した。しかし、その日のうちに施設から出された。ただ「不法滞在」のため働けず、長野県や愛知県などの友人宅を約四カ月間、渡り歩いてしのいだ。「このままでは生きていけない。帰国用のチケット代も必要だ」。ベトナムへの航空便数

★4　NHK　Eテレ、二〇二〇年八月二六日、「ハートネットTV　先が見えない　コロナ禍の外国人派遣労働者」

は激減しており、航空券は二〇万円ほどに高騰している。限界を感じた九月、静岡県で太陽光発電の設備を備え付ける仕事を始めた。だが二週間後、警察から職務質問を受け、不法就労の発覚を恐れた会社から「もう来るな」と言われた。今は外国人を支援するNPO法人「日越ともいき支援会」（東京）に保護されている。★5

実習先の暴力、入管や不法就労先の対応等は、日本という国が外国人技能実習生をどのような存在として受け入れているのかを物語っている。このベトナム人が技能実習生全体を代表する存在とは言えないが、決して例外的な存在ではない。記事にあるような支援活動を行う組織や労働組合には、勤務先の倒産、解雇等に遭遇した外国人労働者からも多くの相談が寄せられており、保護される者も増えている。

コロナ禍で仕事を失う外国人労働者が急増している一方で、彼／彼女たちを積極的に受け入れようとする動きもある。従来通りの介護サービスが提供できない介護施設、農産物の作付けや収穫を減らさざるをえない農家等である。介護や農業は、社会を支えるために欠かせないエッセンシャル・ワークと言えるが、感染対策の入国制限により新規に技能実習制度や特定技能制度を通じて外国人労働者を受け入れることができなくなり、もともとの人手不足がさらに深刻化している。こうした事態に対して、日本政府が従来認めてこなかった技能実習生の転業を認める特例措置を打ち出したり、自治体が日系人向けに介護事業所で働くための講習を実施したりするなど、失業した外国人労働者と人手不足の現場とのマッチングが図られている。[★6] 以前、日本人の失業者を人手不足の分野で就業させれば外国人労働者の受け入れは不要だという「ミスマッチ論」があったが、コロナ禍のいま、外国人労働者たちのなかでのミスマッチを是正しようとしているのである。

このようにコロナ禍のいま、外国人労働者たちは、簡単に使い捨てられたり、活用されたりしているのであるが、それは、本書に収められた各章で論じられているように、彼／彼女たちが、コロナ禍の前から、簡単に使い捨てられ、また活用されてきたからである。

この度のコロナ禍によって、そうした日本社会の外国人労働者たちに対する対応がどれほど変わるのかは分からない。だが、人口が急速に減少し、産業構造や労働市場の変化が進む日本

★5　東京新聞、二〇二〇年一一月二四日、「外国人 仮放免で困窮 就労禁止、帰国もできず」
★6　出入国在留管理庁、二〇二〇年四月一七日、「新型コロナウイルス感染症の影響により実習が継続困難となった技能実習生等に対する雇用維持支援について」

社会は、「アフター・コロナ」あるいは「ウィズ・コロナ」の時代においても、外国人労働者なしに経済社会を立て直すことも維持することもできないのは間違いない。

コロナ禍のなかで亡くなった人類学者のデイビッド・グレーバーは、現代世界では「ブルシット・ジョブ」が増え続けていると述べている。グレーバーによれば、ブルシット・ジョブとは、「被雇用者本人でさえ、その存在を正当化しがたいほど、完璧に無意味で、不必要で、有害でもある有償の雇用の形態である。とはいえ、その雇用条件の一環として、本人は、そうではないと取り繕わねばならないように感じている」クソどうでもいい仕事で、シット・ジョブ（クソ仕事）と呼ばれる低賃金でキツイがすぐに使い捨てられるような仕事とは正反対の仕事である〔Graeber, 2018=2020: 27-28〕。

だが、新型コロナウィルスが突き付けているのは、その低賃金でキツイがすぐに使い捨てられるような仕事こそが、現代社会を維持するためにもっとも欠かせないということだ。その仕事を担う者たちの目には何が映っているのだろうか。それを知ろうとしないかぎり、その者たちとともにシット（クソ）ではない社会をつくることはできない。

参考文献

Graeber, David., 2018, *Bullshit Jobs: A Theory*, Simon & Schuster（＝デイビッド・グレーバー、二〇二〇、酒井隆史・芳賀達彦・森田和樹訳『ブルシット・ジョブ――クソどうでもいい仕事の理論』岩波書店）

西川長夫、二〇一三、『植民地主義の時代を生きて』平凡社

酒井直樹、二〇一八、「序説：戦後日本の国民主義と人種主義」坪井秀人編『バブルと失われた20年』臨川書店

安田浩一、二〇一四、「ルポ　外国人「隷属」労働者」『G2』17

第1部　近年の外国人労働者をめぐる状況

第1章　統計から見た近年の外国人労働者の動向

伊藤泰郎

1　人手不足と外国人労働者

日本の在留外国人数は、一九七〇年代末より増加の兆候が見られるようになり、一九八〇年代後半にその増加は顕著になった。バブル経済と言われた好況期において、日本の労働市場の逼迫はピークに達し、「人手不足」を解消するために外国人労働者が求められた。在留外国人数の増加率は、一九八八年に対前年比で六・五%と高い値を示し、入管法の改正を背景に南米からの日系外国人の来日が急増することにより、一九九一年には一三・四%とさらに大きく増加した。

一九九一年にバブル経済は崩壊するが、その後の景気後退期においても、在留外国人数は減少することなく増加を続けた。外国人労働者はコスト削減のために求められ、さらには雇用の調整弁を担う「フレキシブルな労働力」として扱われるようになったからである。フレキシブルな労働力であるということは、生産変動にともなう短期的な雇用調整の影響を受けるだけではない。二〇〇八年に発生したいわゆるリーマンショックの際には、外国人労働者は大量に解雇され、それまで一貫して増加を続けてきた在留外国人数は、二〇〇九年から二〇一二年までの四年にわたって減少することになった。

一方、日本の人口は二〇〇八年をピーク

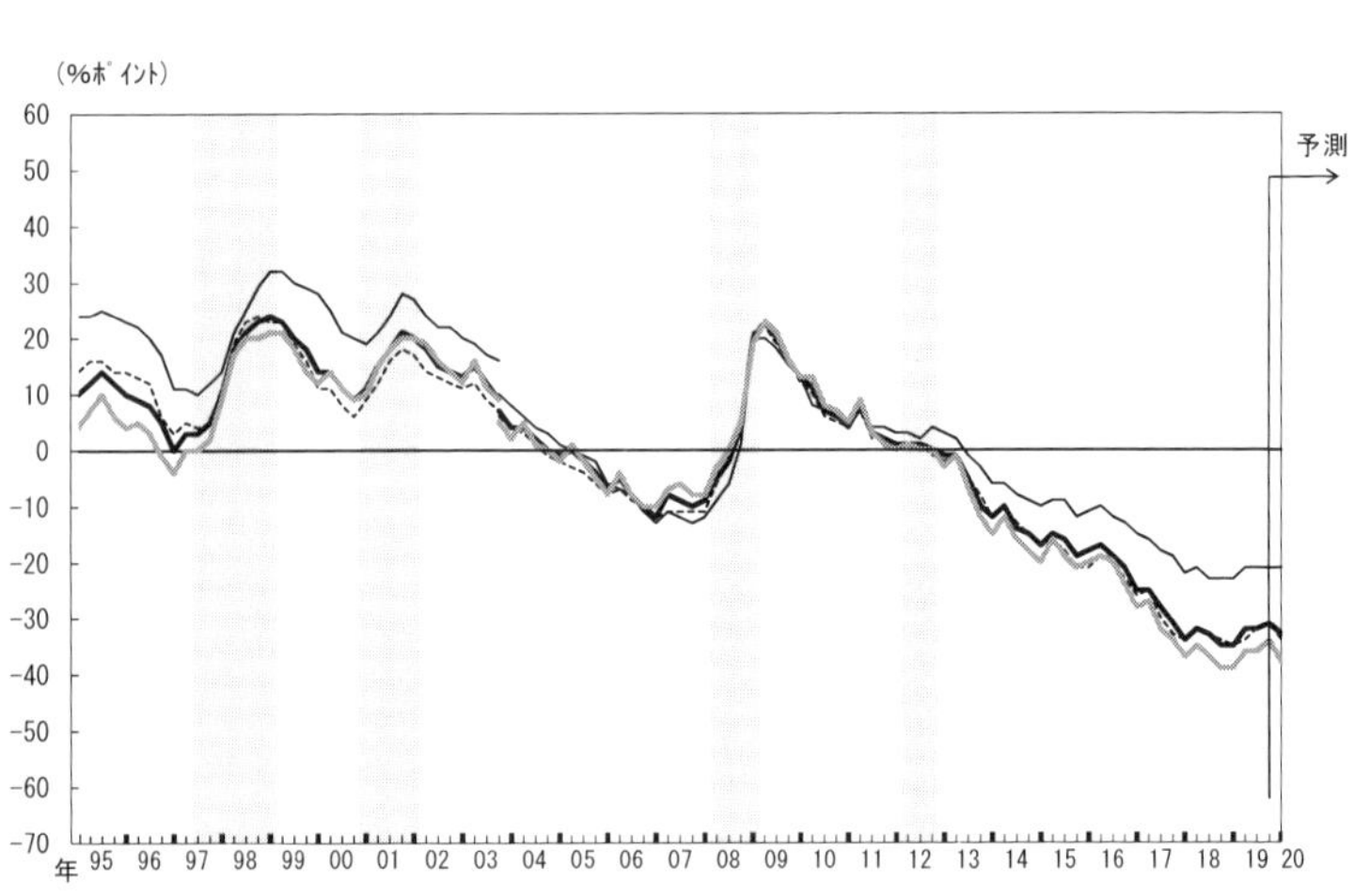

として減少に転じ、労働市場に供給される労働者が不足する事態がもたらされた。特に「団塊の世代」が生産年齢人口から抜けた二〇一〇年代前半以降、人手不足の状況はより顕著である。図1は、日本銀行の「全国企業短観経済観測調査」（いわゆる「日銀短観」）による「雇用人員判断」の推移である。[★1] 二〇一九年一二月調査までの調査結果を示した。雇用人員が「過剰」と回答した企業の構成比から「不足」と回答した企業の構成比を引いた値[★2]が「雇用人員判断」であるが、二〇一三年三月調査より全産業の実測値において「不足」が「過剰」を上回るマイナスの値に転じ、その後は「不足」の超過が拡大する傾向にあった。特に、中堅企業や中小企業における人手不足感は

図１　雇用人員判断（全産業）の推移

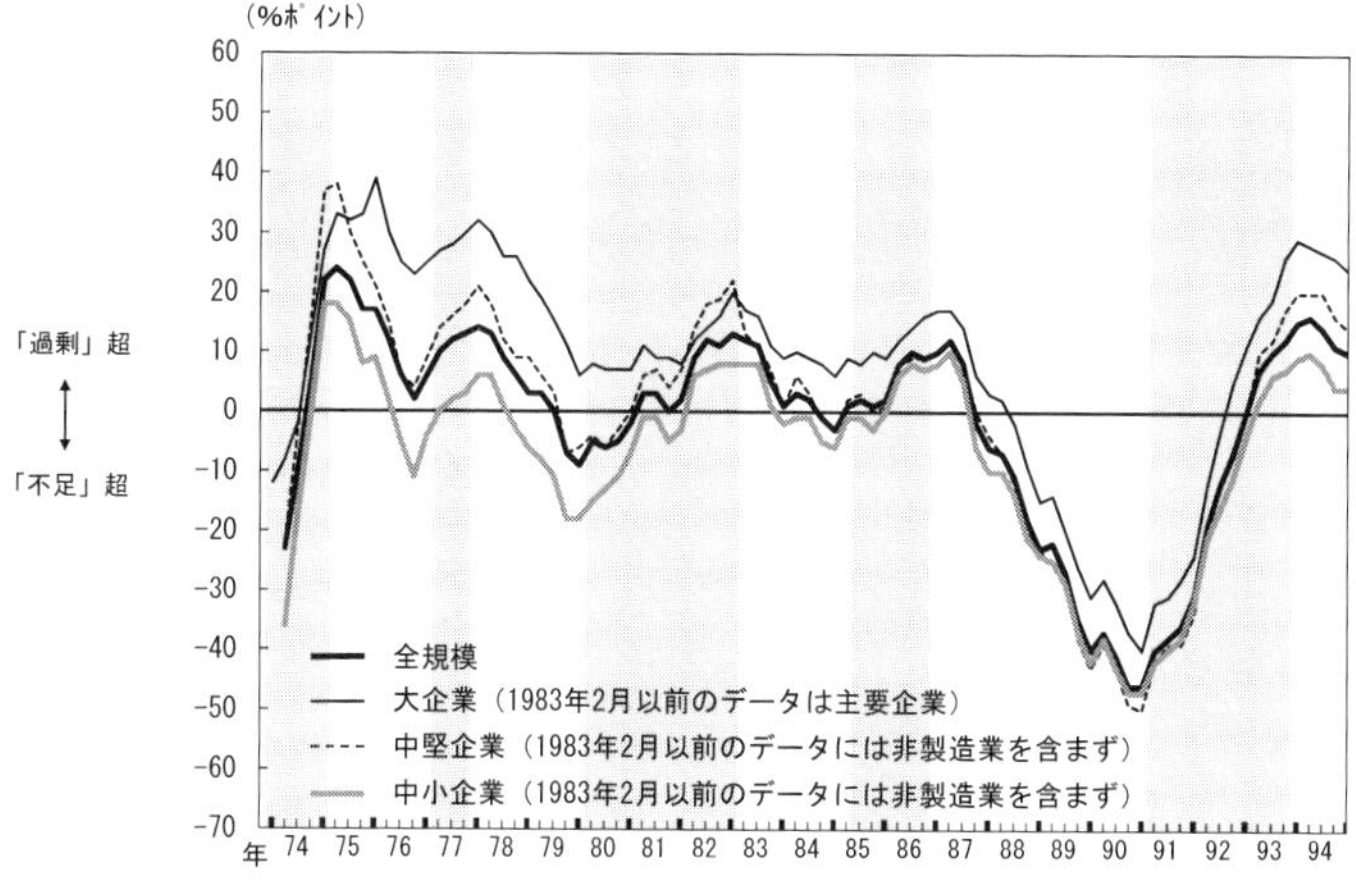

日本銀行「全国企業短観経済観測調査」概要（2019年12月）より。

強い。

近年で全産業の「雇用人員判断」のマイナス幅が最も大きくなったのは、二〇一八年一二月調査と二〇一九年三月調査のマイナス三五％ポイントであった。[★3] これに匹敵するマイナス幅の時期となると、バブル経済崩壊直後の一九九二年頃まで遡らなければならない。二〇一九年三月調査において、日銀が分類する三一業種の中でマイナスの幅が大きいものを順に挙げると、「宿泊・飲食サービス」がマイナス六五％ポイント、「運輸・郵便」がマイナス五三％ポイント、「建設」がマイナス五一％ポイント、「対事業所サービス」がマイナス四七％ポイント、「対個人サービス」と「情報サービス」がマイナス四五％ポイントなどとなっている。製造業よりも非製造業において人手不足感は強い。

こうした状況において、外国人労働者は再び「人手不足」を解消する手段として求められるようになった。これまでの景気低迷が続いた時期においても、技能実習生が地方や構造的不況業種を支えるという状況は見られたが、外国人労働者の需要は日本全体の人口減少を背景に地域や業種を超えて広範かつ急速に拡大したのである。

本章の目的は、序章で述べられた問題意識を踏まえた上で、日本社会で住む・働く外国人の全体像を統計上の数値からおさえることである。以上のような日本社会の変化は、どのような外国人の動向を生み出したのであろうか。本章では、特にリーマンショックがあった二〇〇八年以降に焦点を当て、在留外国人統計や「「外国人雇用状況」の届出状況」から見ていくことにしたい。なお、二〇二〇年に入ってから発生したコロナ禍により、外国人労働者の雇用情勢は大きく変化した。本章が主としておこなうのは、二〇一九年までのデータを用いたコロナ禍直前までの分析である。

最初に、日本で住む・働く外国人の数を概観しておくことにしたい。冒頭で取り上げた「在留外国人数」[★4]は、日本に住む外国人の数を示す時に最も用いられる数値であり、二〇一九年

★１　「全国企業短観経済観測調査」の調査対象は、資本金二〇〇〇万円以上の民間企業（金融機関を除く）である。ただし、学術・開発研究、医療・福祉など、営利性があまり強くなく、景気動向との連関が弱いとみられる業種は、調査の非対象業種として除外されている。企業の資本金別の集計では、資本金一〇億円以上が「大企業」、一億円以上一〇億円未満が「中堅企業」、一億円未満が「中小企業」とされている。

★２　構成比（％）どうしの差を示す「％ポイント」という単位が用いられる。

★３　この時期より後は、製造業のマイナス幅が小さくなった影響により、全産業のマイナス幅もやや縮小する。

一二月末では二九三万三一三七人である。これとは別に「総在留外国人数」という数値もある。「在留外国人数」に短期の在留者や「外交」「公用」の在留資格を持つ者などの数が加えられたものであり、[★5]二〇一九年一二月末では三六五万一一五四人である。「総在留外国人数」にも含まれない外国人のデータとしては、「不法残留者数」の八万二八九二人（二〇二〇年一月一日現在）や、やや古いデータになるが「在日米軍人等の施設・区域内外における居住者数」（二〇一三年三月末）の一〇万五六七七人が挙げられる。米軍の軍人・軍属やその家族は、日米地位協定が適用され日本政府の管理を受けない。

国連経済社会局が公表している「国際移民ストック（International Migrant Stock）」は、二三二の国と地域における移民人口の推計値をまとめたものである。[★6]日本の推計値は外国人人口に基づくとされている。二〇一九年の日本の移民人口は二四九万八八九一人であり、これは世界の国と地域の中で第二六位である。同じ資料にある一九九〇年から二〇一五年までの五年ごとのデータは、各年一二月末の在留外国人数と一致する。しかし、二〇一九年のデータは在留外国人数の二〇一八年一二月末の数値と比べて約二三万人少なく、計算方法にどのような変更があったのかは分からない。

外国人労働者の数を示すデータとしては、「「外国人雇用状況」の届出状況」がある。一九九三年度より実施された外国人雇用状況報告制度は、二〇〇七年一〇月一日に義務化され

★4　二〇一二年七月に外国人登録制度が廃止され、新しい在留管理制度のもとでは、外国人も住民基本台帳に記載されることになった。それまでは日本に住む外国人の数は「外国人登録者数」によって把握されることが多かったが（国勢調査等でも把握は可能である）、これ以降は中長期滞在者と特別永住者を合計した「在留外国人数」が用いられるようになった。外国人登録者数と在留外国人数には微妙なずれがあるため、単純に同じものとして扱うことはできないが、本章で外国人数を示す場合は、二〇一一年以前は前者、二〇一二年以降は後者を用いることにし、いずれも「在留外国人数」という用語で表すことにする。

★5　「総在留外国人」に含まれるが「在留外国人」に含まれない者は、具体的には以下の通りである。①「三月」以下の在留期間が決定された者、②「短期滞在」の在留資格が決定された者、③「外交」又は「公用」の在留資格が決定された者、④①から③までに準じるものとして法務省令で定める者（「特定活動」の在留資格が決定された、台湾日本関係協会の本邦の事務所若しくは駐日パレスチナ総代表部の職員又はその家族）。ちなみに、二〇一九年一二月末の時点で、「短期滞在」の在留資格を持つ外国人は六八万九六六一人であったが、そのうち八七・五％が「観光」による滞在であった。

た。[★7]これにより、全ての事業主は、外国人労働者（特別永住者、在留資格「外交」「公用」の者を除く）の雇入れまたは離職の際に、氏名・在留資格・在留期間等について確認し、厚生労働大臣（ハローワーク）へ届け出ることになった。これを集計したものが「「外国人雇用状況」の届出状況」であり、二〇〇八年から一〇月末現在の数値が公表されている。

ただし、あくまでも事業主から提出のあった届出件数を集計したものであり、実際の外国人労働者の数とは必ずしも一致しないことには留意が必要である。義務化された後の二〇〇八年から二〇一一年までのデータを見ると、世界的金融危機の影響などにより在留外国人数が減少した時期にもかかわらず、労働者の数は増加している。おそらく、届出制度が法的には義務化されたが、当初はそれがまだ十分に浸透していなかったためではないだろうか。精度が信頼に足るものになるのは、二〇一〇年代の半ばから後半以降であると考えられる。したがって、リーマンショックの時期まで遡って変化をとらえる際には、在留外国人数を用いる方が望ましいと言える。

２　在留外国人数から見る近年の変化

まずは、在留外国人数を用いて、二〇〇八年より前の状況とも比較しながら、近年の動向を大まかに把握することにしたい。表１は、二〇一九年とリーマンショック直前の二〇〇七年の「在留外国人数」を比較したものである。上位一〇位までの国籍・地域の在留者数とそれぞれの構成比も示した。[★8]

二〇〇七年は中国が韓国・朝鮮を抜き国籍・地域別で最多になった年であったが、中国が全体の約三割を占めている状況は、二〇一九年においても変わらない。ブラジルは構成比が一四・七％から七・二％へと半減しており、順位も三位から五位へと下降した。在留者数も二〇〇七年と比べて一〇万人ほど少ない。ペルーの減少率はブラジルほどではないが、五位から一〇位へと下降している。一方で、急増したのはベトナムである。二〇〇七年の三万六八六〇人から二〇一九年の

表１　国籍・地域別の「在留外国人数」

	在留外国人数(2019)			外国人登録者数(2007)		
順位	国籍・地域	人数	構成比	国籍(出身地)	人数	構成比
	総数	2,933,137	100.0	総数	2,152,973	100.0
1	中国	878,448	29.9	中国	606,889	28.2
2	韓国・朝鮮	474,460	16.2	韓国・朝鮮	593,489	27.6
3	ベトナム	411,968	14.0	ブラジル	316,967	14.7
4	フィリピン	282,798	9.6	フィリピン	202,592	9.4
5	ブラジル	211,677	7.2	ペルー	59,696	2.8
6	ネパール	96,824	3.3	米国	51,851	2.4
7	インドネシア	66,860	2.3	タイ	41,384	1.9
8	米国	59,172	2.0	ベトナム	36,860	1.7
9	タイ	54,809	1.9	インドネシア	25,620	1.2
10	ペルー	48,669	1.7	インド	20,589	1.0

『在留外国人統計』より筆者作成。12月末現在。構成比は％。2019年の「中国」は中国と台湾の合計、「韓国・朝鮮」は韓国と朝鮮の合計。

四一万一九六八人へと在留者数が一一・二倍になり、順位では三位へと上昇した。二〇一九年の構成比は一四・〇％であり、二〇〇七年時点でのブラジルの構成比にほぼ匹敵する。ネパールの急増も顕著である。二〇〇七年は国籍・地域別で一五位だったため表には示さなかったが、在留者数は九三八四人であり、二〇一九年は九万六八二四人と一〇・三倍になった。在留者数が二・六倍になったインドネシアも、急増した国籍・地域として挙げてもよいかもしれない。

表2では、二〇〇七年から二〇一九年の「在留外国人数」の推移を示した。総数のみ増加率を示している。表3に示した二〇一九年の都道府県別の構成比と合わせて説明していきたい。既に述べたように、総数は二〇〇九年から

表２　国籍・地域別の在留外国人数の推移

年	総数	増加率	ブラジル	ペルー	ベトナム	ネパール
2007	2,152,973	3.3	316,967	59,696	38,860	9,384
2008	2,217,426	3.0	312,582	59,723	41,136	12,286
2009	2,186,121	−1.4	267,456	57,464	41,000	15,255
2010	2,134,151	−2.4	230,552	54,636	41,781	17,525
2011	2,078,508	−2.6	210,032	52,843	44,690	20,383
2012	2,033,656	−2.2	190,609	49,255	52,367	24,071
2013	2,066,445	1.6	181,317	48,598	72,256	31,537
2014	2,121,831	2.7	175,410	47,978	99,865	42,346
2015	2,232,189	5.2	173,437	47,721	146,956	54,775
2016	2,382,822	6.7	180,923	47,740	199,990	67,470
2017	2,561,848	7.5	191,362	47,972	262,405	80,038
2018	2,731,093	6.6	201,865	48,362	330,835	88,951
2019	2,933,137	7.4	211,677	48,669	411,968	96,824

『在留外国人統計』より筆者作成。12 月末現在。増加率は対前年比（％）。網掛けは対前年比マイナス。

★6　「国際移民ストック」のデータは年央（七月一日）時点のものであり、「国勢調査、登録人口または国別の代表的調査から得られた外国出身者または外国人人口に関する各国の公式統計」に基づいている（国際連合広報センター、二〇一九）。二〇一九年改訂版は二〇一九年九月一八日に公表されたが、二〇一九年六月末の在留外国人数の速報値が発表されたのは二〇一九年一〇月二五日であったため、比較では二〇一八年一二月末のものを用いた。

★7　義務化以前は、従業員五〇人以上の事業所については全事業所、従業員四九人以下の事業所については一部の事業所（各地域の実情や行政上の必要性に応じて選定）を対象に、公共職業安定所が任意で報告を求める制度であった。

★8　表中では、在留外国人数は「国籍・地域」、外国人登録者数は「国籍（出身地）」となっているが、公表された統計表の通りである。また、二〇一二年に新しい在留管理制度が施行された際に、在留カードの国籍・地域欄に台湾が記載されることになり、それにともなって中国と台湾は統計上も別に集計されることになった。本章ではそれ以前のデータと比較するために、二〇一二年以降も両者を合計した数値を用いることにする。韓国籍と朝鮮籍は二〇一五年より分けて集計されているが、やはり比較のために両者を合計した数値を用いる。なお、韓国籍は大韓民国の国籍を有していることを意味するが、朝鮮籍は朝鮮半島という地域の出身であることを示すに過ぎない。

二〇一二年まで減少が四年間続いたのち、二〇一九年まで増加が続いた。特に二〇一五年以降の増加率は高い。

表2の国籍・地域別の値は、特徴的な変化が見られた四つの国籍についてのみ示した。ブラジルは二〇〇八年、ペルーは二〇〇九年から減少を続け、特にブラジルはリーマンショック後に大きく減少したことが分かる。減少はブラジルが八年間、ペルーが七年間と長期に渡ったが、二〇一六年からはいずれも増加に転じた。ただし、ペルーの対前年比の増加率は一%に満たない状況が続いている。

伊藤・高畑〔二〇〇八〕は、都道府県別のブラジルの在留外国人数を用いて、二〇〇〇年代初めから半ばにかけての日系人の多住地域の人口動態を分析しており、二〇〇二年頃から増加地域と停滞・減少地域への二分化が進んだことを明らかにした。リーマンショック前の時期に顕著な増加が見られたのは、東海四県と滋賀県の五県に限られた。また、年齢別の人口構成から、増加地域が若い世代を集める一方で、停滞・減少地域は若い世代の流入が少なく、滞在が長期化する日系二世が残留しているという状況を指摘した。

リーマンショック後は、福井県や島根県のように、減少期においても横ばいないしは穏やかな増加を続けた県が存在したが、それらの例外を除けば、各都道府県のブラジルの在留外国人数は急減した。二〇一五年に愛知県が増加に転じた後、二〇一六年からは全国的な増加が見ら

表3　在留外国人の都道府県別構成比（2019）

順位	全体		中国		ブラジル		ペルー	
1	東京	20.2	東京	29.4	愛知	29.5	愛知	16.1
2	愛知	9.6	神奈川	9.2	静岡	14.8	神奈川	13.4
3	大阪	8.7	埼玉	9.0	三重	6.6	群馬	10.0
4	神奈川	8.0	大阪	8.7	群馬	6.2	静岡	9.7
5	埼玉	6.7	千葉	6.8	岐阜	5.9	埼玉	7.1
6	千葉	5.7	愛知	6.1	滋賀	4.6	栃木	6.6
7	兵庫	3.9	兵庫	3.1	神奈川	4.4	三重	6.6
8	静岡	3.4	福岡	2.6	埼玉	3.6	千葉	5.6
9	福岡	2.8	京都	2.1	茨城	2.9	東京	4.3
10	茨城	2.4	広島	1.7	長野	2.5	茨城	3.4
小計		71.6		78.7		81.1		82.8

順位	ベトナム		ネパール		技能実習		留学	
1	愛知	10.0	東京	27.4	愛知	10.3	東京	33.6
2	東京	9.4	愛知	10.9	埼玉	5.0	大阪	9.3
3	大阪	8.4	福岡	7.9	千葉	4.7	埼玉	6.3
4	埼玉	6.8	神奈川	7.7	大阪	4.6	福岡	6.1
5	神奈川	6.0	千葉	7.5	茨城	4.3	神奈川	5.6
6	兵庫	5.3	埼玉	7.1	広島	4.3	千葉	5.3
7	千葉	5.3	大阪	3.9	静岡	3.9	愛知	5.2
8	福岡	4.3	群馬	3.1	岐阜	3.9	京都	4.0
9	広島	3.2	沖縄	2.9	神奈川	3.7	兵庫	3.3
10	静岡	3.0	静岡	2.1	福岡	3.5	宮城	1.7
小計		61.8		80.4		48.2		80.4

『在留外国人統計』より筆者作成。12月末現在。構成比は%。表中の「中国」は中国と台湾の合計。「技能実習」は、1～3号の各イ・ロの6つの在留資格の合計。小計は上位10都道府県の合計。

れた。東海四県と滋賀県の五県の増加幅が他と比較して大きいことは確かであるが、二〇〇〇年代半ばに見られた増加地域と停滞・減少地域への二分化という状況は見られない。表3より都道府県別の構成比を見ると、ブラジルとペルーでは居住分布がいくらか異なることが分かる。それぞれの特徴として、ブラジルは愛知県への集中度が高いこと、ペルーは神奈川県の構成比が相対的に高いことなどが挙げられる。

近年急増したベトナムは、二〇一三年以降三〇%を超える増加率が続き、二〇一五年には四七・二%と非常に高い値を示した。その後は増加率がやや低下したが、それでも二〇一九年は二四・五%であり、依然として増加率は高い。増加幅は二〇一〇年以降一貫して拡大を続けており、二〇一九年は在留者数が一年間で約八万人増加した。都道府県別の特徴は、東京都への集中度が他の国籍・地域と比較してそれほど高くないことである。東京都に代わる大規模な集住地がないことから、上位一〇位までの構成比を合計した値は、ここに示した他の国籍・地域が八〇%前後であるのに対して、ベトナムは六一・八%と低くなっている。

ネパールは、遅くとも二〇〇〇年頃から二桁の増加率を続けており、リーマンショック後の時期もそれが続いた。顕著な増加を示すようになったのは、増加率が三一・〇%を示した二〇一三年からであり、二〇一四年からの四年間は増加幅が一万人を超えた。二〇一八年以降は増加がやや落ち着いてきているようにも見える。都道府県別の特徴としては、東京への集中度の高さや、福岡県の構成比が東京都と愛知県に次いで高いこと、沖縄県が上位に入ることが挙げられる。

表４は、在留資格別の「在留外国人数」である。表１と同様に二〇一九年と二〇〇七年を比較した。二〇〇七年時点で別の在留資格であった「留学」と「就学」は、二〇一〇年七月一日から「留学」へと一本化、「人文知識・国際業務」と「技術」は二〇一五年四月一日に「技術・人文知識・国際業務」へと一本化された。二〇一九年の「技能実習」に相当するのは、二〇〇七年の「研修＋特定活動」である。[★9]

二〇一九年で最も多い在留資格は永住者であり、構成比は二七・〇％である。二〇〇七年は在留資格別で永住者が特別永住者を抜いて最も多くなった年であったが、構成比はその時からさらに六・六％上昇した。次に多いのが「技能実習」の一四・〇％である。技能実習生については二〇〇七年と単純に比較ができない

表４　在留資格別「在留外国人数」

	在留外国人数(2019)			外国人登録者数(2007)		
順位	在留資格	人数	構成比	在留資格	人数	構成比
	総数	2,933,137	100.0	総数	2,152,973	100.0
1	永住者	793,164	27.0	永住者	439,757	20.4
2	技能実習	410,972	14.0	特別永住者	430,229	20.0
3	留学	345,791	11.8	定住者	268,604	12.5
4	特別永住者	312,501	10.7	日本人の配偶者等	256,980	11.9
5	技術･人文知識･国際業務	271,999	9.3	研修＋特定活動	192,574	8.9
6	定住者	204,787	7.0	留学＋就学	170,590	7.9
7	家族滞在	201,423	6.9	人文知識･国際業務＋技術	106,447	4.9
8	日本人の配偶者等	145,254	5.0	家族滞在	98,167	4.6

『在留外国人統計』より筆者作成。12月末現在。構成比は％。2019年の「技能実習」は、1～3号の各イ・ロの6つの在留資格の合計。

が、永住者以上に構成比が上昇した可能性もある。[★10] 留学（一一・八％）や技術・人文知識・国際業務（九・三％）も二〇〇七年と比べて構成比が上昇した。

構成比が減少した在留資格は、「特別永住者」（マイナス九・三％）、「定住者」（マイナス五・五％）、「日本人の配偶者等」（マイナス六・九％）である。国籍・地域別の在留資格の構成比は後で触れるが、「特別永住者」の減少は韓国・朝鮮の在留者数の減少をもたらし、「定住者」と「日本人の配偶者等」の減少はブラジルやペルーの在留者数の減少が影響している。「日本人の配偶者等」については、フィリピンや中国も大きく減少していることから、「永住」への在留資格の変更などの影響もあると思われる。ちなみに、「定住者」は日系三世、[★11]「日本人の配偶者等」は日系二世に付与される在留資格であるが、「日本人の配偶者等」に占める「子」の比率は国籍・地域によって大きく異なる。二〇一九年では、ブラジルの八九・〇％、ペルーの七二・三％が「子」であるのに対して、中国は四・一％、韓国・朝鮮は二・六％、ベトナムは〇・五％、比較的比率が高いフィリピンでも一六・五％である。

在留資格については、表3から「技能実習」と「留学」の都道府県別の構成比も確認しておきたい。「技能実習」の最大の特徴は、上位一〇位までの構成比を合計した値が四八・二％とかなり低いことである。東京都は三・〇％であり上位一〇位には入らない。こうした特徴は、技能実習生が地方に分散して居住していることを意味している。「留学」は、東京への集中度

★9　二〇一九年の「技能実習」は、1～3号の各イ・ロの六つの在留資格の合計である。技能実習制度による在留期間の最長は五年である。二〇〇七年時点の研修・技能実習制度では、一年目が在留資格「研修」による研修生、二年目と三年目が在留資格「特定活動」による技能実習生であり、在留期間の最長は三年であった。「特定活動」は技能実習生以外にもワーキングホリデーなどの多様な在留者を含んでいるが、「特定活動」に含まれる技能実習生の数が分からないため、表4ではひとまず「研修」と「特定活動」を合計した値を示した。

★10　技能実習生に別の在留資格が付与されるようになった二〇一〇年のデータを見ると、二年目と三年目の技能実習生に付与される「技能実習2号イ」と「技能実習2号ロ」の合計が四万九五八五人、「特定活動」が七万二三七四人であった。このことから、二〇〇七年時点の「特定活動」に含まれる技能実習生の比率は、四割程度であったという推測も成り立つ。この点を考慮すれば、構成比の増加は八％を超えている可能性がある。

★11　日系四世も「定住者」が付与されるが、「特定活動」が付与される場合もある。詳細は第2章を参照。

が高い。構成比は三三・六%であり全国の約三分の一を占めている。日本出身の学生も含めた高等教育機関に在籍する学生全体と比べたらどうであろうか。「学校基本調査」[★12]によれば二〇一九年の東京都の構成比は二六・〇%であり、「留学」の構成比の方が七・六%高い。上位一〇位までの都道府県で「留学」の構成比の方が高いのは、埼玉県（プラス二・三%）、福岡県（プラス一・九%）、千葉県（プラス一・四%）、大阪府（プラス〇・九%）である。

表5は、二〇一九年の国籍・地域別在留資格別構成比である。丸数字でそれぞれの国籍・地域における順位を一位と二位だけ示した。中国は「永住者」の構成比が最も高く、「留学」「技術・人文知識・国際業務」が続く。表には示さなかったが、二〇〇七年と比較すると、「永住

表5　在留外国人の国籍・地域別在留資格別構成比（2019）

順位	国籍・地域	永住者	技能実習	留学	特別永住者	技術・人文知識・国際業務	定住者	家族滞在	日本人の配偶者等	その他
	総数	27.0	14.0	11.8	10.7	9.3	7.0	6.9	5.0	8.4
1	中国	①33.7	9.4	②17.6	0.2	11.9	3.5	9.6	4.0	10.1
2	韓国・朝鮮	②15.3	0.0	3.7	①65.1	5.8	1.5	2.5	2.7	3.3
3	ベトナム	4.2	①53.1	②19.2	0.0	12.6	1.4	5.2	1.1	3.2
4	フィリピン	①46.7	12.7	1.2	0.0	2.9	②19.2	1.3	9.4	6.6
5	ブラジル	①53.1	0.0	0.3	0.0	0.3	②34.7	0.4	8.7	2.4
6	ネパール	5.1	0.4	②30.4	0.0	12.6	0.9	①31.0	1.0	18.7
7	インドネシア	10.0	①53.0	②11.2	0.0	5.3	3.3	4.9	3.2	9.2
8	米国	①30.5	0.0	5.0	1.4	16.2	2.2	7.7	16.9	②20.1
9	タイ	①37.5	②20.7	7.4	0.0	4.6	7.3	1.5	13.3	7.8
10	ペルー	①69.1	0.1	0.3	0.0	0.1	②22.5	0.1	3.5	4.3

『在留外国人統計』より筆者作成。12月末現在。構成比は%。「中国」は中国と台湾の合計、「韓国・朝鮮」は韓国と朝鮮の合計。「技能実習」は、1〜3号の各イ・ロの6つの在留資格の合計。丸数字はそれぞれの国籍・地域における順位。

者」の構成比が高まり「技能実習」が低下した。韓国・朝鮮は「特別永住者」が約三分の二を占めているが、その構成比は低下してきている。

ブラジルとペルーは、「永住者」の構成比が他の国籍・地域と比較してかなり高く、特にペルーは六九・一％と三分の二を超えている。本格的な来日が始まった当初は「日本人の配偶者等」や「定住者」の構成比が高かったが、「永住者」への切り替えが進むことなどによってそれらの構成比はかなり低下した。ブラジルの「永住者」の数は、リーマンショック後も二〇一一年まで増加を続け、ペルーの場合はさらに二〇一三年まで続いた。こうした時期のずれから読み取れることもあるかもしれない。在留者数が増加に転じると「永住者」の数は再び増加するが、ペルーは二〇一八年、ブラジルは二〇一九年からマイナスに転じている。

構成比が高い順に「永住者」「定住者」「日本人の配偶者等」と続く点は、フィリピンもほぼ同様である。ただし、これら「身分又は地位に基づく在留資格」の構成比が高い背景は、南米

★12　「学校基本調査」では毎年五月一日現在の状況が調査される。高等教育機関の学生数は在籍する学部・研究科等の所在地による。また、学部学生以外に大学院・専攻科・別科の学生、科目等履修生等を含む。

の場合とは大きく異なっている。そのことは既に述べた「日本人の配偶者等」に占める「子」の比率の違いにも表れているが、詳細は日系フィリピン人を取り上げた第８章を参照してほしい。また、フィリピンについては、構成比にするとかなり差が出てしまうが、技能実習生の数がインドネシアとほぼ同程度である点も留意が必要である。「日本人の配偶者等」や「技能実習」に注目するのであれば、フィリピンの構成比に近いのはタイである。表５の二〇一九年のデータでは目立たないが、二〇〇七年は「日本人の配偶者等」がフィリピンは二五・二％、タイは二四・二％を占めていた。また、二〇一九年の国籍・地域別の女性比率は、フィリピンが六九・七％、タイが七〇・七％であり、他の国籍・地域と比較して非常に高い点も共通している。

近年在留者数が急増した国籍・地域では、ベトナムとインドネシアの在留資格の構成比が類似している。「技能実習」が半数以上を占め、それに次いで高いのは「留学」である。それに対して、ネパールは、「家族滞在」が三一・〇％で最も高く、次いで「留学」が三〇・四％である。「家族滞在」の構成比が高いことはネパールの大きな特徴であり、人数では中国に次いで二番目に多い。また、表５では「その他」に含まれているが、「技能」がネパール全体の一三・一％を占めていることも特徴として挙げられる。

3　「外国人雇用状況」の届出状況

ここからは、外国人の中でも労働者に絞って近年の動向と現在の状況を考察したい。使用するデータは、「「外国人雇用状況」の届出状況」である。

表6は二〇一九年の国籍・地域別の外国人労働者数であり、構成比と「労働者率」についても示した。[★13] 最も構成比が高いのは中国(二五・二%)であり、ベトナム(二四・二%)、フィリピン(一〇・八%)、ブラジル(八・二%)、ネパール(五・五%)と続く。

中国とベトナムは、在留外国人数では倍以上の差があるが、外国人労働者数ではほとんど変わらない。外国人労働者数を在留外国人数で割って仮に求めた「労働者率」を用いて、その背景を探ってみよう。前者は一〇月

表6　国籍・地域別の外国人労働者数と「労働者率」(2019)

国籍・地域	労働者数	構成比	「労働者率」				
			全体	留学	永住者	日本人の配偶者等	定住者
中国	418,327	25.2	47.7	54.3	26.2	52.2	34.5
ベトナム	401,326	24.2	97.4	165.1	38.3	70.2	62.1
フィリピン	179,685	10.8	63.5	64.3	55.8	69.0	56.0
ブラジル	135,455	8.2	64.0	32.9	56.7	98.1	69.4
ネパール	91,770	5.5	94.8	153.8	42.3	104.6	71.7
欧米諸国	81,003	4.9	58.2	21.9	36.0	60.0	27.8
韓国	69,191	4.2	41.9	44.5	24.4	43.6	17.9
インドネシア	51,337	3.1	76.8	66.6	44.5	68.8	56.5
ペルー	29,554	1.8	60.7	42.9	58.6	90.7	66.7
その他	201,156	12.1	62.6	93.8	38.6	63.7	45.7
全体	1,658,804	100.0	63.3	92.0	38.9	64.8	55.9

厚生労働省「「外国人雇用状況」の届出状況」より筆者作成。10月末現在。構成比と「労働者率」は%。中国は、「中国(香港等を含む)」、欧米諸国は「G7/8 ＋オーストラリア＋ニュージーランド」。「労働者率」は、外国人労働者数を2019年末の在留外国人数で割って計算した。

末現在、後者は一二月末現在の値であるため、厳密なものではないことは断っておきたい。外国人全体の「労働者率」は六三・二％であり、国籍・地域別ではフィリピンやブラジル、欧米諸国、ペルーはこの値に近い。中国が四七・七％と相対的に低い値を示す一方で、ベトナムは九七・四％、ネパールは九四・八％と一〇〇％に近い。外国人労働者数に特別永住者が含まれていないことと合わせて、こうした「労働者率」の違いが在留外国人数と外国人労働者数の国籍・地域別構成比の違いを生み出していると言える。

表6には、「留学」「永住者」「日本人の配偶者等」「定住者」の「労働者率」も示した。「留学」は就労するためには資格外活動の許可を得る必要がある在留資格であり、他の三つは「身分又は地位に基づく在留資格」である。多くの「活動に基づく在留資格」とは異なり、これらはいずれも在留外国人数から実際の労働者数を推定することが難しい。それぞれの「労働者率」は、「留学」が九二・〇％、「永住者」が三八・九％、「日本人の配偶者等」が六四・八％、「定住者」が五五・九％である。

これをさらに国籍・地域別に見ていくと、ベトナムとネパールの「留学」の「労働者率」が一〇〇％を大きく超えていることに気づく。「外国人雇用状況」の届出は事業主がおこなうため、複数の仕事を掛け持ちしている者が二重にカウントされてしまうためではないかと考えられるが、それ以外の要因も探った方がよいかもしれない。また、二重にカウントされている者が相当数いるのであれば、「「外国人雇用状況」の届出状況」を用いて外国人労働者の数をとらえることにいくらか慎重であるべきであろう。

「日本人の配偶者等」と「定住者」の「労働者率」が高いのは、ブラジル、ネパール、ペルーである。また、いずれの国籍・地域も「日本人の配偶者等」の方が「定住者」よりも「労働者率」が高い。

表7は、二〇一九年の外国人労働者の在留資格別構成比である。「「外国人雇用状況」の届出状況」では、外国人労働者の在留資格は大きく五つに分けられている。構成比が高い順に挙げると、「身分又は地位に基づく在留資格」が三二・一％、「技能実習」が二三・一％、「資格外活動」が二二・五％、「専門的・技術的分野の在留資格」が一九・八％、「特定活動」が二・五％となっている。「資格外活動」の許可を得て就労する者の多くが「留学」の在留資

★13　表中では、「中国（香港等を含む）」を「中国」、「G7／8＋オーストラリア＋ニュージーランド」を欧米諸国と表記した。表7、表9、表11、表13も同様である。なお、本章が参照した二〇〇八年以降の「「外国人雇用状況」の届出状況」の統計表では、二〇〇八年は「中国」、二〇一四年までは「G8＋オーストラリア＋ニュージーランド」としてそれぞれ示されていた。

格を持っており、全体の一九・二%を占めている。「技能実習」や「留学」は労働者として受け入れたとは言い難いが、実際にはそうした人々が外国人労働者の中で高い割合を占めていることが分かる。また、表には示さなかったが、「専門的・技術的分野の在留資格」の多くは「技術・人文知識・国際業務」であり、全体の一五・七%を占めている。

国籍・地域別については、表5の在留外国人の在留資格別構成比からは分からない特徴を挙げていきたい。換言すれば、「身分又は地位に基づく在留資格」「留学」「家族滞在」などの在留資格を持つ就労していない者、さらには特別永住者を除外すると、どのような特徴が明らかになるのかを確認する。

「専門的・技術的分野の在留資格」は、欧米

表7　外国人労働者の在留資格別構成比（2019）

国籍・地域	専門的・技術的分野の在留資格	特定活動	技能実習	資格外活動		身分又は地位に基づく在留資格				
				計	留学	計	永住者	日本人の配偶者等	永住者の配偶者等	定住者
中国	27.5	1.2	20.8	23.8	20.1	26.8	18.6	4.3	1.4	2.5
ベトナム	12.2	1.5	48.3	34.2	32.6	3.6	1.6	0.8	0.3	0.9
フィリピン	6.4	2.8	19.5	1.6	1.2	69.7	40.9	10.3	1.5	16.9
ブラジル	0.8	0.0	0.1	0.2	0.2	98.9	47.1	13.3	0.8	37.7
ネパール	13.9	3.7	0.5	77.3	49.3	4.5	2.3	1.1	0.5	0.7
欧米諸国	58.6	2.4	0.1	3.4	2.6	35.6	18.6	15.8	0.3	0.8
韓国	45.1	5.6	0.1	13.0	11.4	36.2	25.5	8.1	0.7	1.9
インドネシア	9.3	5.8	63.3	10.3	9.7	11.4	5.8	2.8	0.3	2.5
ペルー	0.4	0.1	0.2	0.2	0.2	99.1	66.6	5.3	2.5	24.7
その他	27.9	6.2	17.3	22.3	20.3	26.3	14.6	6.9	0.9	3.9
全体	19.8	2.5	23.1	22.5	19.2	32.1	18.6	5.7	0.9	6.9

厚生労働省「「外国人雇用状況」の届出状況」より筆者作成。10月末現在。構成比は%。中国は、「中国（香港等を含む）」、欧米諸国は「G7/8＋オーストラリア＋ニュージーランド」。

諸国が五八・六％、韓国が四五・一％と他の国籍・地域と比較して非常に高い値を示している。ただ、ネパールの一三・九％やベトナムの一二・二％も決して低い訳ではなく、「留学」からの在留資格の変更という点から考えれば、今後の動向を注視していく必要がある。

二〇一九年の留学生の日本企業等への就職を目的とした在留資格の変更許可数は、三万九四七人であった。許可後の在留資格は、「技術・人文知識・国際業務」が九二・四％と大半を占めている。表8は、国籍・地域別の構成比の推移であり増加率もあわせて示した。二〇一四年以降は対前年比の増加率が一〇〜二〇％と高い値が続いている。表に掲載した一位から七位までの国籍・地域の変更許可数はいずれも増加を続けているが、ベトナムやネパールの急増により構成比は大きく変化した。二〇一四

表8　国籍・地域別の留学生の在留資格変更許可数と構成比の推移

順位	国籍・地域	許可数	構成比					
			2014	2015	2016	2017	2018	2019
1	中国	12,839	68.4	67.0	60.3	49.7	46.1	41.5
2	ベトナム	7,030	4.7	7.4	12.8	20.7	20.2	22.7
3	ネパール	3,591	2.1	3.2	6.0	9.0	11.3	11.6
4	韓国	1,663	9.5	8.2	7.3	6.6	6.1	5.4
5	スリランカ	704	0.7	0.8	0.9	1.1	1.7	2.3
6	ミャンマー	593	1.0	1.0	0.9	0.9	1.3	1.9
7	インドネシア	469	1.0	0.9	1.1	1.1	1.4	1.5
総数		30,947	増加率					
			11.3	20.8	24.1	15.4	15.7	19.3

出入国在留管理庁「留学生の日本企業等への就職状況について」より筆者作成。構成比と増加率は％。「中国」は中国と台湾の合計。

年に六八・四％を占めていた中国が二〇一九年には四一・五％へと低下する一方、ベトナムは二二・七％、ネパールは一一・六％まで上昇した。日本で働くベトナム人やネパール人は、技能実習生やアルバイトばかりとは言えない状況になりつつある。

とは言え、表7を改めて見ると、ネパールは資格外活動の構成比が七七・三％と非常に高い。しかも在留資格が「留学」ではない者が二八・〇％と高い値を示している。その多くは表5でも見たように「家族滞在」であると推測される。

外国人労働者は、在留外国人と比較して「技能実習」や「留学」の構成比が相対的に上がるが、「留学」の「労働者率」が高いベトナムやネパールは、それがより顕著に表れる（ベトナムはこの影響により「技能実習」の構成比は逆に下がる）。ブラジルとペルーの「身分又は地位に基づく在留資格」の構成比は在留外国人とほとんど変わらない。

表9は、外国人労働者の国籍・地域別構成比の推移である。中国やブラジル、欧米諸国、ペルーの構成比が徐々に低下する一方、二〇一〇年代半ばよりベトナムの構成比が急激に上昇したことが分かる。ネパールの構成比も上昇しており、二〇一八年には欧米諸国を上回った。フィリピンは微増、韓国はほぼ横ばいである。表9には全体の増加率もあわせて示した。二〇一〇年代前半までは数値の精度が信頼性に足るものではないが、二〇一〇年代後半の増加率はいずれも一〇％台であり、高い増加率が続いていると言える。

表9　外国人労働者の国籍・地域別構成比の推移

国籍・地域	2008	2009	2010	2011	2012	2013	2014	2015
中国	43.3	44.3	44.2	43.3	43.4	42.4	39.6	35.5
ベトナム					3.9	5.2	7.8	12.1
フィリピン	8.3	8.7	9.5	10.2	10.7	11.2	11.6	11.7
ブラジル	20.4	18.5	17.9	17.0	14.9	13.3	12.0	10.6
ネパール							3.1	4.3
欧米諸国	8.2	7.8	7.1	7.3	7.5	7.5	7.3	6.7
韓国	4.2	4.5	4.4	4.5	4.7	4.8	4.7	4.6
インドネシア								
ペルー	3.1	3.3	3.6	3.6	3.4	3.2	3.0	2.7
その他	12.4	12.9	13.3	14.0	11.5	12.5	11.0	11.7
全体の増加率	—	15.7	15.5	5.6	-0.6	5.1	9.8	15.3

国籍・地域	2016	2017	2018	2019
中国	31.8	29.1	26.6	25.2
ベトナム	15.9	18.8	21.7	24.2
フィリピン	11.8	11.5	11.2	10.8
ブラジル	9.8	9.2	8.7	8.2
ネパール	4.9	5.4	5.6	5.5
欧米諸国	6.2	5.8	5.3	4.9
韓国	4.4	4.4	4.3	4.2
インドネシア			2.8	3.1
ペルー	2.4	2.2	2.0	1.8
その他	12.8	13.7	11.7	12.1
全体の増加率	19.4	18.0	14.2	13.6

厚生労働省「「外国人雇用状況」の届出状況」より筆者作成。10月末現在。構成比と全体の増加率は%。

中国は2009年より「中国（香港等を含む）」と表記される。欧米諸国は、2014年まで「G8＋オーストラリア＋ニュージーランド」、2015年以降は「G7/8＋オーストラリア＋ニュージーランド」と表記されている。

ベトナムは2012年、ネパールは2014年、インドネシアは2018年から集計されるようになった。

表10は、外国人労働者の産業別構成比の推移である。二〇〇九年以降は産業大分類で区分された値が公表されている。表10では上位一一位までの産業を示し、それ以外は「その他」としてまとめた。構成比が最も高いのは「製造業」（二九・一％）であり、「他に分類されないサービス業」（一六・一％）、「卸売業、小売業」（一二・八％）、「宿泊業、飲食サービス業」（一二・五％）が続く。「他に分類されないサービス業」には「廃棄物処理業」や「ビル清掃業」などが含まれているが、中分類や小分類に基づく数値は分からない。「製造業」の構成比は、二〇〇八年の三九・六％から少しずつ低下する傾向にある。その代わりに著しく構成比が高まった産業はなく、外国人労働者が従事する産業が多様化したというのがこの一〇年ほどでの変化であったと言える。

表には示さなかったが、対前年比の増加率に着目すると「建設業」と「医療、福祉」の変化が特徴的である。特に「建設業」は、二〇一四年から増加率が三〇％を超え、二〇一五年は四一・八％、二〇一六年は四一・〇％と四〇％を超えた。その後はやや低下したが、それでも二〇一九年の増加率は三五・九％と高い値を維持している。建設業の外国人労働者については、第４章でより詳しく論じられる。「医療、福祉」は、全体の増加率を上回る年が多く、二〇一九年は三一・三％と高い値を示した。

表11は、二〇一九年の外国人労働者の国籍・地域別産業別構成比である。国籍・地域別で数値が公表されている産業は八つである。「その他」は全体からそれらを引いて求めた。丸数字

表10　外国人労働者の産業別構成比の推移

順位	大分類	産業	2019 人数	構成比		
				2008	2009	2010
1	E	製造業	483,278	39.6	38.9	39.9
2	R	他に分類されないサービス業	266,503	19.7	13.2	12.9
3	I	卸売業、小売業	212,528	8.9	9.8	9.7
4	M	宿泊業、飲食サービス業	206,544	10.4	11.3	11.1
5	D	建設業	93,214	1.7	2.0	2.1
6	O	教育、学習支援業	70,941	7.7	7.5	6.9
7	G	情報通信業	67,540	3.7	3.9	3.8
8	H	運輸業、郵便業	58,601	2.3	2.4	2.4
9	L	学術研究、専門・技術サービス業	56,775		3.2	3.2
10	A	農業、林業	35,636	1.6	1.6	1.8
11	P	医療、福祉	34,261	0.6	0.9	1.0
		その他	72,983	3.8	5.3	5.3

順位	大分類	構成比								
		2011	2012	2013	2014	2015	2016	2017	2018	2019
1	E	38.7	38.2	36.6	34.7	32.6	31.2	30.2	29.7	29.1
2	R	13.0	12.5	12.6	13.0	13.6	14.2	14.8	15.8	16.1
3	I	10.1	10.6	11.1	11.6	12.5	12.9	13.0	12.7	12.8
4	M	10.9	11.0	11.5	11.6	11.8	12.1	12.3	12.7	12.5
5	D	1.9	1.9	2.2	2.6	3.2	3.8	4.3	4.7	5.6
6	O	6.9	7.0	6.9	6.7	6.2	5.5	5.1	4.8	4.3
7	G	3.9	3.9	3.9	4.0	4.0	4.0	4.1	3.9	4.1
8	H	2.5	2.6	2.8	3.3	4.0	4.1	4.2	3.8	3.5
9	L	3.3	3.3	3.3	3.4	3.4	3.5	3.4	3.4	3.4
10	A	2.3	2.4	2.3	2.2	2.2	2.2	2.1	2.1	2.1
11	P	1.2	1.3	1.4	1.5	1.5	1.6	1.7	1.8	2.1
	他	5.4	5.3	5.4	5.2	5.0	4.9	4.6	4.6	4.4

厚生労働省「「外国人雇用状況」の届出状況」より筆者作成。10月末現在。構成比は%。2008年は産業大分類とはやや異なる区分がなされており、大分類のLに相当する区分がない。

でそれぞれの国籍・地域における順位を一位と二位だけ示した。

多くの国籍・地域で製造業の構成比が最も高い。インドネシアが四六・七％で最も高く、ブラジルの四三・八％、ペルーの三九・九％が続く。「専門的・技術的分野の在留資格」の構成比が高い欧米諸国と韓国は、製造業の構成比が低い。欧米諸国は「教育、学習支援業」の三八・九％が最も高く、次に高い「その他」と合わせて六四・四％を占めている。韓国は「卸売業、小売業」の二〇・五％が最も高く、「宿泊業、飲食サービス業」の一四・六％、「情報通信業」の一四・〇％が続く。専門的・技術的な職業に従事している者の比率が高い点は共通するが、従事する産業はかなり異なると言える。ネパールも「製造業」が

表 11　外国人労働者の国籍・地域別産業別構成比（2019）

国籍・地域	製造業	他のサービス業	卸売業、小売業	宿泊業、飲食サービス業	建設業	教育、学習支援業	情報通信業	医療、福祉	その他
中国	①24.7	10.0	②20.1	14.7	3.4	3.9	7.5	1.7	14.0
ベトナム	①36.7	13.0	10.7	②14.5	11.7	0.4	1.2	1.2	10.6
フィリピン	①37.5	②21.9	8.4	5.3	5.8	1.7	1.0	5.6	12.9
ブラジル	①43.8	②36.1	4.1	2.1	2.3	0.7	0.7	1.1	9.1
ネパール	14.1	②25.2	14.1	①31.3	0.7	0.5	0.6	0.6	12.8
欧米諸国	5.0	9.6	8.0	3.5	0.6	①38.9	7.6	1.3	②25.5
韓国	9.1	12.0	①20.5	②14.6	1.7	7.1	14.0	3.2	17.8
インドネシア	①46.7	8.0	5.6	5.0	②11.2	2.0	1.1	5.0	15.4
ペルー	①39.9	②33.0	6.1	3.2	2.9	0.8	1.0	2.3	10.8
その他	①23.3	②15.5	13.1	14.6	4.9	5.4	5.8	1.8	15.7
全体	29.1	16.1	12.8	12.5	5.6	4.3	4.1	2.1	13.5

厚生労働省「「外国人雇用状況」の届出状況」より筆者作成。10月末現在。構成比は％。中国は、「中国（香港等を含む）」、欧米諸国は「G7/8＋オーストラリア＋ニュージーランド」。「他のサービス業」は「サービス業（他に分類されないもの）」。国籍・地域別の値は表に示した8つの産業しか公表されていない。丸数字はそれぞれの国籍・地域における順位。

一四・一％と低く、ベトナムやインドネシアと比較すると「建設業」の構成比も低い。このことはおそらく「技能実習」の構成比の低さと関連している。ネパールの最も構成比が高い産業は「宿泊業、飲食サービス業」の三一・三％であり、次いで「他のサービス業」の二五・二％である。中国は、「製造業」が二四・七％と全体と比較してやや低い。全体と同様に「製造業」の構成比は少しずつ低下する傾向にあるが、全体と異なるのは「宿泊業、飲食サービス業」も減少傾向にあることである。

４　「特定技能」の創設とコロナ禍の影響

以上、統計上の外国人の動向について、リーマンショックが起きた二〇〇八年からコロナ禍直前の二〇一九年までの分析をおこなった。二〇一九年以降については、外国人の雇用情勢に影響を及ぼした二つの大きな要因を考慮する必要がある。二〇一九年四月一日の在留資格「特定技能」の創設と、二〇二〇年初めから現在に至るコロナ禍である。前者については、日本の外国人受け入れ政策の大きな転換を意味するが、詳細については第2章を参照してほしい。本章では、コロナ禍が及ぼした影響について統計から簡単におさえておくことにする。

まず、在留外国人数を見てみたい。本章執筆時点で最新のデータは二〇二〇年六月末である。

いわゆる感染の第一波を経た後の状況が分かる数値であると言える。表12は在留外国人の増加率であり、二〇一九年一二月末から二〇二〇年六月末までの半年間で計算したものである。全体の増加率はマイナス三・五％であり、リーマンショック後に最もマイナス幅が大きかった二〇一一年がマイナス二・六％であったことから、かなりの減少であることが分かる。

表12で示した上位一〇位までの国籍・地域では、ベトナムが二・一％増加したが、それ以外はいずれも減少した。マイナス幅が大きい方から挙げると、中国（マイナス三・六％）、米国（マイナス三・三％）、タイ（マイナス二・七％）、韓国・朝鮮（マイナス二・四％）、ネパール（マイナス一・五％）の順になる。在留資格別では「留学」がマイナス一八・九％であり、他と比較してマイナス幅が大きい。「技能実習」はマイ

表 12　在留外国人の増加率（2019年12月末と2020年6月末の比較）

順位	国籍・地域	増加率	在留資格	増加率
	全体	-1.6		
1	中国	-3.6	永住者	1.0
2	韓国・朝鮮	-2.4	技能実習	-2.1
3	ベトナム	2.1	留学	-18.9
4	フィリピン	-0.3	特別永住者	-1.0
5	ブラジル	-0.2	技術・人文知識・国際業務	6.2
6	ネパール	-1.5	定住者	-0.5
7	インドネシア	-1.2	家族滞在	-0.6
8	米国	-3.3	日本人の配偶者等	-1.0
9	タイ	-2.7	特定活動	11.1
11	ペルー	-0.6	永住者の配偶者等	1.7

「在留外国人統計」より筆者作成。増加率は％。「中国」は中国と台湾の合計、「韓国・朝鮮」は韓国と朝鮮の合計。「技能実習」は、１～３号の各イ・ロの６つの在留資格の合計。網掛けはマイナス。

ナス二・一％であり、「留学」と比べて小さなマイナス幅に止まっている。上位一〇位までの在留資格の中には増加したものがいくつかあるが、いずれも他の在留資格からの変更によるものと思われる。プラス幅が大きい順に挙げると、「特定活動」（プラス一一・一％）、「技術・人文知識・国際業務」（プラス六・二％）、「永住者の配偶者等」（プラス一・七％）、「永住者」（プラス一・〇％）である。ベトナムの増加は、「留学」や「技能実習」への影響が他の国籍・地域と比較するといくらか小さかったことに加え、「特定活動」の増加が影響したと思われる。

次に、外国人労働者数を見てみよう。本章執筆時点で最新のデータは二〇二〇年一〇月末であり、二〇一九年一〇月末のデータとの比較をおこなう。表13では、国籍・地域別産

表 13　外国人労働者の国籍・地域別産業別の増加率（2019〜2020）

	総数	製造業	他のサービス業	卸売業、小売業	宿泊業、飲食サービス業	建設業	教育、学習支援業	情報通信業	医療、福祉	その他
中国	0.3	-6.6	3.2	1.9	-1.0	3.9	1.8	6.9	16.0	2.4
ベトナム	10.6	8.7	21.4	16.3	-8.7	23.7	-0.1	3.1	49.2	7.3
フィリピン	2.8	-2.5	-3.0	15.1	9.8	12.0	13.8	0.8	22.2	3.5
ブラジル	-3.2	-7.2	-5.3	11.9	13.2	20.3	8.5	-6.9	21.5	4.5
ネパール	8.6	-1.9	10.8	27.4	2.0	11.6	0.2	12.2	52.2	9.0
欧米諸国	-0.7	-1.4	-1.2	4.9	6.6	16.2	-1.9	6.5	7.4	-4.4
韓国	-0.4	-1.4	-4.8	-1.3	-3.3	6.9	2.5	2.8	7.6	0.5
インドネシア	4.0	-5.3	-1.7	21.1	1.8	16.8	5.4	20.1	41.1	7.0
ペルー	-1.7	-4.8	-8.7	11.7	15.0	29.2	4.0	-3.2	19.2	5.2
その他	6.2	1.9	2.0	13.0	0.5	27.6	4.2	5.4	37.8	7.1
全体	4.0	-0.3	3.9	9.2	-1.8	19.0	1.2	5.5	26.8	4.0
全体の構成比	100.0	28.0	16.1	13.5	11.8	6.4	4.2	4.1	2.5	13.5

厚生労働省「『外国人雇用状況』の届出状況」より筆者作成。10 月末現在。増加率と構成比は％。中国は、「中国（香港等を含む）」、欧米諸国は「G7/8 ＋オーストラリア＋ニュージーランド」。「他のサービス業」は「サービス業（他に分類されないもの）」。網掛けはマイナス。全体の構成比は 2020 年。

業別の増加率を示した。全体の増加率は四・〇％であり、在留外国人数とは異なり増加こそしているが、その増加幅は二〇一九年の一九・三％から大きく減少した。産業別で増加率がマイナスになったのは、「宿泊業、飲食サービス業」のマイナス一・八％と「製造業」のマイナス〇・三％であり、人数にすると前者が三六三一人、後者が一二七六人の減少である。「建設業」や「医療、福祉」のように高い増加率を示している産業もあるが、二〇一九年と比較すると表中のいずれの産業も増加率は低下した。ベトナムの「製造業」や「他のサービス業」、ネパールの「他のサービス業」、ブラジルとペルーの「宿泊業、飲食サービス業」など、他の国籍・地域とは異なる動向を示しているものがあるが、これらについては今後検証が必要であろう。

※　本書初版第一刷の本章表12と六二頁九行目から六三頁一二行目までの記述に、データの取り違えによる誤りがありました。この第二刷では、当該箇所を全面的に修正しました。

参考文献

防衛省、二〇一三、「在日米軍人等の施設・区域内外における居住者数について」、防衛省ホームページ（国立国会図書館）、（二〇二〇年一二月一五日取得、https://warp.da.ndl.go.jp/info:ndljp/pid/11347003/www.mod.go.jp/j/press/news/2013/12/20d.html）

伊藤泰郎・高畑幸、二〇〇八、「広島県における日系外国人の居住動向と研修生・技能実習生へのシフトの兆候」『現代社会学』九、広島国際学院大学現代社会学部

国際連合広報センター、二〇一九、「国際移民は世界全地域で増大を続け、二億七二〇〇万人に達する、と国連が予測（プレスリリース日本語訳）」、国際連合広報センターホームページ、（二〇二〇年一二月一五日取得、https://www.unic.or.jp/news_press/info/34768/）

厚生労働省、「外国人雇用状況の届出状況について（報道発表）」、（二〇二一年一月三〇日取得、https://www.mhlw.go.jp/stf/seisakunitsuite/bunya/koyou_roudou/koyou/gaikokujin/gaikokujin-koyou/06.html）

日本銀行、「短観」、（二〇二〇年一二月一五日取得、https://www.boj.or.jp/statistics/tk/index.htm/）

出入国在留管理庁、二〇二〇、『二〇二〇年版「出入国在留管理」』（二〇二〇年一二月一五日取得、http://www.moj.go.jp/isa/policies/policies/03_00002.html）

――――、「留学生の日本企業等への就職状況について」、（二〇二一年一月二九日取得、http://www.

moj.go.jp/isa/10_00013.html)

――――、「在留外国人統計（旧登録外国人統計）統計表」、（二〇二〇年一二月一五日取得、http://www.moj.go.jp/isa/policies/statistics/toukei_ichiran_touroku.html)

UNDSA (United Nations, Department of Economic and Social Affairs, Population Division), 2019, "International migrant stock 2019",（二〇二〇年一二月一五日取得、https://www.un.org/en/development/desa/population/migration/data/estimates2/estimates19.asp)

『在留外国人統計』各年度版、入管協会

第2章　外国人労働者に関する入管法制の変遷

四方久寛

1　本章の目的

二〇一八年一二月、出入国管理及び難民認定法（いわゆる入管法）が改定され、日本政府は、大幅な外国人の非熟練労働力の受け入れへと舵を切った。このたびの改定は、①日本人との血縁（日系人の受け入れ）や技術移転（技能実習制度）といった建前が背後に退き、正面から人材不足を補う必要性を認めたこと、②向こう五年間で三四万人という大規模な受け入れが見込まれていることから、従来の外国人労働者の受け入れ政策とは異なる一方、政府が「移民」の受け入れを認めるものではないと述べるなど、依然として様々な問題を孕んでいる。

本章では、これまでの外国人労働者の受け入れ政策の変遷、とりわけ近年の受け入れの拡大の状況を見る。

２　日本の外国人政策

日本政府は、外国人の在留について在留資格制度をとり、付与した在留資格の範囲内での活動のみを外国人に認めることとしている。そして、日本人を配偶者にもつ外国人のように、日本人との間に一定の身分関係がある場合と、専門的・技術的労働に従事する場合を除いては、外国人に日本で就労することが可能な在留資格を付与してこなかった。つまり、専門的・技術的労働者を除いては外国人労働者を受け入れないことが、日本の外国人政策の柱の一つであった。

その背景には、外国人の非熟練労働力を受け入れることによって予想される様々な弊害（労働市場における需給バランスの崩壊、社会保障のコスト、根拠が希薄ではあるが治安の悪化など）への懸念があっただろうし、日本の単一民族神話を守ろうとする意図もあったかもしれない。

３　一九八〇年代まで

しかし、高度経済成長を経て日本経済が国際化し、さらには一九八五年のプラザ合意以降、円高が進行すると、日本の労働市場に必ずしも専門的・技術的労働者とはいえない外国人の労働力が流入し始めた。フィリピンやタイから来日し、在留資格「興業」を付与されて、実際には性風俗産業に従事した外国人女性や、許された在留期間を過ぎても日本にとどまり、いわゆる３Ｋ職場で就労するオーバーステイの外国人男性などがそれである。

もっとも、これらの外国人労働者は非合法の労働者であった。性風俗産業に従事する外国人女性は、「興業」の在留資格を付与されてはいたが、性風俗産業での就労は明らかな資格外活動であったし、いわゆるオーバーステイの外国人男性は、日本に合法的に在留できる在留資格を有していなかった。日本政府は、外国人労働者の在留を専門的・技術的労働者に限定する政策を堅持していた。そのため、これらの外国人労働者の流入は、「バックドア（裏口）からの受け入れ」などと揶揄された。

４　一九九〇～二〇〇七年

しかし、一九九〇年代に入ると、外国人の非熟練労働力の受け入れにつながる二つの「サイドドア」が開かれた。日系人の受け入れと外国人研修・技能実習制度である。これらの制度は、外国人の非熟練労働力を受け入れる必要性を認めないまま、労働力の受け入れとは異なる名目で外国人の非熟練労働力を受け入れるもので、それが「サイドドア」と言われる所以である。

これらの制度については、これまでにも様々なところで論じられているので、制度の概要を簡単に述べるにとどめる。

●日系人の受け入れ（一九九〇年〜）

一九八九年、入管法が改定されて新たに「定住者」の在留資格が設けられ、一九九〇年から、かつて日本から外国に移住した日本人の子孫である日系二世に「日本人の配偶者等」または「定住者」の在留資格を、日系三世と日系二、三世の家族に「定住者」の在留資格を付与することが認められた。その結果、かつて日本人の移住先だったブラジルをはじめとする南米諸国から多数の日系人とその家族が出稼ぎのため来日するようになり、日本に在留する南米諸国の国籍を有する外国人は、リーマンショック前年の二〇〇七年末で、ブラジル人が約三二万人、ペルー人が約六万人にのぼった。また、同様にフィリピンに移住した日本人の子孫や、フィリピンから来日したフィリピン人女性と日本人男性との間に生まれ、その後フィリピンに帰国したフィリピン人も、多数来日するようになった。日系人とその家族は、東海・北関東をはじめとする地方の製造業の工場で非熟練労働者として就労するようになった。

二〇〇四年以前には製造業における労働者派遣が禁止されていたため、日系人労働者の多くは、製造業の工場から構内業務を請け負う業務請負会社に雇用され、当該工場で就労していた。もっとも、業務請負とは名ばかりで、実際には、工場主の企業が業務請負会社の従業員を直接に指揮命令する、いわゆる偽装請負が横行していた。このような雇用形態は、雇用責任をはじめ、実際に日系人労働者を指揮命令して就労させる工場主の企業の様々な責任を曖昧にするものであり、日系人労働者の地位を不安定なものにしていた。

日系人の受け入れは、その後、日本経済が国際競争力を維持していくために必要な安価な労働力の供給源となっていったが、日本政府は、日本人の子孫の来日に道を開くという「血の論理」によってこれを根拠付け、外国人の非熟練労働力を受け入れない建前を堅持した。

●外国人研修・技能実習制度（一九九三年〜）

一九九三年には、日本の技能・技術・知識の開発途上国・地域への移転を図る名目で、開発途上国の労働者を日本の企業において研修・就労させながら技能を習得させ、帰国後は祖国の発展のためにその技能を活かしてもらうおうとする外国人研修・技能実習制度が設けられた。これは、一九九〇年の入管法改定で創設された「研修」の在留資格で来日し、研修を修了した研修生に、一定の要件を満たせば「特定活動」の在留資格を付与したうえで、さらに一年間、技能実習生として就労させるものであった。一九九七年には実習期間が二年に延長され、研修と合わせて三年間、外国人研修・技能実習生を日本で研修・就労させることが可能となった。

技能実習制度には、企業単独型と団体監理型がある。企業単独型は、海外に子会社やグループ会社などの関連企業をもつ日本企業が、関連企業の従業員を研修・技能実習生として受け入れ、日本国内で研修・就労させるものである。これに対し、団体監理型は、中小企業などで作る事業協同組合や商工会議所などの監理団体が、第一次受け入れ機関となって海外の送り出し機関から研修・技能実習生を受け入れ、傘下の中小企業などの第二次受け入れ機関で就労させ、研修・技能実習を指導・支援するというものである。

技能実習制度は、建前としては開発途上国への技術移転のための制度であったが、実際のところは、建設業、縫製業、金属加工業、農業、漁業などの零細な事業所において、外国人の安い非熟練労働力を利用するための手段として活用され、様々な不正がおこなわれた。特に、最初の一年間の研修は雇用契約に基づいておらず、研修生は労働者ではないとされ、労働基準法や労災保険の適用も認められていなかったため、奴隷のような労働を強いられることとなった。

5　二〇〇八〜二〇一八年

二〇〇八年のリーマンショックに伴う景気後退期には、製造業において就労する多数の日系人労働者がいわゆる派遣切りにあって失職し、帰国する日系人労働者とその家族に一人あたり二〇〜三〇万円を支給する日本政府の帰国支援政策とも相まって、その後の数年間で、日本に在留するブラジル人は激減した。が、他方で、特定の産業分野において人手不足感が強まった二〇〇八年以降、「サイドドア」からの外国人労働者の受け入れはさらに拡大し、外国人労働者が日本で就労することのできる在留資格が大幅に増加した。また、技能実習制度については、二度にわたり大幅な制度改定がおこなわれた。

以下、この時期におこなわれた外国人の就労につながる在留資格制度の変更を見てみよう。

●EPA（二〇〇八年〜）

二〇〇八年以降、フィリピン、インドネシア、ベトナムとの間に結ばれた経済連携協定（EPA）により、母国において看護・介護に関する一定の資格や実務経験を有する外国人看護師・介護福祉士候補者が来日し、雇用契約に基づいて病院や介護施設で就労しつつ、日本の国家試験を受験し、看護師・介護福祉士の国家資格の取得を目指すことが可能となった。在留資格は「特定活動」で、国家資格取得までに認められる日本での就労期間は、看護師候補者で原則三年まで、介護福祉士候補者で原則四年までとされ、国家資格を取得した後は、「特定活動」の在留資格の更新を受け（更新回数の制限なし）、日本で看護師・介護福祉士として就労し続けることができる。

インドネシアとの間では二〇〇八年から、フィリピンとの間では二〇〇九年から、ベトナムとの間では二〇一四年から、それぞれこの制度が実施され、二〇一八年までに一三〇〇人の看護師候補者と四二六五人の介護福祉士候補者が来日し、三四四人が看護師の国家試験に、七一九人が介護福祉士の国家試験に合格している。国家試験の受験者に対する合格者の比率は、制度創設当時に比べれば上昇しているものの、二〇一八年で見ると、介護福祉士では約五一％と日本人よりやや低く、看護師では約一八％と日本人より大幅に低い。

この制度は、日本政府によれば、看護・介護分野の労働力不足への対応ではなく、二国間の経済活動の連携の強化の観点から、公的な枠組みで特例的におこなうものであると説明されている。しかし、当時から人手不足の見込まれた介護の分野に外国人の労働力を受け入れる点でも、看護師・介護福祉士候補者として来日した者の多くが国家資格を取得することができず、来日から帰国までの間、病院や介護施設に労働力を提供するだけの結果となっている点でも、来る二〇一〇年代に急速に拡大した外国人労働者の受け入れの先駆けであったということができるだろう。

●留学生の資格外活動の増加

日本政府は、二〇〇八年、グローバル戦略展開の一環として、外国人留学生を二〇二〇年を目途に三〇万人まで増やす「留学生三〇万人計画」を打ち出し、二〇一〇年、日本で学ぶ外国人留学生の在留資格を「留学」に一本化した。それまでは、日本語学校などの専門学校で学ぶ外国人には「就学」の在留資格が、大学や大学院などで学ぶ外国人には「留学」の在留資格が付与されていたが、政府の説明によれば「留学生の安定的な在留のため」にその区分が廃止されたのである。また、日本への留学の勧誘を強化したり、入国審査等の手続きを簡素化したり、卒業後の雇用の促進を図ったりする施策を実施した。その結果、二〇〇八年末現在で約一七万人だった留学生（在留資格「留学」「就学」の合計）は、二〇一八年末現在で約三四万人に達しており、数字上は計画は達成されたといえる。

しかし、その陰で、留学生が、学業そっちのけで非熟練労働に従事する事態が進行した。留学生は、日本での学費と生活資金を得るため、資格外活動許可を得ることによって週二八時間以内（長期休暇中は一日八時間以内）のアルバイトをすることが認められているからである。実際、最近ではコンビニエンスストアや飲食店で片言の日本語を話す外国人留学生を見かけない日はないし、夜間の配送センターや食品工場でも多数の留学生が就労している。しかし、彼らが、週二八時間という資格外活動の時間制限を守っているとは限らない。来日の手数料を支払うためにした借金を返済するためには、資格外活動許可の時間制限を守ってはいられないという事情もあるだろうし、そもそも、就労を主目的として日本に留学する者もいる。そのことは、中国人留学生の増加が鈍化する一方で、より日本との経済格差の大きいベトナムやネパールからの留学生が急激に増加（二〇〇八年末にはそれぞれ五〇〇〇人にも満たなかったが、二〇一八年末現在それぞれ約八万人と約三万人）していることからも容易に推測できる。また、東京福祉大学で多数の留学生が所在不明になったというニュース[★1]や、入管などから定員超過の指摘を受けた大阪の専門学校が多数の留学生を退学処分にしたというニュース[★2]にも現れているように、到底留学生の受け入れに値しないような大学や専門学校が留学生の就労を下支えしているということができよう。

このように、外国人留学生を呼び込み、卒業後は日本企業に就職してもらい、グローバル戦略を担う高度人材として活用しようとした政府の意図とは裏腹に、留学が、日本での外国人労働者の就労を拡大する結果となった。いや、むしろ、政府は、そのような事態を予測し、積極的に認容していたのかもしれない。

●技能実習制度の改定（二〇一〇年、一七年）

外国人研修・技能実習制度については、二〇〇〇年代に入って以降、様々な問題が顕在化していた。単純な賃金の不払いや残業代の不払い、強制貯金（研修・技能実習先の企業や監理団体が給料の一部を研修・技能実習生に渡さず強制的に管理する）、賃金からの違法な天引きといった労働基準法違反、最低賃金違反、労災隠し、パスポートの取り上げなどが横行し、生活環境の面でも、狭い寮に多数の研修・技能実習生が二段ベッドを並べて住まわされたり、タンクに貯まった雨水を飲まされたり、監視カメラで私生活まで監視されたりといった非人道的な行為もおこなわれた。特に一年目は、雇用契約に基づかない「研修生」（労働者ではない）として扱われ、そもそも労働基準法や最低賃金、労災保険の適用も認められなかった。研修・技能実習生は、そうしたひどい状況であっても、母国において送り出し機関に多額の保証金を預けさせられてお

★１　朝日新聞、二〇一九年三月二六日（夕刊）、「留学生約七〇〇人所在不明　東京福祉大、国が実地調査」

★２　日本経済新聞、二〇一八年九月二五日（大阪夕刊）、「定員超過、留学生一六五人退学、大阪の専門学校」

り、トラブルを起こすことなく技能実習を終えて帰国するまでそれを返してもらうことができないために、受け入れ機関に抵抗することができない。抵抗した研修・技能実習生は、受け入れ機関から一方的に研修・技能実習を終了させられ、監理団体の職員によって空港に連行されて強制的に帰国させられたりした。技能の習得という研修・技能実習の目的を達成するため、一つの受け入れ企業で研修できる研修生の数は制限されていたが、その制限を免れて一度に多数の研修生を受け入れるため、実際には同じ企業で受け入れて就労させる研修生を、形式上は別の企業が受け入れたかのように偽装する「飛ばし」と言われる手法も横行した。中には、こうした受け入れ機関による極めて悪質な行為について裁判に訴える研修生・技能実習生も現れ始め、ついには、研修生を実質的には労働者であると認め、法定の時間外割増賃金の支払いを命じる判決（津地裁四日市支部平成二一年三月一八日判決、三和サービス事件）が下されるに至った。

こうした研修・技能実習制度の社会問題化を受けて二〇〇九年に入管法が改定され、二〇一〇年七月以降、技能実習制度は、従来の一年間の研修と二年間の技能実習から、三年間の技能実習に変更された。これにより、技能実習生は、一年目は在留資格「技能実習一号」、二年目以降は在留資格「技能実習二号」を付与され、当初から雇用契約の下、受け入れ企業において就労することができるようになった。

しかし、依然として、技能実習制度の規律は、入管法の細目を定める省令に委ねられ、必ずしも法規範性を有しない「技能実習生の入国・在留管理に関する指針」がその都度改定されて、受け入れ機関の不正行為を定めるにとどまっていた。また、技能実習制度をめぐる不正行為の監視は、あくまで在留管理を職務所掌とする入管と、外国人労働者についての専門機関ではない労働基準監督署に委ねられ、技能実習制度の支援機関とされた国際研修協力機構（現在の国際人材協力機構）（ＪＩＴＣＯ）は、監督権限を持たず、受け入れ機関による不正行為を監視する役割を果たすことはなかった。このため、技能実習生は、一年目から雇用契約に基づく労働者として労働法の保護を受けられることになったにもかかわらず、技能実習制度をめぐる様々な不正行為が横行する状況に変わりはなかった。

そこで、二〇一六年にようやく「外国人の技能実習の適正な実施及び技能実習生の保護に関する法律」（いわゆる技能実習法）が定められ、このとき初めて、技能実習制度は、入管法とその細目を定める省令以外の法律的根拠をもつに至った。技能実習法の制定により、二〇一七年一一月以降、技能実習の期間は最長で五年とされ、四、五年目の二年間について在留資格「技能実習三号」が新設されるとともに、受け入れ機関によるパスポートの取り上げや違約金の設定の禁止、監理団体による送り出し機関が保証金を徴収していないことの確認、受け入れ機関の違法行為についての罰則、技能実習を監督する外国人技能実習機構（ＯＴＩＴ）の創設など、技能実習生保護のための施策が一定程度設けられた。

しかし、依然として、技能実習をめぐる様々な違法行為は後を絶たない。特に零細な受け入れ企業においては、残業代の不払いや賃金からの違法な天引き、上司や同僚からの暴力・ハラスメントなどの問題が噴出し、また、受け入れ企業の規模の大小を問わず、労災事故や、職種違いなどを原因とする技能実習の打ち切りなどの問題も発生している。制度上、実習先の移籍は必ずしも前提とはされていないし、受け入れ機関の責任において技能実習が打ち切りになるなどの事情で移籍が認められる場合でも、移籍先を見つけることは容易ではない。期待された外国人技能実習機構も、技能実習の監督と技能実習生保護の役割を十分に果たしているとは言い難い状況である。

このように、技能実習制度は、非常に問題の多い制度であるにもかかわらず、縮小されるどころか拡大される一方であり、「技能実習二号」の在留資格への移行が可能な（少なくとも二年間の技能実習が認められる）職種は、二〇一七年に介護、二〇二〇年には宿泊が新たに追加されるなど、二〇二〇年二月二五日現在、八二職種一四六作業にも及んでいる。二〇一九年一〇月末現在、技能実習制度で日本に在留する外国人労働者は約三八万人にのぼり、前年比で約二三％の増加となっている。

●外国人建設・造船就労者受入事業（二〇一五年〜）

二〇一四年には、建設分野における技能労働者の高齢化と離職が進む一方、東京オリンピックの関連施設整備や東日本大震災の復興事業の建設需要が増大することを踏まえ、「建設分野における外国人材の活用に係る緊急措置」（外国人建設就労者受入事業）がとりまとめられ、二〇一五年から該当する外国人材の受け入れが開始された。造船分野においても同様の措置がとられた。

これらの措置においては、当時、三年までとされていた関連職種の技能実習を終えた技能実習生が、さらに最大であと三年間、雇用契約に基づいて建設・造船業務に従事することが、二〇二〇年度までの時限措置として認められた。技能実習に引き続き、または一旦帰国した後、一年未満のうちに再来日する場合には二年間、技能実習を終えて帰国した後、一年以上経過後に再来日する場合には三年間の就労を認めることとされ、該当する外国人材には「特定活動」の在留資格が付与された。その後、運用が改められ、二〇二〇年度内に就労を開始した者については、二〇二二年度末までの就労延長が認められることになった。この緊急措置は、監理団体が受け入れ企業を監督する点で、技能実習制度の枠組みを利用するものであり、また、二〇一七年におこなわれた技能実習制度の改定は、優良な受け入れ企業や監理団体についてのみ五年の技能実習を認める点で、この緊急措置の枠組みを踏襲するものであった。

●国家戦略特区（二〇一五年〜）

政府は、二〇一三年に産業の国際競争力の強化と国際的な経済活動の拠点の形成を図るため、法律の枠に縛られずに規制を緩和する区域を設ける国家戦略特区の制度を創設し、その一環として、二〇一五年には外国人家事支援人材受入事業が、二〇一八年には外国人農業支援人材受入事業が開始された。

外国人家事支援人材受入事業においては、外国人労働者は、受け入れ企業と雇用契約を締結し、利用世帯において家事一般の業務に従事し、「特定活動」の在留資格で最長三年間（通算）日本で就労することができる。既に、神奈川県、東京都、大阪府、兵庫県、愛知県などがこの制度により外国人家事支援人材を受け入れている。なお、二〇二〇年三月には指針が変更され、外国人家事支援人材の就労年限は五年間（通算）に延長された。

外国人農業支援人材受入事業においては、外国人労働者は、受け入れ企業である労働者派遣事業者と雇用契約を締結し、派遣先の農業経営体の下で農作業等に従事し、「特定活動」の在留資格で最長三年間（通算）日本で就労することができる。既に、京都府、新潟市、愛知県、沖縄県がこの制度により外国人農業支援人材を受け入れている。なお、外国人農業支援人材受入事業は、次項で述べるように二〇一八年末に新たに創設された在留資格「特定技能」が農業分野でも認められることになったため、段階的に特定技能制度に移行する見通しである。

●在留資格「介護」の創設（二〇一七年〜）

二〇一六年には入管法が改定され、二〇一七年から在留資格「介護」（「本邦の公私の機関との契約に基づいて介護福祉士の資格を有する者が介護又は介護の指導を行う業務に従事する活動」）が新設されることとなった。在留資格「介護」の取得を目指す外国人は、典型的には、外国人留学生として来日し（在留資格は「留学」）、介護福祉士養成施設で二年以上修学し、介護福祉士の国家資格を取得したうえで、在留資格を「介護」に変更し、以後、介護福祉士として就労することが想定されている。

この改定では、形式的には、外国人の就労が認められる新たな専門的・技術的分野として「介護」が追加され、外国人が介護福祉士という専門職に就くことが認められたのであり、これは従来の日本政府の外国人政策の建前を崩すものではないともいえる。しかし、在留資格「介護」の活動には「介護又は介護の指導を行う業務」が含まれており、介護福祉士の資格を有していれば、単純な介護の業務に従事することもできる。また、介護福祉士の国家資格を取得することを目指す外国人が、外国人留学生として来日し、介護福祉士養成施設で修学するとともに、資格外活動許可を得て介護施設その他の日本企業において就労することにもつながる。そうすると、在留資格「介護」の新設もやはり、実質的には、介護分野に外国人の非熟練労働力を受け入れるためのサイドドアを開いたものであるというべきであろう。

なお、二〇一七年に技能実習の職種に介護が追加されたことや、次項で述べるように二〇一八年末に新たに創設された在留資格「特定技能」が介護分野でも認められることと関連して、現在、介護職種の技能実習生や介護分野の特定技能外国人が介護福祉士の国家試験に合格すれば、在留資格「介護」を取得して介護の仕事を続けられるよう法務省令の改定が検討されている。

●日系四世の受け入れ（二〇一八年〜）

これまで受け入れが認められていた日系人は、親が日本人であった日系二世（在留資格は「日本人の配偶者等」）とその家族（在留資格は「定住者」）、さらにその子である日系三世とその家族（いずれも在留資格は「定住者」）であった。しかし、日系人に対する「定住者」の在留資格付与の要件を定めた、いわゆる定住者告示では、日系四世については、日系三世の扶養を受けて生活する未成年の未婚の実子についてのみ「定住者」の在留資格を付与することが認められており、在留資格「定住者」を付与された後に成人または婚姻した日系四世については、いわゆる告示外定住として在留資格「定住者」が更新されるにとどまっていた。

こうした状況を受け、二〇一七年、法務省は「特定活動」の在留資格を付与する対象について定めた特定活動告示を改定して、二〇一八年七月以降、①一八歳以上三〇歳以下、②入国後の生計維持が担保されている、③基本的な日本語の能力がある（日本語能力試験Ｎ４程度）などの要件を満たす日系四世に対して、「特定活動」の在留資格を付与し、日本で就労することを認めることとした。ただし、在留期間の上限は五年とされ、家族の帯同も認められておらず、年間受入枠が設けられることになっている。これは、従来の「定住者」の在留資格を用いた日系人受け入れの枠組みとは異なり、ワーキングホリデーの枠組みを用いたものであるとされる〔鈴木、二〇一八年〕。

日本政府によれば、この制度の目的は、日系四世に日本に対する理解や関心を深めてもらい、日本と現地日系社会との架け橋になってもらうことにあるとされている。しかし、この制度の創設は、リーマンショック以降、低調だったブラジルからの日系人の来日が、二〇一六年以降、ブラジルの経済や治安の悪化に伴って増加に転じたことと機を一にしており、日系人の労働力を利用するための一つのスキームであるといってよいであろう。もっとも、資格要件の厳しさから、制度開始からの一年間でこの制度によって在留資格を認められたのは四三人、来日したのは三三人にとどまっている。★3

6　在留資格「特定技能」の創設

こうした在留資格の急速な拡大の末に、政府は、二〇一八年六月、「経済財政運営と改革の基本方針二〇一八」において外国人労働者の大幅な受け入れ拡大を宣言し、同年一二月には、在留資格「特定技能」の創設を主たる内容とする入管法の改定がおこなわれた。この改定は、それまでの外国人労働者受け入れのための諸制度（日系人や技能実習制度など）が、外国人の非熟練労働力を受け入れるものではないという建前を維持しつつ、「サイドドア」からの受け入れを図ったものであったのと異なり、外国人の非熟練労働力の受け入れが必要であることを正面から認め、「フロントドア」を開くものであった。

最大の改定点は、人材の不足する特定の産業分野（介護、ビルクリーニング、素形材産業、産業機械製造業、電気・電子情報関連産業、建設、造船・舶用工業、自動車整備、航空、宿泊、農業、漁業、飲食料品製造業、外食業）において就労する外国人に、新たな在留資格「特定技能」を創設することであった。これら一四の産業分野について相当程度の知識又は経験を要する技能を要する業務に従事する外国人に対して在留資格「特定技能一号」、同分野について熟練した技能を要する業務に従事する外国人に対して「特定技能二号」が付与され、「特定技能一号」の在留期間は通算で五年までとされる。各分野それぞれの在留資格認定基準は、法務省出入国在留管理局と関係省庁が共同で策定している。

特定技能外国人は、受け入れ機関（雇用主）との間に雇用契約を締結して就労し、労働関係法規の適用が認められることはもちろん、技能実習生とは異なり、技能を認められた特定の産業分野の範囲で転職することも認められているし、在留資格「特定技能二号」については家族を帯同することも可能である。また、「特定技能一号」については、受け入れ機関は、特定技能外国人に対し、職業生活、日常生活、社会生活上の支援をおこなわなければならず、在留資格申請にあたっては、支援の内容をまとめた支援計画を提出しなければならないとされている。この支援には、住居の確保や生活に必要な契約の支援、職場や生活上の相談・苦情への対応、受け入れ側の都合により雇用契約が終了する場合の転職支援などが含まれ、受け入れ機関は、その支援を業務とする登録支援機関に委託することができるものとされている。二〇二〇年四月一六日現在、四二〇〇件を超える登録支援機関が出入国在留管理庁によって登録されている。

「相当程度の知識又は経験」「熟練した技能」という文言からもわかるとおり、政府としては、

★３　東京新聞、二〇一九年八月二九日、「「日系四世ビザ」高い壁　年四〇〇〇人の来日想定…現実は三三人」

当該労働者の有する技能の水準が、「技能実習」「特定技能一号」「特定技能二号」、専門的・技術的分野の就労資格の順に高くなっていくことを想定しているようである。受け入れにあたっては、「特定技能一号」「特定技能二号」の技能水準と「特定技能一号」の日本語能力水準についてそれぞれ特定技能評価試験、日本語能力判定テストを課して測ることとされている。もっとも、「技能実習」から「特定技能一号」への移行が認められることとされたため、その場合には、各試験は免除される。

「特定技能一号」については、二〇一九年四月の宿泊、介護、外食業の三分野を皮切りに、農業、飲食料品製造業、航空、造船・舶用工業、自動車整備、ビルクリーニングなどの各分野で順次、特定技能評価試験が開始され、二〇二〇年三月までに国内外で一万四〇〇〇人あまりが合格している。ただ、特定技能評価試験の開始からあまり時間が経っていないこともあって、二〇二〇年六月末現在、「特定技能」の在留資格で日本に在留する外国人は、対応する技能実習職種がなかった外食業や、対応する技能実習職種が設けられてから三年が経過していない介護、宿泊などの各分野を除き、そのほとんどが技能実習から移行した者で占められている。また、「特定技能二号」の受け入れについては二〇二一年から始まる予定で、特定技能評価試験の実施分野も当面は建設、介護の二分野に限定される見通しである。

既におこなわれている特定技能評価試験では、各試験会場とも定員に達するたいへんな盛況となっており、日本での就労を希望する外国人の関心は強いようである。ただ、特定技能外国人の受け入れには、技能実習生の受け入れよりも厳しい条件が設けられているうえ、当面は新型コロナウィルス禍とそれに伴う経済活動の停滞の影響も予想されることから、特定技能外国人の受け入れが進むかどうかは不透明である。実際、「特定技能」の在留資格で日本に在留する外国人は、二〇二〇年六月末現在、ベトナム人を中心に五九五〇人にとどまっており、五年間で最大三四万人としていた政府の見込みとは大きく乖離している。

7　外国人労働者受け入れの現在と課題

二〇一八年の入管法改定は、外国人の非熟練労働力の受け入れが必要であることを初めて正面から認めたという点で、日本の外国人受け入れ政策の大きな転換点であったといってよい。しかし、他方で、介護や建設など人手不足が深刻な分野について外国人労働力の受け入れを急ぐあまり、場当たり的な法改定がなされた感が否めず、多くの問題が未解決のまま残されてしまった。

本章を締めくくるにあたり、そうした問題を整理するとともに、今後の外国人労働者受け入れ政策のあり方を考えてみたい。

●グランドデザインの欠如

まず、第一に、従来から言われてきたことであるが、外国人受け入れについてのグランドデザインが欠如したままであるという問題がある。

外国人労働者は、日系人のように家族で来日したり、「特定技能二号」のように家族を呼び寄せることが認められていたりするものが少なくなく、労働者自身だけでなく家族ごと日本に在留することになる可能性がある。そして、外国人労働者とその家族が長期にわたり日本で生活していれば、やがて定住化する可能性もある。

したがって、当然、外国人労働者とその家族に対しては、労働者としての保護や人権の保障はもちろん、日常生活の支援や社会保障、子供の教育等の必要が生じる。また、日本語教育や多文化共生施策の推進を含め、社会の統合を維持するための施策も必要となる。つまり、外国人労働者を受け入れることは、長期的に見れば、必然的に移民の受け入れにつながるものであり、それらに対応した体制や財源を整備する必要がある。それにもかかわらず、政府は、二〇一八年の入管法改定にあたっても「移民を受け入れるものではない」と説明しており、外国人受け入れについてのグランドデザインを有していないように思われる。

また、短期的に見ても、政府は、二〇一八年の入管法改正の審議にあたり、特定技能制度の導入から五年間で最大約三四万人の特定技能外国人を受け入れるとする見込みを明らかにしたが、その数字は有意な需給調査に基づくものとは到底思われず、目下の人手不足を補うために、場当たり的に外国人労働者を受け入れようとしている印象が否めない。リーマンショックによって多数の日系人労働者がいわゆる派遣切りにあって失職したように、需給バランスを考えずに受け入れた外国人労働者は、ひとたび景気が悪化すれば職にあぶれ、経済・社会の大きな不安定要因となるであろう。折しも発生した新型コロナウィルス禍とそれに伴う経済活動の停滞は、年一〇％を大幅に上回るハイペースで増加し続け、五年間で約二倍の約一六六万人（二〇一九年一〇月末現在）に膨れあがった外国人労働者の雇用の危うさを、まざまざとあぶり出している。

●在留資格制度に由来する問題

第二に、在留資格制度に由来する問題がある。在留資格については、入管法に定められているのは大枠だけであって、その具体的な要件や審査手続きについては、省令や告示、指針、入国・在留審査要領など出入国在留管理庁の内部基準に委ねられており、必ずしも一義的に明確ではない。このため、出入国在留管理庁の運用次第で、従来は問題にされていなかった業務行為が資格外活動と認定され、当該活動に従事した外国人労働者が在留期間更新を認められなくなる危険がある。その場合、当該外国人労働者は、日本での在留を継続することが可能な他の何らかの在留資格に変更することができない限り、来日のために費やした多額の費用を回収できぬまま、帰国することを余儀なくされる。このように、在留資格の要件や審査手続きの不明確さは、外国人労働者の地位を不安定なものにしている。

また、在留資格制度がある以上、当然のことだが、就労資格の外国人労働者は、仕事を失えば日本に在留できなくなり、在留資格を失えば仕事を失うことになる。このため、在留期間の更新直前に不当解雇された外国人労働者は、事実上、解雇の効力を争うことは困難で、大急ぎで次の就職先を探さなければ日本にいられなくなる。他方、雇用主が外国人労働者に在留資格に見合わない業務に従事させていたことが原因で、外国人労働者が在留資格の更新を受けられなくなることがあるが、そうした場合でも、雇用主は、何ら責任を負わないまま、当該労働者を解雇してしまうことがある。在留制度上、こうした外国人労働者を救済する工夫も必要であろう。

●外国人労働者に対する法的保護の不備

第三に、外国人労働者に対する法的保護や支援体制の不備の問題がある。

外国人労働者の就労する現場では、労働条件、労働安全衛生、雇用関係などをめぐってさまざまな問題が起こっている。技能実習生をはじめ、零細企業で就労する多くの外国人労働者が劣悪な労働条件で勤務させられているし、安全衛生管理の不十分な職場で労災事故に遭う労働者も少なくない。技能実習生、外国人家事・農業支援人材、特定技能外国人など近年、新たに導入された在留資格については、日本人と同程度の賃金の支給が要件とされているが、その基準は曖昧で、実際に支給されている賃金は最低賃金かそれと大差ない水準にとどまっている。当然、外国人労働者にも労働関係法規は適用されるが、言語の障壁のために外国人労働者が監督する行政機関に相談することは容易ではないし、監督する行政機関も人員不足などのために監督が追いついておらず、違法状態の多くが放置されているのが現状である。

また、外国人労働者の多くは有期雇用や派遣社員であるために、その地位は不安定である。特に日系人の中には、大手企業の工場の構内業務を多重に下請け、孫請けする業務請負会社に有期契約で雇用されている労働者が少なくなく、そうした労働者は、大手企業が生産を縮小し、構内業務の委託を終了すれば、容易に雇い止めにされてしまう。また、こうした間接的な雇用関係は、雇用責任のみならず、安全責任の所在をも曖昧なものにしており、ただでさえも危険な作業に従事することの多い外国人労働者の労働現場において労災事故が多発する一因ともなっている。

さらに深刻なのが、国境を越えたブローカーの問題である。ブローカーの介在は、来日する外国人労働者に多額の手数料の負担を負わせるだけでなく、日本での就労条件について外国人労働者に誤信させる原因ともなっている。それにもかかわらず、技能実習制度にせよ、特定技能制度にせよ、日本政府は、二国間協定により送り出し国にブローカーの規制を要求するばかりで、実際の規制は送り出し国任せというのが現状である。

このように外国人労働者をめぐっては様々な問題が生じているにもかかわらず、現在、外国人労働者の保護を図る規範としては、「外国人労働者の雇用管理の改善等に関して事業主が適切に対処するための指針」が定められているに過ぎないため、総合的な外国人労働者保護立法の制定が望まれるところである。また、問題が集約的に現れている技能実習制度については、技能実習法の制定によって一定の法規制が設けられる一方、同法によって制度が固定化され、さらに二〇一八年の入管法改定によって創設された特定技能外国人への一ルートとして活用されることになってしまったが、問題を根本的に解決するには制度自体を廃止するよりほかないであろう。

●今後の外国人労働者受け入れ政策の在り方

以上のように、外国人労働者に関する入管法制の変遷を見てみると、場当たり的に外国人労働者の受け入れればかりを急ぎ、外国人労働者保護の視点が大幅に抜け落ちている感が否めない。外国人労働者保護の視点がなければ、日本はいずれ外国人労働者からは見向きもされなくなり、経済・社会を維持するために必要な外国人の労働力を呼び寄せることすらできなくなるに違いない。

日本が今後も引き続き外国人労働者の受け入れを進めるのであれば、ここで今一度立ち止まり、外国人受け入れについてのグランドデザインを描き直さなければならない。そのためには、外国人の労働力なくしてはもはや経済・社会を維持することすらできない現実を直視し、どのくらいの外国人の労働力が必要かを具体的な根拠をもって見積もり、外国人労働者を受け入れた場合にその保護のために必要な社会保障、医療、教育、多文化共生などの制度を構想し、そのうえで必要な法律を整備するとともに財源を確保していく必要があるだろう。

参考文献

外国人研修生権利ネットワーク編、二〇〇六、『外国人研修生　時給３００円の労働者2』明石書店
濱口桂一郎、二〇一〇、「日本の外国人労働者政策――労働政策の否定に立脚した外国人政策の「失われた二〇年」」五十嵐泰正編『越境する労働と〈移民〉〈労働再審②〉』大月書店
梶田孝道・丹野清人・樋口直人、二〇〇五、『顔の見えない定住化――日系ブラジル人と国家・市場・移民ネットワーク』名古屋大学出版会
上林千恵子、二〇一五、『外国人労働者受け入れと日本社会――技能実習制度の展開とジレンマ』東京大学出版会
北川由紀彦・丹野清人、二〇一六、『移動と定住の社会学』放送大学教育振興会
佐藤由利子、二〇一八、「移民・難民政策と留学生政策――留学生政策の多義性の利点と課題」『移民政策研究』第一〇号
鈴木江理子、二〇一七、「外国人選別政策の展開――進行する選別的排除」小井土彰宏編『移民受入の国際社会学――選別メカニズムの比較分析』名古屋大学出版会
――、「日系四世の更なる受入れ制度の問題点」『日刊ベリタ』二〇一八年一〇月一四日 http://www.nikkanberita.com/read.cgi?id=201810140102560（最終閲覧日二〇一九年一〇月一七日）

第3章　「食の外部化」と外国人労働者

食料品製造業を中心に

飯田悠哉
伊藤泰郎

1　フードシステムを支える外国人労働者

厚生労働省によれば、二〇一九年一〇月末現在、約一六六万人の外国人労働者のうち、二一％に相当する約三五万人は農業、漁業、食料品製造業、外食業で雇用されている。つまり外国人労働者の少なくとも五人に一人は、日々私たちが消化する食料品を生産・加工・供給するフードシステムのいずれかの過程にたずさわっていることになる。[★1]ちなみに、日本籍、外国籍を問わず、国内の全雇用労働者のうちで右に挙げた産業で雇用されている者の割合は一一％に過ぎない。[★2]外国人労働者はとりわけ食料品の商品連鎖を構成する産業に集中しているといってよい。本章では、この集中の背景とその実態の一端を、後述する「食の外部化」という切り口から検討する。

これまでも、農業や水産加工などのフードシステムを構成する各産業における外国人労働者について、それぞれ研究が重ねられてきている。ただし、外国人労働者が雇用される背景については、これらの産業が地方の構造的不況下にあって低水準の労働条件しか提示できず、人手不足を補う手段として外国人労働者を動員しているという説明で済まされる場合が多い。たしかに、食料に関わる産業の雇用・労働条件が一般に悪いこと自体は間違っていない。しかし、こうした説明にあっては、今日の外国人労働者の増加が、商品としての食料品の生産・加工・供給の連鎖であるフードシステム自体の変容を反映しているという視点、さらにはその変容がわたしたちの日々の食事行為の変化と密接に関わっているという視点が欠落している。

こうした視点の必要性を端的に裏付けるものとして、フードシステムの中間に位置し、原材料である農水産物を加工・調理して、食料品卸売・小売業や外食業に出荷する過程を担う食料品製造業を取り上げる。なぜならば、食料品製造業こそが外国人労働者の食料領域への集中を象徴的に示しているからである。製造業は一貫して最も外国人労働者を雇用する産業であり、二〇一九年一〇月末現在で外国人労働者の二九・一％が集中している。製造業における外国人労働者というと、地方工業都市で集住地区を形成するブラジルやペルーの日系人労働者が、自動車産業や機械製造業で派遣・請負労働をしているイメージが強いかもしれない。しかし、食料品製造業は、二〇一二年から製造業のなかで外国人労働者を最も雇用する部門となり、その後も比重が高まり続けている。表１には製造業における各部門の構成比を示した。食料品製造業の構成比は二〇〇八年から一貫して上昇を続けており、二〇一九年には二七・一％に達している。人数は約一三万人である。また、日本人を含めた全食料品製造業従事者でみれば、その一割はすでに外国人労働者となった。なぜ食料品製造業はこれほどの外国人労働者の増加を経験しているのだろうか。また、かれらはどのような食料品のどの生産過程に携わっているのだろうか。

★１　農業、漁業、食料品製造業は、厚生労働省「「外国人雇用状況」の届出状況」より。外食業は、農林水産省「外食業分野における新たな外国人材の受入れについて」において、このデータを用いた「飲食店」と「配達・持ち帰り飲食サービス業」の合計が掲載されている。ちなみに、序章で言及されているコンビニについては、朝日新聞（二〇二〇年九月二六日）によれば、大手三社の外国人従業員数は六万七〇〇〇人である。これを加えると二五・四％、つまり四人に一人以上となる。

★２　「労働力調査」（二〇一九年一〇月）より。

食料品製造業とひとくちにいっても、その中には大手食品企業を擁する油脂製造や製粉業など資本集約性の高い装置型の部門から、水産加工業や畜産の枝肉処理業など加工度の低い部門、さらには惣菜や弁当・調理パン製造といった調理度合いの高いものまで、多くの部門を含む。また事業所の立地も地方農漁村部から都市近郊まで様々である。外国人労働者に関しては、特に地方沿岸部の水産加工での雇用がこれまで取り上げられてきた〔金ほか、二〇一六：高畑、二〇一八など〕。しかし、先取りすれば、近年の外国人労働者の急激な増加は、地理的には大消費地である都市部の足元で生じており、商品連鎖に沿ってみたときも消費により近い部門に由来する部分が大きい。このとき背景としていっそう重要になるのが、最終的な商品が文字通り消費される私たちの食生活の変化、とくに食の外部化とよばれる変化である。

食の外部化とは、従来は世帯内でなされていたとされる調理労働の一部または全部が、世帯外で行われることを指し、外食

表１　外国人労働者の製造業における各部門の構成比

	2008	2009	2010	2011	2012	2013	2014	2015	2016	2017	2018	2019
食料品	15.2	18.3	20.0	21.0	21.8	23.4	24.7	25.7	26.5	27.6	27.5	27.1
輸送用機械器具	23.8	20.9	21.1	21.2	20.8	20.1	20.0	20.4	20.7	20.2	20.3	20.1
金属製品	6.8	7.1	6.9	6.9	7.0	7.2	7.4	7.7	7.9	8.1	8.6	9.2
繊維	9.2	9.1	8.9	8.4	7.8	7.3	7.3	7.3	7.2	7.1	7.1	6.9
生産用機械器具	11.0	12.8	12.0	11.2	11.1	10.8	10.1	9.0	8.5	8.0	7.2	6.7
電気機械器具	7.6	6.5	5.8	5.9	6.0	5.7	5.6	5.4	5.2	5.0	5.0	5.1
その他の製造業	26.4	25.3	25.3	25.4	25.4	25.4	24.9	24.6	24.0	24.0	24.3	24.9

厚生労働省「「外国人雇用状況」の届出状況」より筆者作成。10月末現在。構成比は％。各部門を製造業全体で割って求めた。

や中食による消費の増加というかたちを取って進む。中食は「家庭外の人によって家庭外で調理されたものを家庭内外で食べる」こととして定義される〔時子山ほか、二〇一九〕。具体的には、弁当やサンドイッチ、寿司などの調理食品、コロッケ、サラダなどの惣菜、さらには、電子レンジの加熱だけで即食が可能となる冷凍調理食品などを購入して、家や職場に持ち帰って食することを指す。外食においては、食材の買い出しや調理、片付けなどの調理労働はすべて外部化されている。中食においても調理労働が外部化されている。余暇の要素がある外食とは異なり、簡便化が主眼である中食による食の外部化は、広く家事労働の外部化の一部として位置づけることもできる。

近年は中食による食の外部化の比重が高まっている。食の外部化は、フードシステム全体の変化を促す世帯レベルの消費行動の変化として、近年の食料経済論やフードシステム論の叢書・教科書では必ず一節が割かれて言及されている。しかし、世帯から外部化された調理労働は、どのような条件のもとで一体誰によって実際に担われているのか、という点はこれまで掘り下げられてこなかった。実際には、こうした問いの先にこそ、フードシステムにおける外国人労働者の増加の背景とその実態の一端が見えてくるのである。

2　中食の供給構造

一九七〇年代に始まった外食産業や食料品小売業の多様な展開は、人々の食生活を大きく変容させ、所得の上昇を反映して食の外部化を進めてきた。二〇〇〇年代に入ってからの食の外部化は、中食を中心としつつある。総務省の「家計調査年報」から近年の一人当たりの実質年間食料支出の推移をみていくと、生鮮食料品への支出は一貫して低下傾向にある。比較的単価の高い外食支出の伸びも、一九九〇年代以降のデフレ不況にあって停滞と言える状況であり、二〇〇八年のリーマンショック後はさらに鈍化した。一方で、中食に相当する調理食品への支出はほぼ一貫して増加している。中食の業界団体である日本惣菜協会の年次白書によれば、中食市場規模は二〇一七年に一〇兆円を超え、直近一〇年間で一二二%と拡大を続けている。その売り上げを業態別にみると、二〇〇〇年代後半からシェアの拡大が著しいコンビニが三二%ともっとも多く、持ち帰り弁当店や駅弁売店、調理パン小売業などの「惣菜専門店」が二八%、食品スーパーが二六%、残りを総合スーパーや百貨店が占めている。

このように調理労働の外部化が進んでいる背景としては、自営業世帯および専業主婦世帯が減少し、雇用共稼ぎ世帯が増加していることや、自炊が困難な単身者世帯、特に単身高齢者世帯の増加が著しいことなどが挙げられている。コンビニの調理食品がほぼ「一人前」に規格化されていることが象徴的であるように、中食の拡大は孤食・個食化といった食事の摂り方の変化に対応していることも指摘される。

それでは、こうした中食商品はどのように供給されているのだろうか。私たちに弁当や惣菜などを直接に販売するのは、先に見たように、コンビニや食品スーパーなどの「フロントシステム」を持つ多様な事業体である。重要なことは、これら事業体が自社で中食商品を生産するだけでなく、加工食品メーカーの中食部門や惣菜製造業者、中食ベンダーと呼ばれる食料品製造業者とともに、商品調達のバックシステムを形成している点にある。

図1は中食商品のサプライチェー

図1 中食商品サプライチェーンの構造

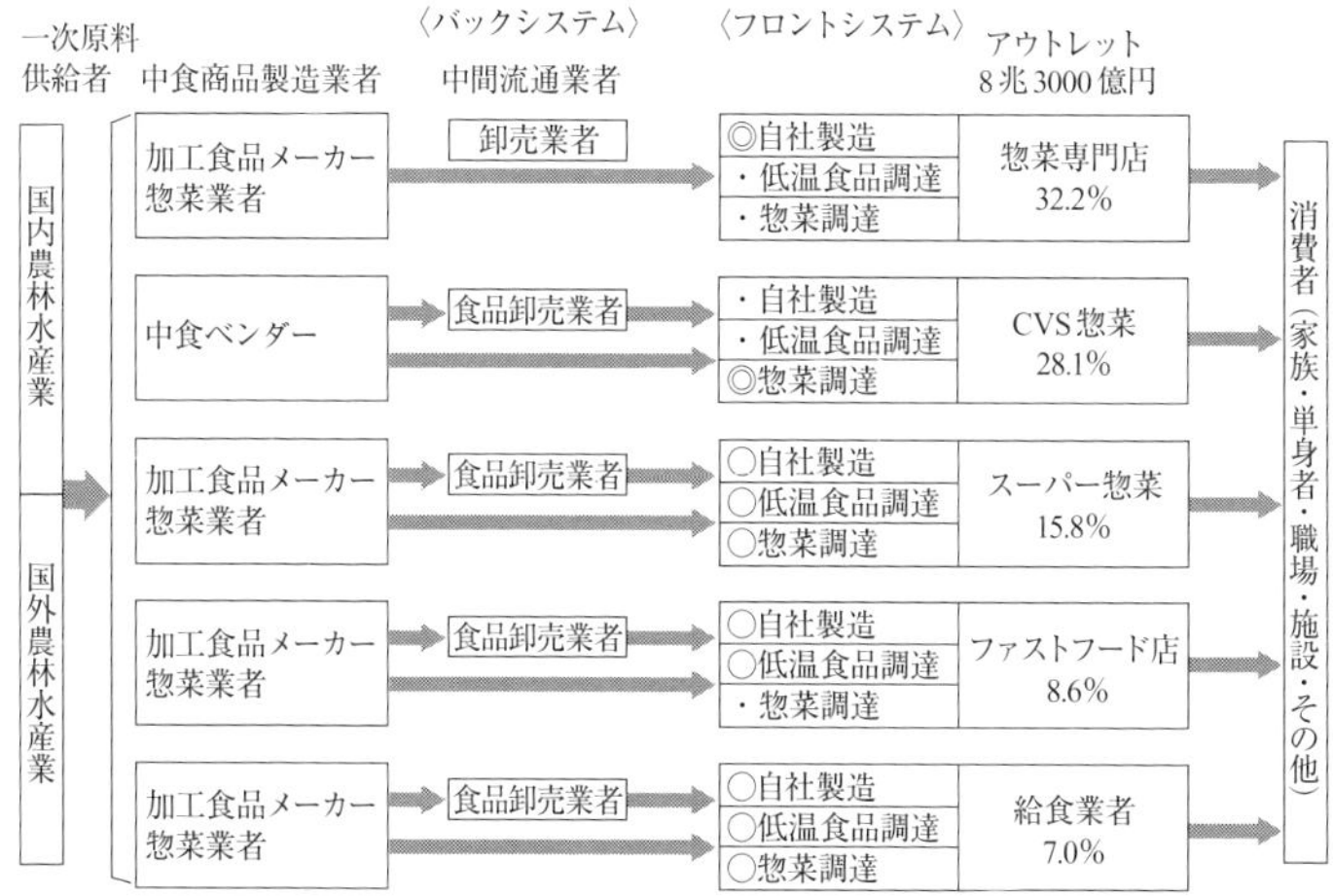

参照：清原昭子〔2018〕　市場規模と割合は、富士経済研究所による2013年度のデータである。

ンの模式図である。例えば、複数のチェーン店舗を持つスーパーマーケットの惣菜売り場を考えたとき、各店舗のバックヤードですべての惣菜の調理がなされている訳ではない。店舗での調理は最終の仕上げに限定され、その背後には複数の店舗に惣菜を供給する自社の惣菜センターが控えている。あるいは、加工食品メーカーから業務用の低温食品が調達され、店舗で温められて販売される。最終商品としての惣菜そのものを惣菜製造業者から仕入れる経路もある。また、中食市場でもっともシェアの大きいコンビニの弁当やサンドイッチ、惣菜などの場合、自社工場でそれらが調理されている例はほぼないと言ってよい。基本的には、製造拠点を持つ中食ベンダーがそれぞれ特定の取引先のプライベートブランド商品として調理し出荷している。

このように、世帯からの食の外部化の進展に対応して、私たちに中食商品を提供する企業もまた、調理労働のさらなる外部化を日々図っている。このことは、その委託先として外部化された調理労働を集約的に引き受ける部門である、食料品製造業の役割が高まることを意味する。この傾向は「工業統計」からも明確に読み取れる。この一〇年ほどの推移を見たとき、食料品を消費する人口は減少しているにもかかわらず、食料品製造全体の出荷額は四・一兆円ほど増加している。これをより細かい分類でみると、「水産食料品」や「製粉精穀」、「動植物油脂」など加工・調理の度合いが低い部門では、輸入品等との競合もあって出荷額が減じているが、「その他の食料品」という項目が一・九兆円と最も増加している。この項目は、中食商品に該当する「惣菜」「寿司・弁当・調理パン」「冷凍調理食品」を含み、これら三つのみで出荷額を一兆円ほど増加させている。世帯から外部化された調理労働を直接に担うこれらの部門が、食料品製造全体の生産額拡大を牽引している状況にあるといえる。

３　食料品製造業の労働市場

こうした中食の拡大がどのように外国人労働者の増加につながったのか。この点を考えるうえで、いま少し食料品製造における労働市場と仕事の特徴を掘り下げておきたい。二〇一六年の「経済センサス」によると、製造業全体の雇用労働者（役員を除く）の一五％に相当する一二九万人が食料品製造業で働いている。一般に資本装備率が低く労働集約的な食料品製造業の労働市場は、製造業としては高い女性労働者比率と非正規雇用比率を特徴としている。雇用労働者に占める女性の比率は、製造業平均が三〇％であるのに対して、食料品製造では五五％である。また非正規雇用の比率は製造業全体で二九％にとどまるのに対して、食料品製造を取り出すと五八％となり、さらに女性の雇用労働者に限った場合、七三％が非正規雇用である。女性の雇用労働者は賃金水準も低く、製造業全体の平均賃金の六割程度にとどまる。

なかでも、中食商品の製造に関わる部門は、食料品製造業においてとくに労働集約的な部門といえる。これは、調理という過程自体が多様で軟弱な食材を扱う複雑な工程の組み合わせであり、かつ最終商品の仕様も頻繁に変わるがゆえに、一貫した機械化・装置化が困難であり、他の部門と比較しても資本装備率が低いことに由来する。そして、中食商品の製造に関わる部門は、食料品製造のなかでもとくに非正規雇用の女性労働者に依存することによって成り立ってきた。実際、「惣菜」や「寿司・弁当・調理パン」製造の女性雇用労働者比率は、二〇一六年時点でもそれぞれ六三％、六四％であり、かつ女性雇用労働者のうち非正規雇用の割合は、それぞれ八七％、九二％にのぼる。こうしてみてみると、中食によって調理労働が世帯から外部化されようとも、それらを工場において不安定かつ低賃金の雇用労働として引き受けてきたのは、そもそも世帯内において性別役割規範のもと調理労働を引き受けてきた女性たちであったといえる。

先にみたように、中食商品の製造に関わる部門は、この一〇年弱で出荷額や付加価値額を大きく増加させたが、あわせて従業者数も大幅に増加させており、一人当たりの付加価値額、いわゆる労働生産性は相対的に低い水準にとどまっている。また、二〇〇八年と二〇一七年の一事業所あたりの平均従業員数を比較すると、食料品製造全体では三四人から四六人への増加にとどまるのに対して、「惣菜」では五五人から八六人へ、「すし・弁当・調理パン製造」では九〇人から一四三人へと大きく増加しており、その増加幅も伸び率も食料品製造の各部門のなかでもっとも大きい。中食商品の製造に関わる部門の事業所数自体は微減していることを考え合わせると、このことは中食の生産が比較的規模の大きな工場に集約されつつあると同時に、それら工場の稼働時間が長時間化していることを意味している。

つまり、近年進行する食の外部化は、食料品製造業のなかでも世帯から外部化された調理労働を直接担う部門を拡大させたが、中食を生産する工場の機械化・装置化は部分的にとどまり、調理の各工程を分解したうえで大量の労働者をライン上の手作業に動員しなければ、成り立ってこなかったのである。こうした部門の利益構造は、給与を抑えつついかに多くの労働者を動員して工場を稼働させ続けられるかにかかってくる。第一節でみたように食料品製造業の外国人労働者数はこの一〇年間で著しく増加したが、かねてから非正規雇用の女性労働者の就労先だったこの職場において、生産拡大による工場の大規模化と稼働時間の長時間化によって労働力需要が高まり、ここに外国人労働者が動員されていると考えられる。

４ 「仕事によって格がある」

食料品の種類ごとの外国人労働者数が分かる統計は存在しないが、技能実習生については、一年目から二年目に在留資格が切り替わる際の移行申請者数が経年で記録されているため、食料品製造業の職種内訳の推移が把握できる。二〇〇〇年代から徐々に移行対象職種が追加されてきており、二〇一八年現在、食料品製造に関わる十一職種で技能実習による就労が可能である。これらのうち、実習制度発足当初から大部分を占めてきたのは、主に加熱性・非加熱性の水産加工品製造であった。しかし、ここ数年は、二〇一五年から移行可能となった惣菜製造部門が飛躍的に伸びている。二〇一七年の移行者実数をみると、その四割が惣菜製造で働く実習生である。技能実習制度における「そう菜製造業」は、「そのまま食事として食べられる状態に調理されて販売されているもので、家庭・職場・屋外などの任意の場所（いわゆる中食の環境）で調理されることなく食べられる」食品を調理する職種である（厚生労働省）。この内容は中食商品全般に対応している。

食料品製造は、外国人労働者の雇用規模が大きいという特徴を持つ。厚生労働省の「「外国人雇用状況」の届出状況」から事業所あたりの外国人労働者数を計算すると、二〇一九年は製造業全体で九・八人であるのに対して、食料品製造は一七・八人であり、他と比較してかなり多いことがわかる。先に述べたように、このことは「すし・弁当・調理パン製造」や「惣菜製造」が比較的規模の大きな工場に集約されつつあることが反映されている。

もちろん、「そう菜製造業」に技能実習制度の導入が図られた二〇一五年以前から、別の在

図２ 食料品製造の技能実習２号移行申請者数の推移

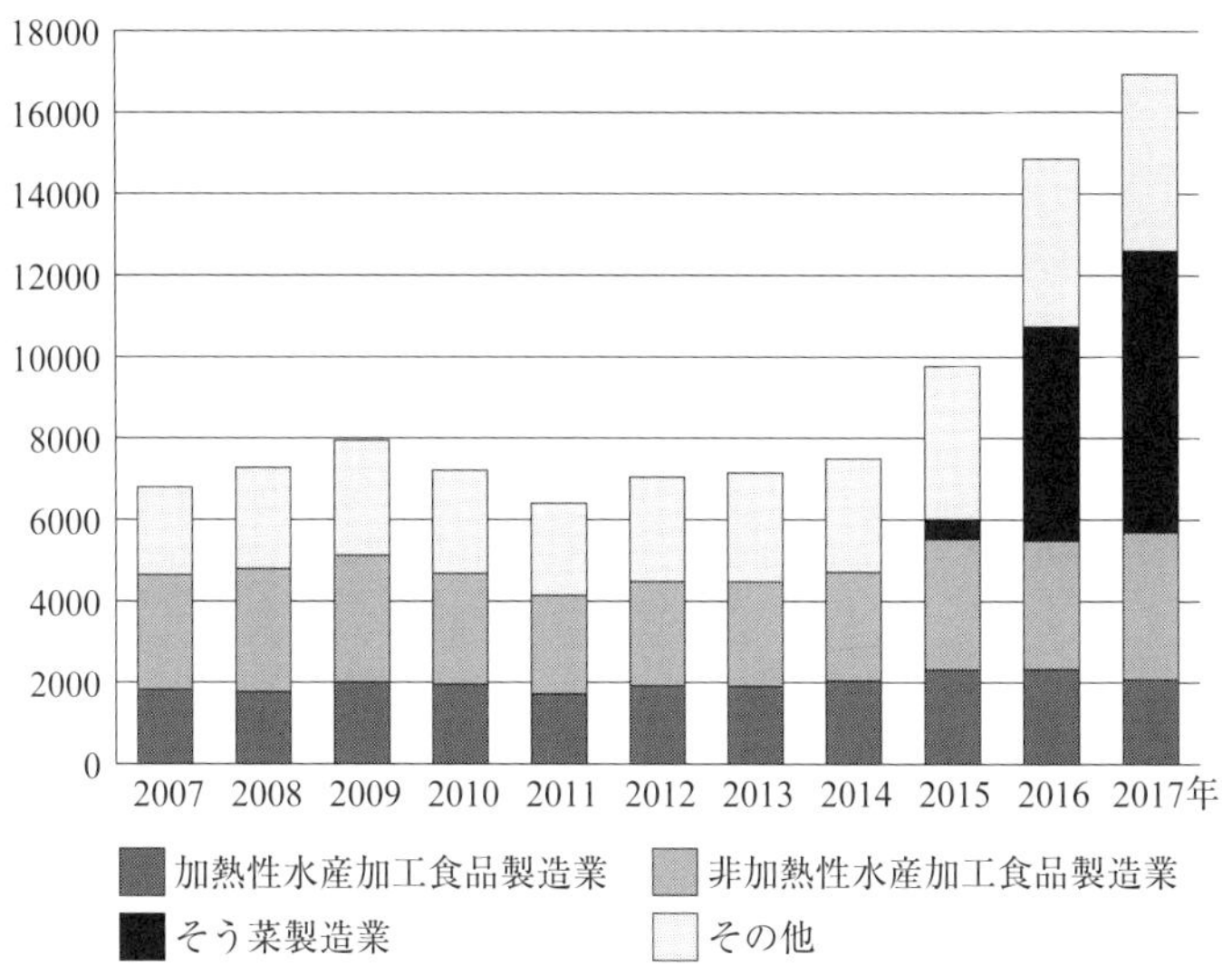

資料 国際研修協力機構「JITCO白書」各年版をもとに筆者作成。
注）2017年は制度改正に伴いJITCOの移行手続き業務は年度内で終了したため、技能実習2号移行者実数の値。

留資格で中食の製造現場に外国人労働者は雇用されていただろう。食料品製造業の外国人労働者は、他の製造業と比較すると留学生等の「資格外活動」の割合が高いことが特徴である。表2は、二〇一九年の製造業の外国人労働者の在留資格別構成比である。製造業は「飲食料品製造業」と「それ以外」に分けた数値も示した。飲食料品製造業は、留学生等の「資格外活動」が二〇・九％と顕著に多い。四二・六％をしめる「技能実習」とあわせて、六割以上が定住を前提としない労働者で構成されている。

表3は、二〇一九年の外国人労働者の産業別在留資格別構成比である。この表からは、「農業」「飲食料品製造業」「外食業」「卸売業・小売業」★3というフードシステムを構成する各産業では、それぞれ異なる在留資格の労働者が従事していることが分かる。フードシステムの始点である農業では、外国人労働者のほぼ九割が職業移動も定住も許されない「技能実習」である。フードシステムの終点のひとつ、外食産業はほぼ七割が留学生

表２　製造業の外国人労働者の在留資格別構成比（2019）

		専門的・技術的分野の在留資格	技能実習	資格外活動	身分又は地位に基づく在留資格	特定活動
製造業	飲食料品	3.6	42.6	20.9	32.9	―
	それ以外	14.9	46.8	1.4	34.5	2.3
	全　体	11.9	45.7	6.7	34.1	1.7
全　体		19.8	23.1	22.5	32.1	2.5

厚生労働省「「外国人雇用状況」の届出状況」と農林水産省食料産業局「飲食料品製造業分野における外国人材受入れ拡大について」より筆者作成。後者では「特定活動」の記載がない。10月末現在。構成比は％。

等の「資格外活動」が占めている。中間に位置する食料品製造業は、さきにみたように「技能実習」と「資格外活動」で六割超を占めるが、日系人や結婚移民といった「身分又は地位に基づく在留資格」なども混在していることが特徴として浮かび上がる。

こうした在留資格の構成は、とくに中食製造部門の工場立地と仕事の特徴にかかわっていると考えられる。中食商品の製造工場は、都市部の中でも郊外の高速道路沿いに工場を構えることが多い。首都圏であれば千葉県や埼玉県、中部地方では愛知県や静岡県、関西では兵庫県や大阪府、九州では福岡県などに食料品製造業の事業所が多くみられる。こうした事業所では、地方の生産地から原材料を仕入れ、加工した保存性の低い食料品を二四

★３ 食料品以外も含む。

表３ 外国人労働者の産業別在留資格別構成比（2019）

	専門的・技術的分野の在留資格	技能実習	資格外活動	身分又は地位に基づく在留資格	特定活動
農業	3.7	89.8	6.5		
飲食料品製造業	3.6	42.6	20.9	32.9	—
外食業	8.1	1.3	68.9	19.1	2.6
卸売業・小売業	20.8	13.4	35.9	28.2	1.8
全体	19.8	23.1	22.5	32.1	2.5

厚生労働省「「外国人雇用状況」の届出状況」、農林水産省「農業分野における新たな外国人材の受入れについて」、農林水産省食料産業局「飲食料品製造業分野における外国人材受入れ拡大について」、農林水産省食料産業局「外食業分野における新たな外国人材の受入れについて」より筆者作成。10月末現在。構成比は％。農業は「資格外活動」「身分又は地位に基づく在留資格」「特定活動」の合計を示した。

時間稼働で出荷する。出荷先であるスーパーやコンビニなどの物流センターも同じく郊外に立地している。結果、労働市場は、市街地で暮らす留学生や日系人、結婚移民などが送迎などによって通える範囲に収まる。また、個々の作業は単純化されているため、基本的に言語の運用を前提としない。賃金水準は外食産業や他の製造業と比較すればかなり低く、また長時間の立ち仕事となる。結果として、定住外国人のなかでも女性や比較的高齢な者などの労働市場で周辺化されやすい人々、来日初期の留学生、そして二〇一五年以降は急増する技能実習生が重なりあうように動員される状況が見られる。

日本語学校の留学生にとっての中食製造工場の位置づけについては、調査をとおして知ることになったある留学生の言葉が思い出される。「自分たちにも就いている仕事によって格がある」。日本語ができない来日初期は、郊外の食品工場という言語の運用をあまり要さないバックヤードで働きながら、日本語学校に通う。日本語を習熟するにしたがって格があがり、市街地のコンビニや外食業などのより高賃金な「フロントシステム」の仕事に就けるようになる。そして、その収入によって専門学校や大学への進学の可能性も高まっていく。「格」とは、いわば彼が経験的につかんだキャリアパスを示したものであった。スムーズに行くことは稀ではあろうが、留学生にとっての言語の習熟と労働市場における職業階層の上昇との関連のみならず、サプライチェーン上の商品の連鎖、そして郊外から市街地への職場の移動が連動しており興味深い。

それでは、かれら留学生にとっての労働市場への入り口ともいえる惣菜・弁当工場の職場は、どのような特徴をもつのだろうか。以下では、別のある留学生への聴き取りから窺える、中食商品の製造現場における仕事の特徴をみていきたい。

５　惣菜・弁当工場という職場

フィリピン・セブ出身のティナ・サントスさん（一九九一年生）は、日本語学校の留学生として二〇一七年に来日した。聴き取りの時点では、福祉系の私立大学に研究生として所属しながら、埼玉県で生活していた。幼い頃から日本のアニメに親しんできた彼女は、マニラの大学を中退後、地元で親の仕事を手伝いながら来日の方法をさぐっていたとき、フェイスブックの広告で、「働きながら日本語を学べる」ことを全面に打ち出して募集をかけていたマニラの斡旋会社（エージェント）をみつける。六万ペソ（約一二・五万円）を手数料・斡旋料として支払い、川越市に拠点をおく日本語学校と派遣会社を紹介されて渡航してきた。その日本語学校の学費は年額六五万ペソ（約一二五万円）であり、これに加えて自身の生活費を、派遣会社から斡旋される仕事の給与からまかなってきた。日本語学校にフィリピン人は少数であり、ベトナムや中国の出身者が多数を占めていた。彼女は、これまでのべ五カ所の職場に派遣されてきたが、派遣先はいずれも弁当やサンドイッチ、冷凍調理食品などを製造する中食商品の工場であり、全てが埼玉県内にあった。さきにみたように、埼玉県内、とくに狭山市やふじみ野市などの郊外地域は食料品製造業の立地が多い。彼女が属した派遣会社はこうした食料品工場に特化して、提携する日本語学校の留学生を派遣していた。聴き取りから浮かんでくる食料品製造業の仕事の特徴をまとめてみよう。

第一に、彼女のような留学生の派遣労働者は夜勤シフトに入る場合が多い。彼女は来日後、弁当・調理パン製造の職場に月・水・金と夜八時から朝七時まで夜勤シフトに入り、勤務明けに学校に通っていた。職場へは派遣会社のマイクロバスの送迎があり、学校も学生の就労条件に応じて授業の開始を午後一時からとしていた。おかず類の惣菜や弁当、サンドイッチなどは、消費期限があるため基本的に在庫として抱えておくことはできない。他方で出荷先であるコンビニや外食チェーンなどは二四時間営業をしており、一日に三回の入荷を求められる。結果、工場も必然的に二四時間稼働しており、労働者は交代でシフト勤務していくことになる。とくに日本人の嫌がる夜勤のシフトに留学生を中心とした外国人労働者が派遣されやすいようである。派遣会社の時給は派遣先によらず概ね時給一〇〇〇円であり、夜一〇時から朝七時までは一二五〇円に設定されていた。埼玉県の最低賃金が当時は時給八九八円であったから、最低賃金をやや上回る水準で長時間の夜勤シフトを働くことになる。作業内容自体は「カンタン、こう、切ったり、かけたりするだけ」であり、やり方は一緒に働いているパートの女性から習う。同じ作業を立ったままの同じ姿勢で長時間続けると、足や腰がつらくなると漏らしていた。また、頭髪などの異物の混入を防ぐといった衛生管理の必要から、労働者は作業服に身を包み、帽子とマスクで頭と顔を覆う。異物混入のリスクをさらに下げるため、作業場での会話を禁じる工場もあった。労働者同士の見分けはつかなくなり、黙々と作業することを求められるという。

第二に、彼女は派遣される職場のいくつかについて「さむい、カイロがないと無理」と語っていたが、これも食料品製造の職場の特徴といえる。調理食品の場合、保存性が低く劣化しやすい商品を扱っているため、工場内の室温が労働者ではなく商品に最適化されている。腐敗につながる微生物の繁殖を抑えるために、あるいは食材の褐変を抑えるために、食材の保管庫だけでなく作業場の室温も低温に設定している場合が多い。食料品製造業で近年義務づけられているＨＣＣＡＰという衛生管理手法の基準では、例えば一〇度以下のチルドで出荷されるハムサンドイッチは、その製造ラインも一〇度以下に保つこととされている。ラインで同じ場に立ち続けて作業をする労働者にとってこれは寒い。ティナさんはサンドイッチのラインに立ち続けて作業をする際は、夏でも温カイロを腰に貼っていた。また逆に、食材を揚げる、焼く、煮るなど加熱処理によって調理を行う場合、そのセクションを担当する労働者は常に高温に晒されることになる。

第三に、食料品製造業の労働災害について指摘しておきたい。聴き取りのなかで彼女は、ある弁当工場の揚げ物・フライのセクションで働いていたときに、揚げ油が足にかかり火傷を負ったことをその傷痕をみせながら話してくれた。また、別の職場で友人が肉をスライスする機械で指を切ったことも話していた。これは単に彼女やその友人が偶然に遭った問題とはいえず、近年の食料品製造業の特徴とさえいえる。そもそも近年の食料品製造業は、他の製造業よりも労働災害が際立って多い。厚生労働省の労働災害統計によれば、二〇一八年に製造業で発生した休業四日以上の労働災害二万七八四二件のうち、八四三二件は食料品製造の現場におけるものであった。雇用労働者数でみれば製造業全体の一割五分にすぎない食料品製造が、製造業全体の三割の労働災害を発生させている計算になる。労働災害を類型別にみると、「転倒」が最も多く、ついで「はさまれ・巻き込まれ」「切れ・こすれ」がそれぞれ続く。転倒は、清掃のために床が濡れている場合が多いことや、冷凍調理食品の作業スペースでは凍結していることもあるためと考えられる。また「はさまれ、巻き込まれ」や「切れ・こすれ」などの労働災害は、これまで比較的熟練した労働者が手作業であたっていた食材を切断する工程などにおいて、構造的に生じているように思われる。食料品製造業では、生産規模が拡大するなかでスライサーの導入など部分的な機械化が進んでいる。他方でその工程の前後は依然として手作業が必要であり、そこに経験の浅い労働者が大量に動員されているのである。

６ 外国人労働者と私たちの胃袋

ここまで、人々の消費の変化、とくに「食の外部化」と呼ばれる調理労働の外部化と、食料領域における外国人労働者の拡大がいかに関連しているかという視点から、中食商品の製造現場における外国人労働者雇用の特徴を整理してきた。食料品製造業において、すでに外国人労働者に関する研究がされている水産加工とは異なり、弁当や惣菜の製造は過疎による人手不足にあえいでいるわけでも、海外と競争した結果として構造的不況に陥っているわけでもない。近年の食料生産領域における外国人労働者の増加を加速させているのは、消費の変化に応じて市場が拡大しつづけ、出荷額の増大が今後も見込まれる「成長市場」である中食商品の製造過程であった。こうしてみてくると、「成長市場」であるにもかかわらず、留学生や技能実習生をはじめとした大量の低賃金労働者が使い捨てられるかたちで動員されている点こそが、問題にされなければならない。以下では本章で得られた知見を敷衍するかたちで、いくつかの論点を提起することでむすびとしたい。

第一の論点は、フードシステムを構成する産業で働く外国人労働者を捉える視点に関するものである。本章では調理労働の外部化の影響を端的にうける産業として、食料品製造業を取り上げた。外国人労働者が増加する産業について論じられる時、人手不足や地方の過疎化といった人口学的な背景説明で済まされがちであるが、食料と関連した産業においては、消費のあり方に規定されたフードシステムそのものの再編から大きく影響を受けていることを確認しておきたい。

フードシステムの下流は、中食商品を消費者に直接提供するコンビニやスーパーなどの食料品小売業や、外食チェーンなどの外食産業によって構成される。この領域における留学生を中心とした外国人労働者の増加の背景は、双方の産業が労働コストを低位に維持させたまま出店競争を繰り広げて、外部化された食の市場シェアを競っていることとして捉えられる。調理労働の外部化は、中食商品と競争する構造にある外食チェーン企業も活用している。もともと外食チェーン企業は、従来的な飲食店とは異なり、調理作業の大部分を店舗から切り離し、セントラルキッチンに集約させてきた。さらには、調理過程に規模の経済を働かせてコストの削減を図ると同時に味を標準化させ、一方で店舗業務においても接客・販売のマニュアル化を徹底することにより、非熟練の低賃金労働者の雇用を可能にして低コスト化を進めてきた。近年では、調理工程のさらなるアウトソーシングが進められ、委託先は海外へも広がっている。

一方、フードシステムの上流に位置する漁業や農業、その中でも現在技能実習生を多く抱えている野菜園芸を例にとれば、九〇年代から二〇〇〇年代にかけて、開発輸入のかたちで積極的に海外へと「生産地の外部化」をすすめてきたことを指摘できる。その背景にあるのは、「食の外部化」に対応した加工・業務用食材の需要の拡大であった。国内の生産地の集約化と大規模化の進展や、外国人労働者を雇用することで労働力の確保を図る動きについては、地方の「人手不足」という説明によって簡単に片付けられるべきではない。それに先行して食品産業が産地の国際競争を用意してきたという背景を抜きにしては、語るべきでないのである。

以上のような外国人労働者が働く現場は、フードシステムの複雑な商品連鎖を経て、毎日の私たちの胃袋に繋がっている。私たちは、その間に介在する食品産業という「資本」との関係から、食料領域の労働を捉える視点を鍛え直す必要があるように思う。

第二の論点として、技能実習生や留学生という在留資格を持つ外国人労働者により、フードシステムを構成する産業の労働者の多くが占められていることの問題性を考えてみたい。外国人労働者研究では、リーマンショックによる日系人の大量解雇とブラジル人の大量「帰国」以降、外国人労働者受入れの主要経路が、日系人などの少なくとも法資格上は定住が可能とされている人々から、そもそも法的に定住を前提としない人々へと変わったことが指摘されている。企業が労働力調達の方法を変化させた結果、よりシステマティックに外国人を「労働力」

として使い捨てることができるようになったといえる。

そして、まさにそれと同じタイミングで、フードシステムを構成する産業へ外国人労働者が集められてきたことを本章では指摘してきた。技能実習生であれば、家族帯同は許されず、決められた場所・職種で働く場合でのみ在留が許され、最大五年という期限が過ぎれば帰国をせざるをえない。近年急増している日本語学校の留学生は、学費と生活費を払うために過酷な労働に従事することを余儀なくされている。在留を続けるためには大学や専門学校に進むしかないが、ティナさんのように夜勤での労働が常態化する生活で学業を続けることは容易ではない。

新たな在留資格である特定技能にも引き継がれた「定住化の阻止」という政府方針は、高谷幸が指摘するように、「一定期間を経れば帰国する以上、彼らを熟練労働者として育てることもできず、長期的には企業や当該産業の不利益につながりうる」だけでなく「日本社会の持続可能性をも奪っていく」可能性を孕む〔高谷、二〇一九、二一頁〕。食料の生産や供給がまさに人々と社会の再生産や持続可能性にかかわることを思い起こしたとき、食品産業がこのような方針に積極的に依存していくことには倒錯を感じざるをえない。

最後の論点として、「暮らしをたてていく」ことを極力制限され、剥き出しの労働力としてしか存在が許されない労働者を酷使して作られているものを、私たちが日々食しているといううことに言及したい。こうした現実の指摘は、当然ながら目新しいものではない。周知のとおり、一九七〇年代後半以降、鶴見良行が『バナナと日本人』において、あるいは村井吉敬が『エビと日本人』において提起し、南と北の問題として繰り返し問われてきたものである〔鶴見、一九八二：村井、一九八八〕。

ただし、大きな違いもある。『バナナと日本人』の副題が「フィリピン農園と食卓のあいだ」であるとおり、たしかに七〇年代、八〇年代の所得上昇期には「豊かな食卓」が「こちら」にあったことだろう。しかし中食商品が共働きや単身高齢者など「料理をしない消費者」をターゲットとしていることに端的にあらわれているように、現在、中食商品を食べる場面はおそらく家族が揃うような「食卓」ではない。調理食品市場に注力する昨今の大手主導のフードシステムは、「人びとの孤独化・孤立化を成長のモメンタムとする様相を強めている」〔室屋、二〇一四〕のである。食料経済では中食商品が生活・家事労働の合理化を助けているとする論調が強いが、しかし、そもそもなぜ、食事の準備の時間まで「合理化」しないといけないほどに、わたしたちは生活時間を労働時間によって浸食されているのか、弁当や惣菜を一人で食べる社会が将来的にも「社会」として再生産可能なものなのか、これらは問い返されてしかるべきだろう。生活の局面を制約された外国人労働者たちのつくった中食商品で夕食を〔多くの場合一人で〕済まさなければならない私たちも、不安定な雇用環境のなかで実は生活時間の貧困にあるのかもしれないし、二四時間営業のシフト労働を強いる食品産業こそがそうした雇用環境の一端を用意してきたともいえる。だとすればなおさら、彼我を分ける分断を食料品の流れをたどりつなぎ合わせることを通して、フードシステムそのもののあり方を問うていくべきときであると考える。

参考文献

金延景・栗林慶・川口志のぶ・包慧穎・池田真利子・山下清海、二〇一六、「茨城県大洗町における日系インドネシア人の定住化要因――水産加工業における外国人労働者の受け入れ変遷の分析を中心に」『地域研究年報』第三八号

清原昭子、二〇一八、「外食産業の現状とこれから」、新山陽子編『フードシステムと日本農業』放送大学教育振興会

厚生労働省、「外国人雇用状況の届出状況について（報道発表）」、（二〇二一年一月三〇日取得、https://www.mhlw.go.jp/stf/seisakunitsuite/bunya/koyou_roudou/koyou/gaikokujin/gaikokujin-koyou/06.html）

――、「技能実習計画審査基準・技能実習実施計画書モデル例・技能実習評価試験試験基準」（二〇二一年一月三〇日取得、https://www.mhlw.go.jp/stf/seisakunitsuite/bunya/koyou_roudou/jinzaikaihatsu/global_cooperation/002.html）

村井吉敬、一九八八、『エビと日本人』岩波書店

室屋有宏、二〇一四、「フードシステムの変化と六次産業化の可能性――六次化を食と農の「地域保障」につなげる視点」、『農林金融』第八一九号

日本総菜協会、『惣菜白書』各年版

農林水産省、二〇二〇、「農業分野における新たな外国人材の受入れについて」（二〇二一年一月三〇日取得、https://www.maff.go.jp/j/keiei/foreigner/attach/pdf/new-116.pdf）

農林水産省食料産業局、二〇二〇、「外食業分野における新たな外国人材の受入れについて」（二〇二一年一月三〇日取得、https://www.maff.go.jp/j/shokusan/gaisyoku/attach/pdf/gaikokujinzai-80.pdf）

――、二〇二〇、「飲食料品製造業分野における外国人材受入れ拡大について」（二〇二一年一月三〇日取得、https://www.maff.go.jp/j/shokusan/sanki/soumu/attach/pdf/tokuteiginou/seido2004.pdf）

高畑幸、二〇一八、「東海地方における移住労働者のエスニシティ構成の「逆転現象」――静岡県焼津市の水産加工労働者の事例」、『日本都市社会学会年報』第三六号

高谷幸、二〇一九、「序章――移民社会の現実を踏まえて」、高谷幸編『移民政策とは何か――日本の現実から考える』人文書院

時子山ひろみ・荏開津典生・中嶋康博、二〇一九、『フードシステムの経済学』第六版、医歯薬出版

鶴見良行、一九八二、『バナナと日本人――フィリピン農園と食卓のあいだ』岩波書店

第4章　建設業と外国人労働者

北川由紀彦

1　「フロントドア」からの受け入れが始まる

二〇一八年一二月八日、様々な批判が噴出する中で「出入国管理及び難民認定法及び法務省設置法の一部を改正する法律」が成立した。今回の改定においては、在留資格「特定技能一号」、「特定技能二号」の新設などが盛り込まれることとなった。そして改定を受けて閣議決定された「特定技能の在留資格に係る制度の運用に関する基本方針について」[★1]では、「特定産業分野」の一つに「建設業」も挙げられ、分野ごとの具体的な「方針」[★2]として、建設分野については表1に示すように、「特定技能一号」の受入れ見込み（かつ上限）人数として四万人という数字が掲げられた。これは見込み人数全体の一割以上を占める。

しかしながら、周知のように日本社会は、今回の法改定以前から様々な産業において外国人

表１　「特定技能の在留資格に係る制度の運用に関する方針について」に示された向こう５年間の「１号特定技能外国人」の受入れ見込み（かつ上限）人数

分野	見込み人数	%
介護分野	60,000	17.4
ビルクリーニング分野	37,000	10.7
素形材産業分野	21,500	6.2
産業機械製造業分野	5,250	1.5
電気･電子情報関連産業分野	4,700	1.4
建設分野	40,000	11.6
造船･舶用工業分野	13,000	3.8
自動車整備分野	7,000	2
航空分野	2,200	0.6
宿泊分野	22,000	6.4
農業分野	36,500	10.6
漁業分野	9,000	2.6
飲食料品製造業分野	34,000	9.9
外食業分野	53,000	15.4
計	345,150	100.0

2018 年 12 月 25 日付「方針」掲載の数値より筆者作成

を受け入れ「単純労働」などに従事させてきた。★3 ただし、その受け入れの仕方は、時期や産業によって必ずしも一律ではない。鈴木江理子の整理に従うならば、一九八〇年代後半までの外国人労働者の「受け入れ」は、非正規滞在者の資格外就労の黙認と放置による「バックドア」からが中心であったが、一九八九年の入管法改定以降、「血のつながり」を根拠とした日系人と「国際貢献」をタテマエとする研修生」を合法的な労働力供給源とすることによってできた「サイドドア」を通じた受け入れへの転換が進んだ〔鈴木、二〇一七〕。そして、この「サイドドア」

★１　「特定技能の在留資格に係る制度の運用に関する基本方針について（平成三〇年一二月二五日閣議決定）」。

★２　「特定技能の在留資格に係る制度の運用に関する方針について（平成三〇年一二月二五日閣議決定）」。

★３　鈴木江理子は、「単純労働」「単純労働者」という言葉がその定義の曖昧さゆえに、受け入れを認める職種／認めない職種（労働者）という線引きに恣意的に用いられ、外国人労働者に関する建設的議論の妨げとなってきたことを指摘している〔鈴木、二〇一七〕。本章では鈴木のこうした認識を共有したうえで、カギ括弧つきで「単純労働」と表記している。

を通じて、自動車製造業などにおいて日系人の雇用が、衣類製造業や農業、漁業などにおいて外国人研修生・技能実習生（のち技能実習生に一本化）の事実上の雇用が進んできた。それでは建設業において外国人労働者はどのように位置づけられてきたのか。本章では、「フロントドア」からの受け入れが始まる二〇一九年までの日本社会で建設業において外国人労働者が占めてきた位置について、先行研究の整理を中心にまとめてみたい。[★4]

2　建設業と外国人労働者

建設業は、一九七〇年代以降、長年にわたって技能労働者および若年労働者の不足がほぼ一貫して指摘され、また問題視され続けてきた。例えば、図1は、国土交通省および旧建設省が実施している建設技能労働者の需給状況に関する調査結果である。建設公共投資の抑制がなされた一九九〇年代後半と、二〇〇八年のリーマン・ショック後の一時期は過剰であったものの、東日本大震災が起きた二〇一一年以降、不足基調が続いていることが分かる。

建設業は、一九九〇年代後半までは、不況期には公共投資の増額が行われるなどして、他産業からの失業者の雇用の受け皿となってきた〔六波羅、二〇一六〕。その一方で、建設労働市場については、これまで、大手ゼネコンを頂点とする重層的下請け構造の存在と、下請け構造の下層部分における不安定就労や労働災害発生時の責任の所在の曖昧化などの問題が指摘されてきた〔例えば〔筆宝、一九九二〕〕。加えて、単品受注生産である、主要な労働現場が屋外であるために作業が天気に左右される、などの特性〔金本、一九九九〕故に日々の労働力需要の変動が大きい。そして、そうした変動を吸収するクッションの役割を担わされてきたのが建設現場の末端で働く日雇労働者であり、長年にわたってその調達の場となってきた空間が寄せ場であった。

寄せ場は、日雇職業紹介専門の職業安定所や「ドヤ」と呼ばれる簡易宿泊所、食堂やコインランドリーなど、単身の日雇労働者に必要な生活施設を備えることで、流動的な労働者が集住する地区として形成されてきた。同時に寄せ場は、その人口流動性の高さ故に、匿名性の高い生活空間〔青木、一九八九〕としての側面を有し、被差別者や様々な「事情」を抱えた人びとがそれまでの社会的アイデンティティを抹消して身を寄せる社会的な「亡命空間」〔西澤、

★4　ただし本章では、外国人のうちいわゆるオールドカマーの在日韓国・朝鮮人と建設業の関係については考察から除外する。また、二〇二〇年からの新型コロナウイルス（対策）が建設業や外国人労働者に与える甚大な影響については、本章執筆・校正時点では把握が困難であるため触れ得ない。

図１　建設労働需給調査結果（各年平均）

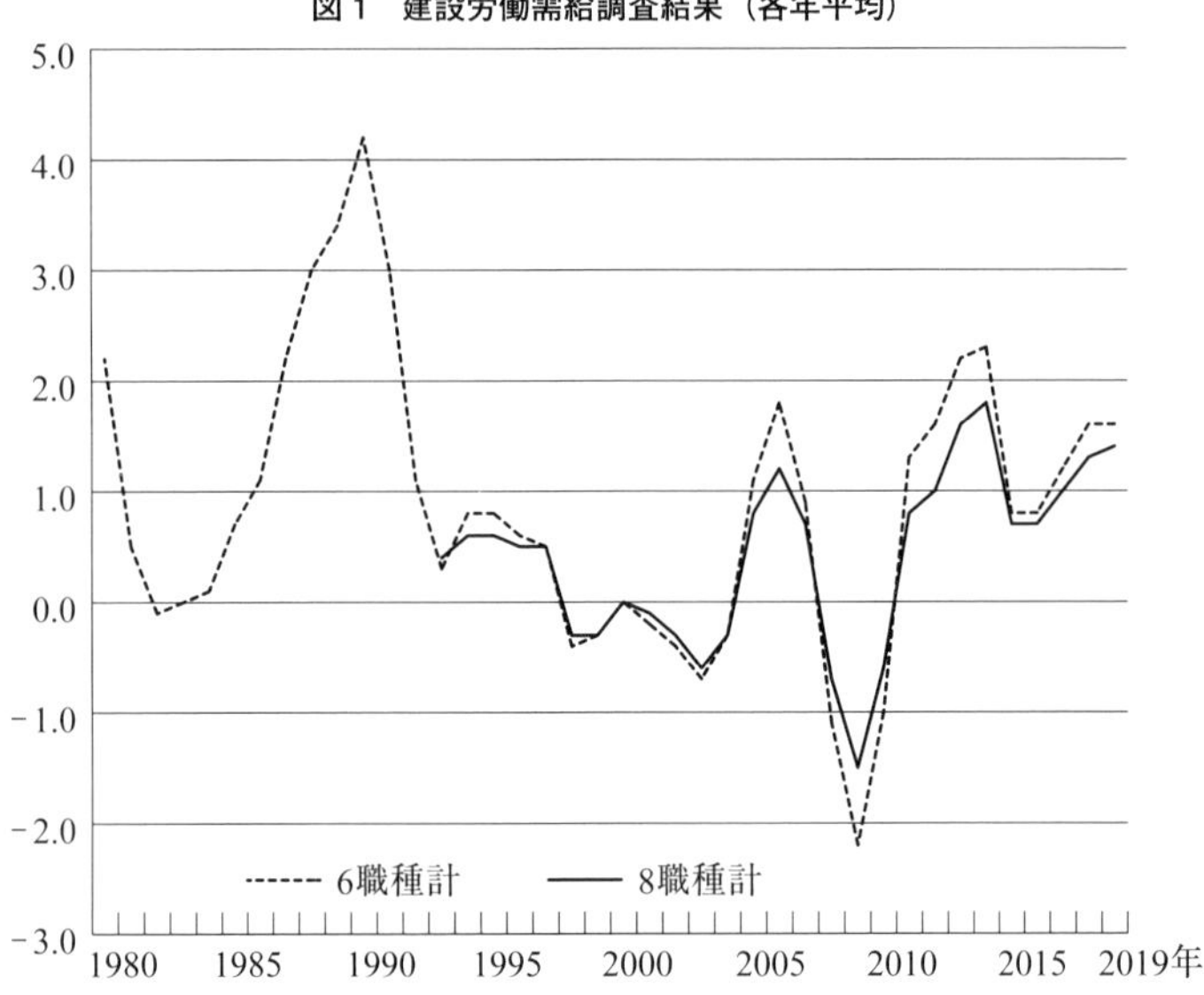

国土交通省「建設労働需給調査結果」各年より作成。なお、「６職種」は、型わく工（土木）、型わく工（建築）、左官、とび工、鉄筋工（土木）、鉄筋工（建築）を、「８職種」は６職種に電工、配管工を加えたものを意味する。グラフは、上方に行くほど不足であることを意味する。

一九九五〕にもなってきた。

そのような匿名性の高さに加え、もともとは相部屋が中心であったドヤの個室化が早くから進んでいたことなどの条件から、寄せ場の中でも横浜の寿町では、もっぱら資格外就労の外国人労働者の流入・増加という現象が一九八〇年代後半からある程度継続的に観察されてきた〔Ventura, 1992：カラバオの会編、一九九三：高、一九九八：青木、二〇〇〇〕。ただし、この寿町への外国人労働者の流入・増加は、日本人日雇労働者の高齢化と外国人労働者への代替〔村上・佐藤、一九九八〕によって生じたものであり、一〇年間程度の一過性の動きにとどまった〔山本、二〇〇八〕。

３　資格外就労者から技能実習生へ

一方で、必ずしも寄せ場を経由しない形でも、外国人は資格外就労という形で建設業に就労してきている。例えば、鈴木江理子は、一九八一年から一九九三年までに初来日した男性非正規滞在者二八人の聞き取り調査を二〇〇六年から二〇〇八年にかけて実施し、彼らの就労・生活の実態と変化の過程を明らかにしているが、この二八人の日本での初職では、少なくとも六人が建設関連の職種（うち寄せ場を経由して就労していたケースは一人）、調査時点においても五人が建設関連の職種であったと報告している〔鈴木、二〇〇九〕。また、丹野清人は、一九九〇年代前半に、イラン人、パキスタン人の資格外就労者の移動を「職長ネット」「建設ネット」「エスニック・ネット」という三つのネットワークに注目して考察しているが、その中では建設会社の現場責任者（しばしば経営者でもある）間のネットワークによって資格外就労者の移動が水路づけられていたことを指摘している〔丹野、一九九八〕。

ただし、建設業における外国人労働者の就労形態は、二〇〇〇年代以降、資格外就労という形態から研修／技能実習という形態に変化してきた。次の表は、技能実習（二号）移行申請者数の業種別の推移と、「不法就労者」として入国管理局に摘発された者の職種別の推移である。

建設業においても技能実習（二号）移行申請者がじわじわと増加し、二〇一〇年代に入るとそのペースが加速していることが分かる。これに対し、「不法就労者」中の建設作業者は、二〇〇〇年代にいくらかの増減の波はありつつも基本的には減少している。いうまでもなく、ここに挙げた人数は、あくまでも入国管理局が摘発した人数であって、資格外就労者全体の実数とイコールではない。とはいえ、二〇〇〇年代が、非正規滞在者を「犯罪の温床」「治安への脅威」であるとシンボル化して入管職員や警察官による「実質的な徹底的排除」が進められていった時期でもある〔鈴木、二〇一七〕ことを考慮すると、資格外就労者の実数もある程度減少し、それをいくらかは補う形で少しずつ技能実習生の受け入れが進んできた可能性がある。

表２　技能実習（２号）移行申請者数および「不法就労者」数の推移

年	農業	製造業	建設業	その他	2号移行申請者計	建設作業者	工員	その他	「不法就労者」計
2000	247	12,005	1,667	2,188	16,107	7,354	9,466	27,370	44,190
2001	510	16,585	1,891	3,282	22,268	5,330	8,413	19,765	33,508
2002	849	16,810	1,928	3,410	22,997	4,790	7,084	20,760	32,634
2003	1,155	19,914	1,748	4,416	27,233	5,468	7,156	21,701	34,325
2004	1,837	24,654	2,424	5,901	34,816	6,228	10,440	26,391	43,059
2005	2,758	28,036	2,659	7,540	40,993	6,378	11,786	27,771	45,935
2006	3,341	33,746	3,930	9,999	51,016	5,425	12,986	27,518	45,929
2007	4,045	37,575	5,275	13,282	60,177	4,458	11,572	20,952	36,982
2008	4,981	38,457	5,918	14,391	63,747	3,831	11,366	17,274	32,471
2009	6,144	34,329	4,859	12,664	57,996	3,938	8,220	14,387	26,545
2010	6,092	27,381	3,543	9,969	46,985	2,383	4,168	12,039	18,490
2011	6,329	29,402	3,679	11,699	51,109	1,772	2,809	9,332	13,913
2012	6,888	30,255	4,595	12,053	53,791	1,154	1,623	6,202	8,979
2013	7,252	27,745	5,347	11,403	51,747	1,151	1,301	4,586	7,038
2014	7,799	29,199	7,759	14,270	59,027	1,336	1,230	4,136	6,702
2015	8,856	34,466	12,767	17,671	73,760	1,638	1,342	4,993	7,973
2016	9,979	40,148	14,211	19,138	83,476	1,713	1,410	5,880	9,003

技能実習（２号）移行申請者については、橋本由紀が「JITCO 白書」各年をもとに作成したもの〔橋本、2015、77 頁〕に、JITCO の web サイトより 2014 年度以降のデータを追加。「製造業」は分野「食料品製造」「繊維・衣服」「機械・金属」の合計。また、「不法就労者」は、法務省入国管理局「入管法違反事件」統計各年より作成。

ただし、「減少した建設業現場の不法就労者が、直ちに実習生に置き換わったわけではない。というのも、一九九二年からの二〇年間で半減した建設投資に対して、日本人就業者数の減少は約二〇％にとどまり、過剰供給構造が続いていたからである」という橋本由紀による指摘（橋本、二〇一五）もあり、単純な置換が進んだとまでは言い切れない点には注意しておきたい。[★5]

なお、渡辺拓也は、大阪の釜ヶ崎（二〇〇〇年代前半）および求人広告（二〇一一年）を経由して建設労働現場への参与観察を行い、建設労働の現場の変化について考察している（渡辺、二〇一七）。その中で渡辺は、二〇一一年に参与観察を行ったゼネコン一次下請け業者の労働現場について、慢性的な人材不足下にあり人材育成する余裕がなくなっている建設労働の現場においては、日本人の建設労働初心者についてはそれまでとは異なりフォローのないまま働かせ、結果的にその大半が程なくして辞めていくという「淘汰」が基調となっており、移動の自由がない中国人技能実習生が現場の「中核的な役割」を担っていることを報告している。渡辺の考察は事例研究であり、建設産業全体にまで一般化できるかどうかについては注意が必要ではあるが、上述したような建設業における外国人技能実習生の受け入れの拡大の一端を示しているとはいえるだろう。

４　建設業における技能実習生

バブル景気の末期にあたる一九九一年に、「建設業外国人問題研究会」編、建設省建設経済局（建設振興課および労働・資材対策室）監修として発行された『建設業における外国人労働者問題と外国人研修生の受入れ』（大成出版社発行）という実務書がある。同書は、「外国人の不法就労」という章を設けて、法務省入国管理局の統計を挙げて、一九八九年の入管法違反により摘発された外国人労働者の稼働区分では「建設業関係」が一位、男性だけで見ると摘発人数全体の五割弱を占め、「業界のイメージ・ダウンにつながっている」ことなどを指摘している。併せて、バブル景気当時の建設産業における「技能労働者」を中心とした「若者不足」について、「特に、建設業においては、どこを探しても働く人がいないというわけではなく、雇用・労働条件などが他の産業に比べて相対的に劣っているために、国内労働者の確保が困難であるというのが実情です。このことを考慮すると、外国人労働者を安易に受け入れることは、低労働条件を固定化したり、建設産業全体の構造改善の阻害要因になりかねません。〔……〕建設産業の将来にわたる発展を考えるならば、外国人労働者に依存するのではなく、ここはどうしても

★５　〔国土交通省建設産業戦略会議、二〇一二〕のことを指す。

「歯を食いしばって構造改善」に取り組むというのが、基本的な考え方でしょう」（建設業外国人問題研究会編、一九九二）と述べつつも、「建設業における外国人研修生の受入れ」に四章分を割いて建設業への外国人研修生の受け入れの基準や手続き、留意点などを事細かに解説している。こうした事実上の政策的な誘導にも後押しされる形で、前節でみたように、建設業においても外国人技能実習生の受け入れが進んできたと考えられる。ただし、先の表にも示したように、建設業におけるその拡大ペースは、二〇〇〇年代は他の産業に比べて鈍く、急拡大するのは二〇一〇年代半ばからである。

建設業において技能実習生の受け入れが二〇〇〇年代に鈍かった理由として、惠羅さとみは、「大手現場における安全問題や言語的障壁を理由とした実質的な入場拒否や、請負慣行による制度活用条件の未整備など」を挙げている（惠羅、二〇一八a）。一方、二〇一〇年代半ばに入って急速に技能実習生の受け入れが拡大した背

高所で足場を組む技能実習生（写真提供：元技能実習生）

景には、「大手ゼネコン現場における全般的な受け入れの門戸開放や、大手監理団体や建設業種特化型監理団体による事前訓練強化などの重点化策がある」という（惠羅、二〇一八a）。そして、それを後押ししているのが、二〇二〇年の東京五輪開催決定を受けて政府が二〇一四年にとりまとめた「建設分野における外国人材の活用に係る緊急措置」に基づく「外国人建設就労者受入事業」である。この事業においては、建設産業における担い手不足については「必要な人材を国内で確保していくことが基本」としつつ、五輪開催までの「一時的な建設需要の増大への緊急かつ時限的措置」として「即戦力となり得る外国人材の活用促進を図」るとされている（国土交通省、二〇一四）。具体的には、建設分野の三年間の技能実習修了者について、一年（帰国から一年以上のインターバルを置けば最大三年）間の「特定活動」在留資格を付与する一方で、企業などに対する「新たな特別の監理体制」を設けることとされた。[★6] 惠羅の整理に従うと、この

★6　さらに二〇一七年には、東京五輪の「関連工事」が終わる前に「外国人建設就労者となる者が減少する恐れ」があることや二〇一六年の技能実習法の制定（「技能実習三号」の創設）を踏まえて、建設特定活動への従事可能期間を最長で二〇二二年度末までに延長する告示改定がなされた。

事業における「特定活動」資格は、技能実習生と比べると、その報酬予定額が日本人技能者との比較のうえで適切に設定することが定められている点、同一職種・業務間での転職が認められている点などにおいて異なっている。ただし、その受け入れ人数は、六年間でのべ七万人程度が想定されて開始されたにもかかわらず、二〇一七年七月末段階で一八九五人と、当初予想に遥かに及ばないものであったという〔惠羅、二〇一八a〕。

このことに象徴されるように、建設業においては、必ずしも制度創設の目論見ほどには（「特定活動」資格者に限らず）外国人労働者の受け入れは進んでいない。その背景についても、惠羅は実際に技能実習生を受け入れている企業に対する聞き取り調査などをもとに考察している。その結果によれば、実際の受け入れ企業から見た場合、外国人技能実習生は、実習生に支払われる賃金としては最低賃金水準にとどまっているものの、監理団体に支払う費用や寮の経費などを含めると日本人高卒労働者と同等かそれ以上の費用がかかること、書面手続きが煩雑であること、新規受け入れ時の指導員の負担などから、積極的に受け入れたい労働者とは認識されていない一方、日本人労働者の定着可能性との兼ね合いの中で時限的であるとはいえ一定期間の就労が見込まれることとのせめぎあいの中で、短期的・消極的に活用されているという〔惠羅、二〇一八a〕。

ただし、大手建設業者や国土交通省は、「建設就労者受入事業」を通じて日本の建設業者の海外進出と現地の担い手確保のための労働力の越境的な人材プールの構築を目指す取り組みをフィリピン、ベトナム、ミャンマーとの間で進めており、「トップダウンの戦略転換を通じて業界全体に明確な制度活用の拡大路線が示されるようになっている」（惠羅、二〇一八a・二〇一八b）。表3は在留資格別の建設業外国人労働者数の最近の推移であるが、二〇一五年から二〇一九年にかけて「技能実習」が三・四倍に増加しているほか、「特定活動」も――先に触れたように当初の見込み数には遥かに及ばず、外国人建設労働者全体の中での割合もまだ小さい（二〇一九年で四・九％）とはいえ――着々と増加していることがうかがえる。

また、表4は建設業外国人就労者数および構成比の推移を国籍別に示したものであるが、ベトナムの増加ペースが著しく、構成比では二〇一六年に中国（香港などを含む）を抜き、二〇一九年には五〇％を超えた。

表3　在留資格別・建設業外国人労働者数

	2015	2016	2017	2018	2019
専門的･技術的分野の在留資格	2,324	3,238	4,415	5,994	8,305
特定活動	287	938	1,988	3,280	4,583
技能実習	18,883	27,541	36,589	45,990	64,924
資格外活動	228	279	381	442	647
身分に基づく在留資格	7,434	9,107	11,790	12,894	14,752
不明	1	1	5	4	3
計	29,157	41,104	55,168	68,604	93,214

厚生労働省「外国人雇用状況の届出状況について」各年より北川作成。各年10月末現在。表中の「資格外活動」とは、在留資格に応じた活動以外に許可を受けて行う活動（留学生のアルバイトなど）であり、「資格外就労」とは異なる。

また、中国のほかフィリピンやインドネシア（二〇一七年以前には「その他」に計上）も大幅な増加が続いている。

このような建設業における外国人労働者活用拡大の趨勢は、今後も当面は続くと考えられる。本章では直接に論点として取り上げることはできなかったが、そうした局面において外国人労働者がどのようにして集められ、また、その労働・生活環境★7がどのように変化していくのかという点は、注目すべき点であると考える。

表４　国籍別・建設業外国人就労者数および構成比

	2015	2016	2017	2018	2019
中国(香港等を含む)	9,288（31.9）	10,158（24.7）	11,678（21.2）	12,696（18.5）	14,169（15.2）
韓国	572（2.0）	716（1.7）	887（1.6）	995（1.5）	1,143（1.2）
フィリピン	3,534（12.1）	5,364（13.0）	6,996（12.7）	8,144（11.9）	10,339（11.1）
ベトナム	8,909（30.6）	15,662（38.1）	23,470（42.5）	31,949（46.6）	46,783（50.2）
ネパール	189（0.6）	229（0.6）	330（0.6）	420（0.6）	680（0.7）
ブラジル	1,626（5.6）	1,955（4.8）	2,382（4.3）	2,584（3.8）	3,150（3.4）
ペルー	469（1.6）	550（1.3）	733（1.3）	806（1.2）	866（0.9）
G7/8+オーストラリア+ニュージーランド	267（0.9）	327（0.8）	366（0.7）	437（0.6）	494（0.5）
インドネシア				3,766（5.5）	5,725（6.1）
その他	4,303（14.8）	6,143（14.9）	8,326（15.1）	6,807（9.9）	9,865（10.6）
計	29,157(100.0)	41,104(100.0)	55,168(100.0)	68,604(100.0)	93,214(100.0)

厚生労働省「外国人雇用状況の届出状況について」各年より北川作成。各年10月末現在。2015年から2017年までのインドネシアはその他に計上。

★7　本章で直接には取り上げることができなかったが、外国人技能実習生への人権侵害事例については、ＮＧＯなどによって様々な報告がなされており、建設産業も例外ではない。例えば、平野良子による報告を参照〔平野、二〇一八〕。

参考文献

青木秀男、一九八九、『寄せ場労働者の生と死』明石書店
――、二〇〇〇、『現代日本の都市下層――寄せ場と野宿者と外国人労働者』明石書店
惠羅さとみ、二〇一八a、「建設産業構造と外国人労働者――外国人技能実習制度の拡大を事例に」『産業構造の変化と外国人労働者――労働現場の実態と歴史的視点（移民・ディアスポラ研究7）』
――、二〇一八b、「高齢化する転換期の労働社会と移民労働者――建設分野における日越間の越境的制度構築を事例に」『労働社会学研究』第一九号
橋本由紀、二〇一五、「技能実習制度の見直しとその課題――農業と建設業を事例として」『日本労働研究雑誌』第六六二号
筆宝康之、一九九二、『日本建設労働論――歴史・現実と外国人労働者』御茶の水書房
平野良子、二〇一八、「建設労働と外国人技能実習生――排除と受け入れ拡大はメダルの裏表か」『寄せ場』第二九号
金本良嗣編、一九九九、『日本の建設産業――知られざる巨大業界の謎を解く』日本経済新聞社
カラバオの会編、一九九三、『仲間じゃないか、外国人労働者――取り組みの現場から（新版）』明石書店

建設業外国人問題研究会編、一九九一、『建設業における外国人労働者問題と外国人研修生の受入れ』大成出版社
国土交通省、二〇一四、『建設分野における外国人材の活用に係る緊急措置（建設分野における外国人材の活用に係る緊急措置を検討する閣僚会議とりまとめ）』http://www.mlit.go.jp/common/001051428.pdf（二〇一六年七月七日取得）
国土交通省建設産業戦略会議、二〇一二、『建設産業の再生と発展のための方策二〇一二――「方策二〇一一」を実現し、東日本大震災を乗り越えて未来を拓く』
高鮮徽、一九九八、『二〇世紀の滞日済州島人――その生活過程と意識』明石書店
村上英吾・佐藤充泰、一九九八、「日本における周辺労働力市場の再編成――出稼ぎ労働者・日雇労働者・移住労働者」『横浜国際開発研究』第三巻第二号
西澤晃彦、一九九五、『隠蔽された外部――都市下層のエスノグラフィー』彩流社
六波羅昭、二〇一六、『建設市場の構造と行動規律――日本の建設業、その姿を追う』日刊建設通信新聞社
鈴木江理子、二〇〇九、『日本で働く非正規滞在者――彼らは「好ましくない外国人労働者」なのか？』明石書店
――、二〇一七、「外国人選別政策の展開――進行する選別的排除」小井土彰宏編『移民受入

の国際社会学――選別メカニズムの比較分析』名古屋大学出版会
丹野清人、一九九八「創り出される労働市場――非合法就労者の移動のメカニズム」『大原社会問題研究所雑誌』第四七八号
Ventura R., 1992, *Underground In Japan*, Jonathan Cape.（＝レイ・ベントゥーラ、一九九三、松本剛史訳『ぼくはいつも隠れていた――フィリピン人学生不法就労記』草思社）
渡辺拓也、二〇一七、『飯場へ――暮らしと仕事を記録する』洛北出版
山本薫子、二〇〇八、『横浜・寿町と外国人――グローバル化する大都市インナーエリア』福村出版

コラム

外国人労働者への法律支援

●マイグラント研究会の活動

近年、外国人労働者は大幅に増加し、以前にも増して外国人労働者をめぐる様々な問題が噴出している。私は、二〇〇六年以来、弁護士として、そうした外国人労働者を法律的に支援する活動に取り組んできたが、その一環として、二〇〇七年に、外国人労働者を支援する弁護士、研究者、労働組合関係者、支援団体関係者、通訳人などで組織するマイグラント研究会（大阪市）を立ち上げ、外国人労働者問題に関する情報交換や経験交流のための定例の勉強会をおこなったり、弁護士が外国人労働者からの法律相談にあたったりしている。外国人労働者からの法律相談については、必要に応じて弁護士が依頼を受け、訴訟を担当することもある。

これらの活動のうち、法律相談の活動では、大阪と名古屋に電話相談窓口を設け、日本語、中国語、ポルトガル語、スペイン語、ベトナム語、タガログ語、英語の七か国語による法律相談を受け付けている。受け付けている相談内容は、主として労働問題であるが、交通事故、建物の賃貸借、離婚などをめぐる一般の法律問題や、在留資格、刑事事件に関する相談も寄せられる。電話相談窓口には通訳人が常駐しているわけではなく、通訳人から相談者本人に折り返し電話連絡をして相談

マイグラント研究会のリーフレット（7か国語）（筆者撮影）

内容を聞き取ってもらい、後日、通訳人を介して相談に回答するという方式をとっているため、相談対応に時間がかかるという難点も抱えている。それでも、二〇一一年にこのような形での法律相談を開始してから二〇一七年までの約七年間に（名古屋窓口は二〇一四年に開設したため約四年間）、約五〇〇〇件の相談に対応してきた。

法律相談から訴訟に発展するケースはそれほど多くはない。労働問題に関する相談の中で多く見られる派遣労働や有期雇用における雇い止めの相談については、労働法による厳格な解雇規制が及ばず、法律の強制力をもって解決することができない事案が多い。また、有給休暇の取得や社会保険への加入等、労働条件に関する相談についても、費用対効果の点で訴訟を提起することが現実的ではなく、法律違反について労働基準監督署等の行政機関に申告をするよう助言するにとどまる場合が多い。

●相談内容の変化

私は、二〇一一年から二〇一七年までの約七年間にマイグラント研究会に寄せられた約五〇〇〇件の法律相談について、相談者の国籍、居住地域、相談内容等について分析をおこなった。法律相談の方法や範囲等が限られていることから、その結果は、必ずしも日本の外国人労働者の全体的な状況を表すものとして一般化できるわけではないだろうが、外国人労働者の現状や支援を考えるうえでの示唆を与えるものではあるだろう。

・相談者の国籍

まず、相談者の言語・国籍について、名古屋窓口においては、一貫して、ポルトガル・スペイン語を母語とする者、すなわち南米出身者がほとんどを占めているが、大阪窓口においても、二〇一七年には南米出身者が急増した。これは、リーマンショック以降、減少し続けていた在日ブラジル人の人口が増加に転じたことと符合する。

また、大阪窓口においては、相談開始当初は半数前後を占めていた中国人からの相談が減少傾向にある一方、ベトナム人、フィリピン人からの相談が徐々に増加している。とりわけベトナム人の増加については、製造業、建設業における人手不足を背景としたベトナム人技能実習生の増加によるものであると推測される。今後、介護の分野をはじめ、外国人の単純労働力の受け入れが拡大される中で、さらにその傾向が強まることが予想され、支援体制の整備は急務である。

・定住化の進む中国人・南米出身者

中国人からの相談は、技能実習に関するものを除けば、解雇、単純な賃金の不払い、交通事故、離婚を中心とする家事、その他一般民事に関するものが大半を占める。単純な賃金不払いは中華料理店のコックからの相談に多く、また、家事は中国法の適否が問題になる相談であることから、いずれも外国人特有の相談と言えようが、それ以外については、日本人にも比較的よく見られる相談である。これは、出稼ぎ目的の中国人が日本を目指さなくなり、日本に残った中国人については定住化が進んでいるということの現れと言えるかもしれない。

南米出身者からの労働相談については、ほとんど派遣労働者（または業務請負会社の労働者）からのものと思われる。派遣労働者であり、有期雇用であるが故に、雇用が不安定で、交通事故によるけがのために欠勤が続いた結果、契約が更新されなかったという相談が多い。また、南米出身者からの労働相談では、立ちっぱなしの仕事や重い物を持ち上げる肉体労働が多いせいか、仕事で腰を痛めたという相談が多い。腰痛についてはそもそも労災を受けることが容易ではないのだが、そうだとしても、派遣会社が労働者への説明や対応を怠っていることがうかがえる。

南米出身者についても、中国人同様、交通事故、離婚を中心とする家事、その他一般民事に関するものがよく見られるようになってきている。これらのうち、家事は出身国の法律の適否やその内容が問題になる相談であり、外国人特有の相談と言えるが、南米出身者については、特に複雑な問題がある。それは、ブラジル人同士のみならず、ブラジル人とブラジル以外の南米諸国の出身者、さらにはブラジル人とフィリピンやベトナムなど非南米諸国出身の外国人との間に婚姻関係が形成されていることが珍しくないからである。このように、外国人労働力を受け入れるということは、外国人と日本人、外国人同士の婚姻関係の形成を通じて、否応なく、移民を受け入れることにつながっていくわけであるが、法律や行政がそれに対応できているとは言い難い状況にある。

また、南米出身者からの相談については、債務、交通事故、建物賃貸借、その他一般民事など、日本人にも比較的よく見られる相談が目立ってきており、リーマンショック後も日本に残った南米出身者の定住化が進んでいることをうかがわせる。

南米出身の相談者は、通訳人からの電話に応答しなかったり、応答したときには既に解決していたりすることが少なくない。これは、問題発生当初は、日本語ができないために適当な行政機関等の相談窓口にたどり着くことができず、同じ南米出身者の知人などを通じて、ポルトガル・スペイン語での電話相談を受け付けている各種の窓口に片っ端からアクセスしていることによるものではないかと推測している。すなわち、南米出身者は、比較的容易に解決できる問題であっても、日本語ができないために適切な行政サービスを受けることができず、南米出身者コミュニティに依存して生活をしていることが多いのではないか。前述のように、南米出身者の定住化が進む一方で、南米出身者が日本社会に溶け込むことなく、南米出身者だけの閉じたコミュニティを形成していることがうかがえる。

南米出身者からの相談には、日本政府の移民政策の欠如が如実に現れているような気がしてならない。

・技能実習生からの相談

技能実習に関する相談は、相談開始当初からずっと年に数件ずつあるが、来日する技能実習生の数や、発生している問題の程度からすると、相談が少ない感は否めない。相談者の国籍は、以前は中国がほとんどであったが、最近は、ベトナムが多い。また、技能実習に関する相談は、相談窓口のある大阪府や愛知県からのものもさることながら、他の相談と異なり、北海道、岐阜県、奈良県、広島県、高知県など地方からのものが目立つ。

技能実習に関する相談には、他の相談と顕著な違いが一つある。それは、技能実習生本人が直接連絡をしてくることは少なく、技能実習生の知人（同国出身者の場合も日本人の場合もある）が連絡をしてくることがほとんどだということである。技能実習に関する相談が少ない感が否めないことも、技能実習生本人からの直接の相談が少ないことも、技能実習生が外部と通信する手段が非常に限られているためであることは間違いない。

技能実習生に関する相談を持ち込む技能実習生の知人は、たいてい、ＳＮＳを利用して技能実習生と連絡を取り合っている。今後、技能実習が拡大され、また、技能実習と類似の枠組みで外国人の単純労働力が受け入れられるとすれば、そうした外国人労働者の支援の必要性は一層大きくなるし、支援の方法として、ＳＮＳを利用した情報提供と連絡を取り入れることは不可欠であろう（ＳＮＳを利用した支援については、本書第２部のコラム「コンチャウ・ネットから見えてきたもの」も参照されたい）。

● 訴訟の現状

マイグラント研究会で相談を受けたものも含め、私がこれまでに担当した外国人の労働問題に関する訴訟で目立つのは、解雇に関するもの、労災に関するもの、技能実習に関するものの三つである。それらを通して、外国人労働者の現状を見てみよう。

・解雇に関する訴訟

外国人の場合、日本人のように終身雇用の考え方は希薄であり、雇用主から解雇されれば、次の仕事を探そうとすることが多いため、解雇の効力を争おうとするケースは比較的少ないように思われる。ただ、問題なのは、妊娠を理由とする解雇や理由すら不明確な解雇など、明確に法律に違反するケースや、就労資格の外国人労働者を在留資格の更新のタイミングで解雇するケースなどが見られる点である。特に、後者については、就労資格の外国人労働者にとって、仕事を失うことは日本にいられなくなることを意味するため深刻である。

在留期限の迫った外国人労働者が解雇された事案では、外国人労働者本人の希望にもよるが、一般に、雇用主から金銭的な補償を得る代わりに退職を受け入れることによって早期に解決を図る方針を採ることが多い。外国人労働者が解雇の効力を争っているとしても、当該雇用主の下での就労の実体がない以上、従前通りに在留資格の更新を受けることができないため、在留資格の更新を優先する場合には、別の就職先を探さざるを得ないからである。

また、雇用主が外国人労働者に在留資格に見合わない業務に従事させていたことが原因で、当該労働者が在留資格の更新を受けられなくなったにもかかわらず、法律的に就労不能になったことを理由に、雇用主が当該労働者を解雇してしまうことがある。このような場合にも、在留資格の更新を受けられなくなった原因は雇用主にあるから解雇は不当であるとして解雇の効力を争うのだが、雇用主は、そのような業務に従事させざるを得なかったのは当該労働者の能力不足によるものだとか、在留資格が更新されなかったのは入管の恣意によるもので雇用主が従事させていた業務には問題がなかったとか主張する。しかし、外国人労働者を雇用する以上、雇用主は当該労働者の在留資格とその業務内容に配慮すべきなのであって、その配慮を怠ったことによる不利益を外国人労働者に負わせることがあってはならない。

・労災に関する訴訟

外国人労働者の増加に比例して外国人労働者の労災事故も増加しており、私も、機械で手指を切断するなどの悲惨な労災事故に遭った日系人労働者や技能実習生などの、雇用主や就労先企業に対する安全配慮義務違反に基づく損害賠償請求の訴訟を多数担当してきた。危険な作業に従事する外国人労働者が多いこともちろんであるが、間接的な雇用関係のために安全衛生に関する責任の所在が曖昧なことや、言語の障壁のために業務指示が正確に伝わっていないことが原因で発生した事故が少なくない。

外国人労働者の労災事故については、そもそも労災保険の手続きがきちんととられていない、いわゆる労災隠しが少なくない。外国人労働者であっても（いわゆる不法就労者であっても）労災保険が適用されることはもちろんだが、外国人労働者が日本の法律を知らず、目先の生活資金を確保することに必死なのをよいことに、治療費と当座の給料を満額支払う代わりに、労災保険を申請させないのである。しかし、そのような雇用主は当該労働者の治療と休業が長引けば支払いをストップしてしまうし、最初にきちんと労災申請がおこなわれていないと後に労災保険から十分な補償を受けられなくなる危険もある。そのような場合には、損害賠償請求に先立って、労災申請を支援する必要がある。

外国人労働者の労災事故についての損害賠償請求では、事故の状況や原因、雇用主の安全配慮義務違反の立証が困難な場合も少なくない。当該労働者が日本語を理解していないために、労働者自身が事故発生時の作業の内容や周囲の状況を正確に理解していなかったり、雇用主の言い分のみに基づいて事故の状況や原因に関する記録が作成されていたりするからである。

また、開発途上国の出身で、将来は母国に帰国する予定の出稼ぎ外国人労働者の場合、損害賠償額が日本人よりも大幅に限定されてしまうことも問題である。

・技能実習に関する訴訟

技能実習については、残業代を含む賃金の未払い、技能実習の打ち切り、労災事故や受け入れ機関による人権侵害行為に対する損害賠償請求など、全国的にも様々な訴訟が提起されており、マイグラント研究会でも、以前は中国人、最近ではベトナム人の技能実習生について多くの訴訟を担当している。

技能実習に関する訴訟では、その他の外国人労働者の訴訟以上に立証に苦労する場合が多い。たとえば、残業代を請求するには、労働時間の立証が不可欠であるが、労働時間管理がされていないばかりか、雇用主が残業がなかったように装うため、でたらめのタイムカードを作っている場合も珍しくなく、証拠と言えば本人のメモしかないというようなケースが多いからである。私が技能実習生の代理人を務めた徳島県の中国人技能実習生の残業代請求訴訟

（詳細はＮＨＫ取材班『外国人労働者をどう受け入れるか』（ＮＨＫ出版新書）五八〜八〇頁で紹介されている）でも、一〇名以上の技能実習生が日記やメモで労働時間に関する詳細な記録を残していたにもかかわらず、裁判所は技能実習生の主張の半分程度しか残業時間を認めなかった。

また、技能実習に関する訴訟の被告となる受け入れ企業や監理団体の中には極めて悪質な企業、団体もあり、訴訟の中ででたらめな主張を展開することはもちろん、そもそも応訴すらしないような場合もある。技能実習生側が勝訴しても、被告の受け入れ企業や監理団体に財産がなく、技能実習生が何の救済も受けられない場合も少なくない。

なお、これまで、受け入れ機関の不正行為をめぐる何件かの訴訟において、技能実習制度の円滑な運営を支援する国際研修協力機構（現在の国際人材協力機構）（ＪＩＴＣＯ）の責任が追及されたが、裁判所は、同機構には受け入れ機関に対する監督権限がないとして、一度もその責任を認めなかった。しかし、二〇一六年に制定された技能実習法の下では、外国人技能実習機構（ＯＴＩＴ）に受け入れ機関に対する報告要求や実地検査等の権限が与えられており、今後は、技能実習生の実質的救済のために、同機構に対する責任追及を検討する必要もあるだろう。

●今後の活動

マイグラント研究会では、外国人労働者と労働相談の増加に対処するため、今後、相談を受け付ける対象を労働問題に限定するとともに、ＳＮＳを利用した相談の受け付けや通訳体制の拡充といった相談体制の強化を図ることによって、外国人労働者の労働問題への即応体制を整える予定である。本稿執筆中の二〇一九年末には、フェイスブックで仮のベトナム語相談ページを開設し、通訳人の協力も得てページの情報を拡散したが、早速多数の相談が寄せられている。

ただ、マイグラント研究会では、弁護士が中心となって法律相談を受けたり訴訟を担当したりしているものの、法律問題だからといって弁護士が解決できるとは限らないし、外国人労働者は法律問題以外にも様々な問題に直面している。今後は、外国人支援団体、労働組合、行政機関、各国領事館、通訳人、様々な専門職などとも連携しながら、より迅速で効果的な支援体制を構築していきたいと考えている。

（四方久寛）

第2部　技能実習生

第5章　変わりゆく農村を後にして

ベトナム北部農村の工業化と技能実習生

川越道子

1　変わりゆく農村と技能実習生

●荒れた田んぼで

「お姉さん、この草の名前を知ってる?」。知らない、と答える私に「恥ずかし草（オジギソウ、含羞草のこと）。触ると恥ずかしがるの」。田んぼのあぜ道を歩きながら、時々小さな草花に目をとめては、フォンは私に教えてくれる。「この草は酸っぱいの。これを噛んでいたら、すごく暑い日でも元気になったんだよ」。

八月末、本来なら青い稲穂が風に揺れる季節のはずだが、一見して田んぼが荒れているとわかる。雑草が茂る場所もあれば、根本の茶色い稲がまばらに生える場所もある。「ネズミだね。ネズミにかじられたから、稲がほったらかしにされている」。枯れた稲を見てそうつぶやいてから、フォンは少し先を指さした。「あれがうちの田んぼ。子供のころは、田んぼの端まで行くのが怖かった」。その理由を尋ねると「あまりに田んぼが広くて、いつになったら作業が終わるんだろうってまったく想像できなかったから」と返ってきた。

あぜ道を歩き切ると、鉄製のフェンスで遮られた丁字路に出た。フェンスの向こう側は、アスファルトで舗装された大きな車道が街に向かって伸びている。「道路ができて、街と街の間は楽に移動できるようになったけど、その分、うちの村は素通りされて、発展から取り残されてしまったの」（以下、傍点はすべて筆者）。立派な車道をひとしきり眺めてから、私たちは田んぼを後にした。

「発展」と引き換えに、何を失ってしまったのだろう。十数年前のベトナム農村の暮らしを思い返しながら考えてみたが、うまく言葉にできなかった。ただ、金色の稲穂が揺れる風景はもうここにはない。そのことだけはよくわかった。

●問題の所在――なぜ日本で働こうとするのか？

本章は、近年、日本において急激に大量に増加しているベトナム人技能実習生について考察するものである。それなのに、なぜ田んぼのあぜ道を歩くベトナム人女性と私のエピソードからはじまるのかと怪訝に思われるかもしれない。しかし、多額の借金を背負い、海外へと働きに行く農村出身の若者たちを理解するには、まず、このベトナム農村の変貌を捉えなくてはならないと感じていた。

ベトナム人技能実習生については、これまで主に報道やルポルタージュなどにおいて、劣悪な労働現場や外国人技能実習制度の構造的な問題が俎上に載せられてきた。そこでは、過酷な労働に耐えながら、ときに助けを求めながら働く実習生の姿が伝えられる。さらに、来日前にほとんどの実習生が銀行や親族から多額の借金をし、一〇〇万円前後の手数料を送り出し機関に支払っていることも紹介される。そして、そうした状況を知った人は、当然、次の疑問を抱く。なぜ、そうまでして日本で働こうとするのか、と。

この疑問に対する最も理解しやすい答えは、「経済格差」であろう。実際に、報道の中でベトナムの都市部や農村部の「一般的」な平均月収が示されたり、「ベトナムの給料は安い」「海外で働いて家族を助けたい」などの当事者の声が取り上げられたりすることが少なくない。年々縮小してきているとはいえ、確かに日本と実習生の送り出し国との間には「経済格差」がある。

しかしながら、本章では、こうした数字から送り出し国の状況を想像することに警鐘を鳴らしたい。なぜなら、数字のみで想像した結果、実習生は「開発途上国から出稼ぎに来る外国人」といった安易なイメージを付与され、そして、こうした一面的な理解こそが、実習生に対する人権侵害や労働問題を引き起こす一因になっているのではないかと考えるからである（現に、私が出会ったベトナム人技能実習生は、職場の日本人から「貧乏の国から来たくせに」とよく馬鹿にされたという）。

なぜ日本で働こうとするのか。ベトナム北中部での調査中に立ち寄った村の茶店で働く女性は「ここに仕事がないからよ」と一言で答えたが、この問いに答えることは簡単ではない。なぜなら、そこには複数の要因が錯綜しているからである。実習生の受け入れ国と送り出し国の政治や経済の状況から、多額の仲介料が行き交う実習生送り出しビジネスの仕組みまで、検討するべき点は多々ある。その上、技能実習生を多数輩出しているベトナムの各地域を訪ねてみて、気候や地理的条件、伝統的な生業の相違などから、若者が海外で働く背景は地域によって異なることを痛感した。また、当事者である実習生自身でも、海外で働く若者の増加という昨今のベトナムの潮流を客観的に分析できるとは限らない。

こうした状況を踏まえて、本章では、現在、日本の各産業を下から支えているベトナム人技能実習生を取り上げ、彼／彼女たちを日本での労働へと促すベトナム本国の背景を考察する。上述したように海外就労を促す主な要因は地域によって異なるが、ここでは、海外へ渡る労働者を最も多く輩出しているベトナム北部の紅河デルタ地域に位置する、ナムディン省の状況を検討する。また、同省出身の元技能実習生への聞き取り調査を通して、彼らが技能実習を選択する背景や目的、さらに、技能実習の経験をどのように捉えているのかを見ていく。今、技能実習生となる若者たちの故郷がどのように変化しているのだろうか。そして、変わりゆく故郷において、若者たちはどのような生き方を模索しているのだろうか。

先に本章の結論を述べれば、若者を技能実習に向かわせる大きな要因と考えるのが、農村の工業化である。とくに二〇一一年以降、ベトナムでは、政府主導の工業化が急速に進められている。その結果、これまで農業をしていた田畑は、宅地や工業団地へと姿を変え、農地を失った人々は農業以外の生業を見つけなくてはならなくなった。新たな生業を得るために、元手となる資金を稼ぐ方法の一つが、海外での労働なのである。

政府による「上」からの工業化は、伝統的な農村社会を強制的に変容させ、そこに暮らす人々に様々な変化を強いている。一方で、こうした農村の変容は、これまでベトナム社会において「農民」という立場に固定されてきた人々が、農業を脱し、社会的な立場や生活水準を向上させるチャンスにもなり得ている。ここでは、「途上国からの出稼ぎ」といった言葉では捉えきれない、大きく変容するベトナム社会を生き抜こうとする人々の姿を見ていきたい。

なお、本章を構成するフィールド調査のデータは、主に二〇一七年三月と八月にナムディン省およびハイズオン省で行った聞き取り調査と参与観察、そして調査後もＳＮＳを介して日常的に続いている調査地の人々とのやり取りにもとづいている。数字のみで理解することにささやかに抗う本章では、以下、フィールド調査で得られた人々の語りを中心に考察していく。

２　ベトナム北部農村の工業化

● 町はずれの奇妙な風景

フォンとは、ハイズオン省の省都ハイズオン市の町はずれにある小さな宿で出会った。眼鏡をかけて、にこにこしているフォンは、中学生と小学生を持つ母親で、民宿を経営する一家に嫁いで以来、夫の家族と働いている。居心地のよい宿であったが、一歩宿の外へ出ると、そこには奇妙な風景が広がっていた。少し遠くに田んぼが見えるが、宿の周囲には空き地が多く、「売地」「不動産」と書かれた看板が立てられている。また宿から少し歩くと、突然、田んぼの中に、三、四階建ての新築の豪邸が立ち並ぶ新興住宅地が現れる。立派な門構えの豪邸は、周りの田んぼにまったく馴染んでいなかった。なぜこうした不自然な景観になったのかを尋ねたところ、フォンは次のように話しはじめた[★1]。

以前、このあたりは全部田んぼだったの。でも、みな、田んぼを手放して他所に行ってしまった。農民たちは、野良仕事は大変だから、野良仕事をしないのは楽でいいって。だから、すぐに田んぼを手放したけど、そうして入った土地代なんて、バイクを買ったり、子供を学校に行かせたりしたら、もう一銭も残らない。

昔は、収入は少なかったけど、食べるものはすべて家で作っていたから、安全で美味しいお米や野菜を食べることができた。今の野菜は農薬をたくさん使っていて、昔のように美味しくないの。子供のころは収穫したお米がいつも家にたくさんあったけど、今は買わなくては家にない。買ったお米って、すぐに無くなってしまう。

宿の周りは、もともと「全部田んぼ」だった。フォンは「以前」と言うが、今も「売地」の看板があちこちに立てられているように、そう昔の話ではない。ここ一〇年以内の出来事である。田んぼを手放した人たちは、そして、以前の農村の暮らしはどこに行ってしまったのだ

★1　二〇一七年八月二二日から二六日まで、ハイズオン省で実施したフィールド調査による。

ろう。以前の農村の風景を恋しがる私を、フォンは「うちの実家のあたりはまだ伝統的な農村の暮らしをしているから」と、宿から二〇キロほど離れた彼女の故郷に連れて行ってくれたのだった。

●工業化による農村の変化――「作る」から「買う」暮らしへ

二〇一一年、ベトナム政府は「社会経済発展一〇か年戦略」を採択し、二〇二〇年までに近代的な工業国化を達成するという目標を掲げて、現在も産業の高度化に邁進している。その結果、大都市近郊や地方都市では都市開発やインフラ整備が急速に進められ、また、農村では広大な農地が宅地や工業団地へと姿を変えている。

とくに二〇〇〇年代に入り、工業団地が集積する南部に代わり、工業団地が多数建設されているのが北部の紅河デルタの農村である。もともと紅河デルタは、その肥沃な土壌と良好な水条件により二期作が可能なベトナムの「米どころ」だった。首都ハノイから南へ約一〇〇キロ離れたナムディン省も、省都ナムディン市からバイクで一〇分も走れば一面に水田が広がる自然豊かな地方都市である。

それでは、このような米の一大産地であるベトナム北部の農村は今、どのように変化しているのだろうか。農村の工業化とは、どのように経験されたのだろうか。ここでは、ナムディン市の近郊農村であるミーサー社の様子からこのことを見ていきたい。

ナムディン市内からバイクで一五分ほど走るとミーサー社に到着した。ミーサー社は、市の中心部から西南に四キロほど離れた総面積六・二平方キロメートル、人口約一万七〇〇〇人の小さな村である。「社（村）」と呼ばれているが、路上には野菜や果物を売る人、買う人がひしめき合い、村というよりは活気あふれる市街地という様相だった。

ミーサー社の人民委員会を訪ねると副主席が迎えてくれた。娘がオーストラリアの大学院に留学していると語る副主席は、とても聡明な方だった。「農村から若者が海外に働きに行く背景を理解したい」と書かれた私の研究計画書を一読すると、すぐに次のように語りはじめた。[★2]

従来、ミーサー社の村民は主に農業をしていました。米や野菜を作り、おかず用に鶏やアヒル、豚を育てて生計を立てていました。

★2　二〇一七年八月一七日、ナムディン市ミーサー社で聞き取りを行った。

この短い説明を聞いただけで、当時の暮らしをありありと思い浮かべることができたのは、二〇〇二年の夏、私がナムディン省の農村で行われた村落調査に参加したからだった。日本のベトナム研究者により結成された村落調査団の調査地は、ミーサー社から一〇キロほど離れたところにある農村だった。牛の親子が日陰に入って陽射しをやり過ごすくらい暑い夏だったが、青い稲、田んぼに飛び込むアヒルのヒナの群れ、風に揺れるバナナの葉。村は大変美しく、日焼けした村人の澄んだ笑顔がまぶしかった。しかし、その当時からすでにミーサー社は変化しはじめていた。

二〇〇二年、村でホアサー工業団地の建設がはじまりました。二〇〇四年、工業団地の完成とともに道路の整備が進み、国道一〇号線が通りました。そして、工業団地の建設後、村人は農業をやめ、村内の労働力はほぼ工業団地に吸収されたのです。

工業団地内の工場で働く人もいれば、工場労働者の対象年齢から外れた人は、工場の清掃や工場団地近くにある工員用宿舎の管理人や調理人、小間使いといったサービス業に従事しています。

ミーサー社に工業団地ができたのだ。そして、この工業団地の出現を境に、村の暮らしは大きく変わる。副主席によると、工場団地の完成前、村では一〇〇％、つまり、すべての世帯が農業をしていたが、二〇一七年現在は、農業をする者の割合は七％にまで減少したという。副主席はそこまで一息に語ると「今後、村から田畑は無くなると思います」と言い切った。

昔は、一か月に一〇〇万ドン（約五〇〇〇円）ほどしか稼げませんでしたが、米もあったし、鶏や魚を飼っていたので食べていくことができました。でも今は、月に四〇〇万ドン（約二万円）の収入があっても足りなくなっています。食べ物はすべて買わなくてはならないし、教育や医療などの、様々なサービスを受けるのにもお金もかかります。

ミーサー社の工業化は、村民が農業から工業労働へと職業を変えたという単純な話ではなかった。工業団地の出現に伴う農業労働から工場労働への転換とは、自給自足的な生活から生活に必要な物はすべてお金で買う現金経済に変化することでもあった。フォンがいうように、お米は「作る」ものでなく、「買う」ものになったのである。お金がなくても生きられる生活から、お金がなくては生きられない生活へ。そして、この現金経済への転換は、徐々に村民を海外での労働へと促す一因となっていく。

●新たな生業を求めて

「生活にお金が要るようになり、村民が海外に働きに行くようになりました」。副主席は続けて語る。現在、ミーサー社では約三〇〇人、村の人口の約五％が海外で働いている。副主席は、この数を「非常に少ない」と評価し、「海外で働く際にかかる費用を工面できる資力や本人の能力が要るため、誰でも簡単に行けるわけではない」と説明する。働きに行く先は、韓国、台湾、東欧、中東など様々だが、ここ六、七年前からは日本で働きたい人が増加しているという。

日本で働けば給料も高いし、日本人の仕事の仕方を習得できます。日本で働き、勉強した経験があれば、言語や日本人の働き方を理解できるので、帰国後も工業団地内の日系企業で働くことができます。

日本で働きたい人が増加している理由については詳細な検討が必要と思われるが、ここでは、海外での就労という選択に「帰国後」の生活が見据えられていることに注目したい。村内の労働力は「ほぼ工業団地に吸収された」と副主席は語るが、工業団地に農村の労働力すべてを受け入れるキャパシティはない。農地を手放した対価として入る土地補償料はあるが、それも一時的な収入に過ぎない。生活に現金収入が必要になる一方、村民たちは農業に代わる新たな生業や収入源を見つけなくてはならなくなった。そこで、海外で働くという選択肢が浮上するのである。そうすると、農村の人々が海外で働く目的とは、生活に必要な現金を稼ぎ、帰国後に外資系の会社や工場に就職することなのだろうか。話を聞きながら、そんなことを考えていたとき、ふいに「成功」という言葉が耳に飛び込んできた。

海外で資本金を稼ぎ、帰国後に自分の店や町工場を持てたなら、「成功した」といえます。工業団地で働いても四〇〇万ドン（約二万円）ほどの収入にしかなりませんが、自分で店や町工場を経営したら、収入はさらに増える可能性があります。仕事がうまくいけば、一か月に数千万ドン（約数十万円）という収入だって可能になります。

腑に落ちた気がした。これこそが海外で働こうとする人々が描く「夢」なのではないだろうか。おそらく農村の人々は、現金収入や帰国後の就職ではなく、もっと先を見ているのだ。海外で働いて資金を貯め、帰国後に自分の店や町工場を持てるなら、高収入を得る可能性が生まれる。海外で働くには多額の手数料を払わなくてはならないが、それは未来への投資なのである。高額の投資にもかかわらず、海外で働くことを選択する人々は、こうした「成功」を夢見て海外を目指すと考えられるのではないだろうか。

●「上」からの工業化に伴う諸問題

「工業団地ができたことにより村の収益が増えて、インフラ整備や医療機関の建設が可能になりました」。その後も副主席は工業化の利点を語り続けた。政府が進める以上、工業化について、人民委員会の副主席が表立って否定的な意見を述べることはできないだろう。しかし、実際には、この「上」から強行される工業化は問題も多い。

まず、工業団地は必ずしも村民の生活を保障するわけではない。例えば、二〇一二年に行われたハイズオン省の工業団地の実態調査によると、工業団地で働く人は若年労働者層に偏っていること、工業団地が海外や遠隔地での出稼ぎから戻った者の受け皿になっていないこと、短期雇用契約や低賃金など工場団地の労働条件が不安定であることが報告されている〔新美、二〇一三、一九九頁〕。つまり、工場で働けるのは若者だけで、そして、工場労働は決して好条件の仕事とはいえないのである。

また、「工業化は失うものの方が多い」と、留学時にお世話になったハノイの元大家さんは、工業化を正面から批判する。大家さんの故郷、ハノイ市とハイズオン省の中間に位置するバクニン省でも農地に大規模な工業団地が建設され、今ではすっかり田畑が無くなってしまったという。国営企業の役職に就き、ハノイの大学で非常勤講師も勤める大家さんは、工業化の問題点を次のように指摘する。[★3]

農業だと四、五〇代でも十分戦力になるが、工場ではもう働けないと言われる。農業は、現金収入は少ないが飢えることはない。でも、安い補償料で農地を取り上げられた上に、農民が仕事が見つからなくて、また農業をしたいと思っても土地がない。しかも土地と一緒に農業の経験や知恵もすべて失ってしまう。工業化による環境汚染も深刻だし、若者の麻薬問題などの社会問題も増えている。

農村の工業化は、そこに暮らす人々が積極的に推進するものではない。社会主義国ベトナムでは、私有地は認められず、人民には土地使用権が与えられる。政府が土地を必要とする場合は、国の権限で土地を収用することができる。だがしかし、近年、こうした土地収用をめぐる行政の不正や土地収用に抗議する住民と地方政府との抗争が多発し、社会問題となっている。[★4]

政府が取り上げるのは土地だけではない。大家さんが指摘するように、人々の意向にかかわらず、長年培われてきた農業の経験や知恵から安心安全な暮らしまでもが、突然失われてしま

★3　二〇一七年八月二六日、ハノイ市内で聞き取りを行った。

う。つまり、「故郷」そのものが「上」から奪われることに対して、大家さんは憤るのである。「今の政府は自分たちの権利を優先して、農民たちが死ぬ状況になっている」と諦めたように大家さんは語った。

このように故郷が変容する中、それでは、農村の若者自身はどのような意識や背景から日本で働くことを選択するのだろうか。また、技能実習の経験はどのように捉えられ、それは帰国後の生活にどのような影響をもたらすのだろうか。次節では、ナムディン省出身の三人の元技能実習生の語りから、このことを考えたい。

３　元技能実習生たちの声

● 農業経験のない農村出身の若者たち

ナムディン市内から地方に向かうローカルバスに乗る。街から遠ざかるにつれて、視界に田んぼが広がる。さらに進むと、その風景にゴシック様式のカトリック大聖堂が点々と加わりはじめる。ナムディン省は、一六世紀に西洋の宣教師によってキリスト教が伝えられた地である。そのため、ベトナム国内でもカトリック教徒の割合が高く、省内には八〇〇以上の教会があるという。青々とした田んぼの奥に堂々と佇む大聖堂を遠目に眺めているうちに、スアンチュオン県に到着した。工業化が進んでいるとはいえ、ナムディン市内から四〇キロほど離れたこのあたりは、まだ広い田んぼが残っている。村役場の近くでバスを降りると、バイクで迎えに来た元技能実習生のAさんが道の向かいで手を振っていた。

Aさんは、一九九一年生まれ、ナムディン省スアンチュオン県出身の男性である。二〇一四年七月から二〇一七年七月まで技能実習生として北海道札幌市の建設会社でとび職に従事した。私がAさんを訪ねたのは、Aさんが技能実習を終えて帰郷し、一か月が過ぎた頃であった。「これからベトナムで何の仕事をしたらよいと思うか」と時々私に意見を求めながら、Aさんは技能実習生となるきっかけを次のように語りはじめた。★5

★4　例えば、二〇一七年四月、ハノイ市郊外の農村で土地収用に抵抗する農民たちの抗議活動が公安との抗争に発展し、日本の新聞でも報道された（『朝日新聞デジタル』二〇一七年四月二〇日）。

★5　二〇一七年八月一六日、ナムディン省スアンチュオン県で聞き取りを行った。

> 僕らの世代はもう誰も農業をしません。同郷の若者の約九割が、ハノイで働くなど故郷を離れて仕事をしています。僕の故郷は建設の仕事をする人が多く、僕の兄も結構よい建設会社に入社して、今、ハザン省で働いています。

ナムディン省スアンチュオン県の風景
（撮影：伊藤泰郎）

Aさんは、建設の仕事をする父親と村の行政職と農業を兼業する母親のもとに生まれ、建設技師である一歳上の兄がいる。兼業しているとはいえ、Aさんの家族も農地を保有し、母親は毎日畑に行っている。しかし、Aさんは「今、農業をしているのは、五〇代以上の世代」と断言する。Aさんも高校を卒業後、三年ほどハノイ市内のホテルで働きながら運転手をした。運転手としてハノイ市内にあるタンロン工場団地や日本大使館から日本人の送迎をしたことから日本に関心を抱き、日本で働くことを考えるようになったという。工業化に伴い人々の農業離れが進む中、農村出身の若者たちは、学校を卒業すると仕事を求めて都市部に出る。仕事を探すうちに、海外で働くことが選択肢に加わるといえる。

Aさんの場合は、実家の近所に住む「兄さん」が送り出し機関を紹介してくれた。日本で働くために、渡航費、手続き費などで約一五万円、約八か月間の日本語研修で一〇万円、保証金として四五万円、合計約七〇万円を支払った。保証金の四五万円が大きいが、知人の紹介ということで、一〇〇〇ドルが相場と言われる送り出し機関への仲介料は要らなかった。保証金を除けば、Aさんが支払った費用は、比較的少ないほうだろう。興味を抱いた日本。渡航費用を払い終えた後は、日本に行く日を心待ちにしていたに違いない。心躍らせて渡った日本で、Aさんはどのような経験をしたのだろうか。

北海道内は仕事でほぼ全域に行ったと思います。とびの仕事は残業がないので、給料は少なかったです。一年目の給料は一〇万円、二年目と三年目は一二万円ちょっと。節約しても月に五、六万ほどしか仕送りできません。とびは暗くなると仕事ができません。北海道の冬はすぐ日が暮れるし、雪も降ります。反対に、現場に行くのに片道五時間かかったこともあります。朝礼がある厳しい会社だったので、遅刻はできません。社長はいい人で「お前は友達」と言ってくれました。実習生が社長と話をする機会はないでしょうから、そんな関係は貴重だったと思います。でも、ボーナスをもらったことは一度もありません。大変な作業の翌日でも、一回笑って「昨日はお疲れ様」で終わり。

残業なしで一年目の月給が約一〇万円なら、給料は最低賃金で計算されていたのだろう。最低賃金ではあるが、給料はきちんと計算して支払われていたようである。また、Ａさんが「社長はいい人」と話すように、雇用主と実習生の関係も悪くなかった。だが、Ａさんはその待遇に決して満足していなかった。

　社長がよくしてくれたことはわかっています。遊びや食事に連れて行ってくれたし、無理矢理仕事をさせるのでなく、本人を思って注意し、仕事を教えてくれました。僕が帰国するときも泣いていました。でも、情があるなら少しくらいボーナスをくれてもいいんじゃないか。ケチだなぁと。皆、来日の目的はお金を稼ぐためだから。なので、会社に戻ってきてほしいと言われてますが、戻る気はありません。

つまり、Ａさんは自分の労働に見合う賃金が得られなかったことに不満を抱いていた。Ａさんによると、故郷の隣村で造船業が盛んだった頃、造船工場で働く溶接工は月に約六、七万円を稼いでいたという。Ａさんの日本からの仕送りよりも高額である。農村に暮らしていても、農業以外の仕事をしていれば、当然ながら、農村の平均月収以上の収入を得ることができる。Ａさん家族の世帯収入については尋ねなかったが、Ａさんの家族は「月に五、六万程度稼いだところで……」とＡさんが技能実習をすることに、いい顔をしていなかったという。さらに、「片道五時間」といった作業現場への長時間の移動が負担になることは、建設分野で働く他の実習生からも聞く話だった。重労働かつ長い拘束時間にもかかわらず、十分な仕送りができない給与額。交渉はもとより、不服に思っている気持ちさえ伝わらないとなれば、不満も募ることだろう。

また、Ａさんは「皆、来日の目的はお金を稼ぐため」と迷わずに言い切る。外国人技能実習制度の掲げる「開発途上地域等への技能移転のための国際貢献」が詭弁であることは、もはや周知の事実である。実習生が働く現場では、会社も実習生も、技能実習の目的は、技能の習得でなく、お金を稼ぐことだと認識している。しかし、なぜＡさんはそれが実習生「皆」の目的だと言い切れるのだろうか。もし来日の目的がＡさんの言う通りだとするなら、技能実習生たちは何のためにお金を稼ぐのだろうか。次節では、このことを元実習生Ｂさんの語りから考えたい。

● 「お金を稼ぐため」の技能実習

Ｂさんは、一九九二年生まれ、ナムディン市内から約六〇キロ離れたナムディン省ギアフン県出身の男性である。Ｂさんは、二〇一四年七月に来日し、愛知県のトヨタ自動車の下請け会社である自動車の部品製造会社で三年間働いた。Ｂさんとは、労働傷病兵社会省ギアフン支局を通して知り合った。技能実習から戻った人の話を聞きたいと事前に支局に申し出ていたところ、「今朝、たまたま支局を訪ねてきた」と紹介されたのがＢさんだった。口数は少ないが、時折見せるはにかんだ笑顔から、Ｂさんの人柄が伝わってきた。Ｂさんは、技能実習生となる経緯について次のように語りはじめた。★6

僕の家族は貧しく、家族を助けたい気持ちから外国で働くことにしました。来日前は、高校卒業をして建設の仕事をしていました。いとこの兄が先に日本で働いていたので、そのいとこに送り出し機関を紹介してもらいました。

Ｂさんの両親は農業をしており、すでに嫁いだ姉が一人いる。両親が専業農家で他に男兄弟がいないなら、Ｂさんが「僕の家族は貧しい」というのも無理はない。農業収入しかない家族の中で、建設業に携わるＢさんが唯一の稼ぎ頭だったのだろう。懸命に働くＢさんにとって、いとこが語る日本での仕事や賃金は魅力的に聞こえたに違いない。心を決めた後、Bさんは実家を担保に入れて、六〇万円の保証金を含む一〇〇万円以上の費用を送り出し機関に払い、技能実習生になった。当時、若干二二歳の農村の若者が背負うには、かなりの重荷である。だが、Bさんはその重荷に押しつぶされることはなかった。

僕は、愛知県で車のシートの枠を組み立てる仕事をしました。技能実習の一年目は、時給八六三円でしたが、その後、徐々に上がり、最終的に九〇〇円になりました。残業代を入れなければ給料は月に一〇万円ほどでしたが、残業があったので、月一二万円から一五万円くらい稼ぎました。一番多い月で二〇万円ほど。三年間一生懸命働いたので約六億ドン（約三〇〇万円）をベトナムに送金することができました。

三年間で約三〇〇万円の仕送りとは、調査で出会った実習生の送金額の中でも最多である。稼ぎの多い月で二〇万円。時給約九〇〇円で一〇万円分の残業とすると、ひと月に一〇〇時間

★6　二〇一七年八月一八日、ナムディン省ギアフン県で聞き取りを行った。

以上残業をした計算になる。繁忙期に過労死ラインを超える残業をこなしただけでなく、つねに生活費も切り詰めていたのだろう。そうでもしなければ、最低賃金から多少増えた程度の時給で、三〇〇万円も貯められなかったはずである。「最初の一年間は、仕事がわからないと会社の人にたくさん怒鳴られました。帰国させるぞって」とBさんは思い出したように言い、屈託なく笑った。

なお、その日、Bさんが支局を訪ねたのは、次は韓国へ働きに行けないかと考えたからだという。日本から帰国してまだ一か月ほどしか経っていないにもかかわらず、Bさんに疲れた様子はなく、それどころかさらに韓国で就労することを希望していた。なぜBさんはお金を稼ぎ続けるのだろうか。それを尋ねても、Bさんは「家族を助けるため」と繰り返すだけだろう。そう予測した私は聞き取り調査を終えるつもりで、最後に、これからベトナムで何の仕事をするつもりかと質問した。すると、Bさんは短く次のように答えた。

今は免許を取るために教習所に通っています。次の仕事も探していますが、免許が取れたら自分で事業を興すことを考えています。

この短い言葉にBさんの意図がすべて表されている気がした。Bさんには、お金を稼ぐ確固とした目的があったのだ。長男で、一家の稼ぎ頭でもある彼は、一時的に海外で働くことはあっても、故郷を離れるという選択肢ははじめからなかったのかもしれない。農業以外に主要な産業がない故郷で安定した仕事や収入を得るには、自ら事業を興すしかない。ミーサー社の副主席は、収入をより増やす方法として、事業を興すことを挙げていたが、Bさんの場合、故郷で生きるには事業を興すより他に方法がなかったといえる。Bさんが言う「家族を助けたい気持ち」とは、単に家計を支えるだけでなく、農業を脱して一家の新しい生業を興し、安定した生活を築き直すことも含まれていたのではないだろうか。

Bさんだけでなく、新たな生業や生活、言うなれば、新たな未来を求めて実習生たちはお金を稼ぐ。そして、それは自分一人の未来ではなく、一家の、ともすれば、一族全体の未来を背負っている場合もあるだろう。何を背負っているのか、実習生自身もはっきりと意識していないかもしれない。しかし、「来日の目的はお金を稼ぐため」という言葉の背後には、それを聞く者が想像するよりずっと長い時間軸で未来が描かれていると考えられるのである。

未来のために資金を稼ぐ。ただ、農村の若者の未来を拓くのはお金のみとは限らない。次項では元実習生Cさんの経験を見ていこう。

●持ち帰った「技能」としての日本語

Ｃさんは、一九九一年生まれ、ナムディン省スアンチュオン県出身の男性である。ＣさんはＡさんの同級生で、二人とも同じ送り出し機関を介して技能実習生になった。Ａさんより二か月早く来日したＣさんは、高知県の建設会社で三年間とび職に従事した。私がＣさんに会ったとき、Ｃさんは帰国後まだ三か月しか経っていなかったが、すでにハノイ市で新しい仕事に就いていた。仕事を終えた足で待ち合わせ場所に現れたＣさんは、現在の仕事について次のように説明しはじめた[★7]。

二〇一七年五月に帰国し、翌月の六月から送り出し機関の日本語センターで技能実習生になる予定の生徒たちに日本語を教えています。僕は、技能実習中に日本語能力検定Ｎ３級を取得し、帰国して、今月、Ｎ２級に合格しました。

今の給料は、月に一〇〇〇万ドン（約五万円）ですが、Ｎ２級を取得したら一三〇〇万

スアンチュオン県のレストラン内に掲載された留学・海外移住労働募集のポスター（撮影：伊藤泰郎）

ドン（約六万五〇〇〇円）に昇給します。日本語を教える仕事は楽しいですし、生徒も懐いてくれて可愛いです。

Cさんの両親は、もともとスアンチュオン県で農業をしていたが、一家が車を購入した後は、父親が運転手になり働いた。姉と兄がいる三人兄弟の末っ子であるCさんは、AさんやBさんと異なり、高校卒業後にハイフォン市にある航海大学に進学した。二〇一三年に大学を卒業した後、船に乗る仕事を希望して就職先を探したが、よい仕事が見つからず、海外で働くことに興味を持ったという。

僕がいた会社には、ベトナム人技能実習生が六人いて、皆、足場を組む仕事をしていました。給料は、一年目の手取りは七万、二年目は九万、三年目は一一万から一二万ほどでした。仕事は、月曜から土曜の八時から一七時まで。日曜が休みでした。

高所で仕事をするので、危険が多く、最初の年はよく怒られました。また、土佐弁がまっ

★7　二〇一七年八月二〇日、ハノイ市内で聞き取りを行った。

たく分かりませんでした。「しちゅう?（知ってる?）」「やりゅう?（やってる?）」など、「これは日本語じゃない!」と思いました。

そう話しながら、Cさんはスマートフォンに保存していた作業中の写真を見せてくれた。地上一五～二〇メートルの高さで撮影された写真は、見るだけで身がすくんだ。数十キロもの足場板や支柱を背負って繰り返し梯子を上り、一日中、屋外の高所で働くこと。それがいかに危険で重労働であるかを全然理解していなかったと気づかされる写真だった。

Cさんは高校卒業後、そのまま大学に進学したため、農業の経験もなければ、建設関係の仕事をしたこともなかった。日本の大学生と大差ない生活を送ってきたCさんだったが、そんな彼が唯一経験していたことがあった。勉強である。

会社では、週に一回、日本語を勉強する時間がありました。建設の仕事は危険が多いので少しでも言葉がわかるように、との会社の考えでしたが、仕事後の勉強は大変でした。一七時に仕事が終わっても、現場から帰るのに一時間以上かかることもあります。仕事で疲れて、熱心には勉強しませんでしたが、言葉を学ぶことで日本人の友達もでき、いろんな場所に遊びに行くことができました。

週に一回ではあったが、Ｃさんの会社は、日本語教師を会社に招き、それぞれ実習生のレベルに合わせたクラスを開いていたという。「熱心には勉強し」なかったそうだが、大卒のＣさんは、勉強の仕方を心得ていたのだろう。帰国した翌月に、日本語を教える仕事が見つかったのは、Ｃさんがすでに N３級を取得し、N２級を取れるほどの日本語能力を有していたからだった。技能実習中に学んだ日本語が、帰国後の仕事に結びついたのである。

ハノイで日本語を教えて、月五万から六万五〇〇〇円ほどの収入が得られるのであれば、Ｃさんの日本からの仕送り額とそう変わらない。危険もなく、働く時間も短く、生徒から慕われる、やりがいのある仕事といえるだろう。それでは、技能実習によってＣさんの家族の生活水準は向上したのだろうか。日本語教師という新しい仕事は、一家を支える新しい生業となり得るのだろうか。もちろん、Ｃさんは日本で懸命に働き、日本語を習得して帰国後も仕事を見つけた。しかし、まず、家族の生活を大きく変えたのは、Ｃさんの兄だった。

僕の兄も二〇〇八年から二〇一六年まで八年間、台湾で働きました。最後の二年間は不法滞在の状態で働いていました。ビザなしでする仕事は過酷です。兄自身はまだ台湾で働く気持ちがありましたが、結婚する年齢になり、両親の説得で帰国しました。兄の仕送りのおかげで、父は車を買い、運転手の仕事をはじめました。兄の働きで家族が助かったのは確かです。

もともとCさんの家族は、Bさんと同じく、専業農家だった。そこから新たな暮らしを築くための布石を打ったのは、長男だった。Cさんの父親が「農民」から「運転手」に転じることを可能にしたのは、長兄が台湾で資金を稼ぎ、一家が車を購入したからだった。さらに、兄の仕送りや父の運転手の仕事で得られた現金収入のおかげで、Cさんは大学に進学できたのである。

確かに、長兄の台湾での就労は「過酷」だったに違いない。だが、弟は大学卒業後に日本で働き、帰国後、すぐにハノイで日本語を教える仕事に就いた。また、現在、兄もナムディン省にある台湾の企業で中国語の通訳をしている。兄が台湾で得た資金で車を購入することによって農業を脱し、その上、外国語を身につけてベトナムで日本語教師や通訳業をするCさんの兄弟は、まさに地に足のついた「成功」事例といえるだろう。実際に、その「成功」を象徴するかのように、今、スアンチュオンには、狭い農村の平屋から三階建ての大きな家へと姿を変えたCさんの実家が建っている。

日本に行って良かったとは思います。会社からも戻ってきてほしいと言われていますが、建設の仕事は大変。危険な上に屋外での仕事だったので、とくに給料がよかったとは思いません。今度日本へ行けば、技能実習中より給料がよくなるそうですが、今はベトナムで働いているので戻るつもりはありません。

Ｃさんは最後にそう語って、話を終えた。

●実習生と会社との「コミュニケーション不全」

これまで三人の元技能実習生の経験を見てきた。三人ともナムディン省の農村の出身だが、農業の経験はなく、日本で働く目的も「お金を稼ぐため」（Ａさん）、「家族を助けたい気持ち」（Ｂさん）、「よい仕事が見つからなかった」（Ｃさん）など、漠然としか意識されていない。むしろ送り出し機関で働いている知人や、先に日本で働いている親族がいたことがきっかけとなり、技能実習をすることを決意している。

他方で、彼らは都市に働きに出るか、あるいは自ら事業を興さない限り、故郷に安定した仕事がないことを理解している。とくにＢさんのように故郷に残り、家を継ぐことを期待される長男は、必然的に自分で事業を興す選択をせざるを得ない。そこで渡航前にかかった借金を返し終えると、実習生たちは次の生業を興すための資金を稼ぐことを意識しはじめる。もし十分に資金を稼いだり、外国語の習得などを通して帰国後に就業したりできるなら、海外での就労は農村に暮らす家族の生活を向上させる契機になり得るのである。

最後に、ここで実習生と会社の「コミュニケーション不全」について触れておきたい。三人の元実習生の話から、彼らが働いていた会社はマスメディアで取り上げられるような「残業代は三〇〇円」「暴力を振るう」といった会社ではなく、実習生の安全や働きやすさを考慮する会社だったとわかる。しかし、会社側が別れを惜しみ、実習生に戻ってきてほしいと切望する一方で、AさんやCさんは冷静に日本での労働とその給料が見合わないことを指摘し、「屋外で働く」「危険」などの理由を挙げて「日本に戻る気はない」と述べる。

本章では十分に展開できなかったが、こうした、一見、実習生と「良好」な関係が築かれている職場で生じている「コミュニケーション不全」こそ、その原因を丁寧に分析することが必要ではないだろうか。それはベトナムでも日本からの仕送り程度やそれ以上の収入が得られる中、技能実習生がいつまでも「安い労働力」として扱われることが原因かもしれない。あるいは、元実習生たちが語らなかった話もあるだろう。技能実習に限らず、「コミュニケーション不全」の解消は簡単ではないが、それを試みる先にしか、「(日本に)戻りたい」という声が聞かれることがないのは確かである。

４「開発途上地域」から「新興国」へ

フォンの故郷には、懐かしいベトナムの農村の暮らしが残っていた。実家に到着するとフォンは裏庭にまわり、桶で井戸の水を汲んで飲ませてくれ、井戸の脇に茂るスターフルーツの木から実をもいでくれた。そして、私を連れて実家の裏に住む祖父母を訪ねては祖母の痛む脚をさすり、隣家に行ってはハンモックに腰かけて隣人の愚痴に耳を傾けていた。二人で田んぼを見に行った後は、市場で活きのいい魚やアヒルを仕入れ、薪の火でゆっくり調理した。フォンの両親、弟一家と車座になって夕食を囲みながら、私たちは一日の出来事を語り合った。そこには、「平均月収」やＧＤＰなどの数字では決して捉えられない、豊かで優しい暮らしがあった。

これまで本章では、若者たちが、ベトナム北部の農村から技能実習を含む海外就労へ赴く背景として、農村の工業化が大きく影響していることを見てきた。もちろん、このナムディン省の状況は、必ずしも他地域にも当てはまるとはいえない。[★8] また、同省出身の三人の元実習生がすべての技能実習生を代表するわけでもない。農村の工業化と海外就労の関連をしっかり分析するには、より大規模で詳細な調査が必要だろう。

ただ、一つ言えるのは、ベトナムは、公開された統計データのみで把握できるような単純な社会ではないことである。さらに、日々、変容するベトナムは、もはや外国人技能実習制度の「基本理念」にあるような「開発途上地域」ではない。急速に「発展」するアジアの「新興国」である。こうした現実を見つめることなく、安易に数字のみからベトナムを想像する限り、技能実習生に対する処遇が改善されることはないだろう。同時に実習期間を終えた実習生が再来日することもないだろう。

しかしながら、農村の工業化をどのように考えたらよいのか、私はまだわからない。ハノイの大家さんのように、工業化を正面から批判する人もいれば、工業化によって以前より暮らし向きがよくなった、農業は本当に労多くして益が少なかった、と語る人もいるからだ。フォンも「農作業は、今日しないといけないという仕事はない。陽射しが強ければ、少し休んで涼しくなってから出かけたらいいし、今日しなくても明日したらいい」とストレスなく自分のペースでできる農業を懐かしんでいたが、一方で「いつになったら作業が終わるんだろう」と途方に暮れた子供時代も覚えている。

同様に、海外に働きに行くことについても、私は肯定的にも否定的にも捉えられないでいる。本章では、海外での労働が農村において新たな収入や生業を得るきっかけとなる可能性を示したが、そうした「成功」を得られる人が全体の一部だろうことは、現在の技能実習生が置かれた状況を見ればよくわかる。また、一時的に「成功」したように見えても、手にした収入や仕事を維持できるかどうかは保障されていない。

私の知り合いは、台湾で働いて帰国した後、南部に行って化粧品の代理店か何かを開こうと、奥さんが四億ドン（約二〇〇万円）の借金をしたけど、結局、うまくいかず一文無しになったよ。

周囲に海外に働きに行く人が沢山いるフォンは、いろんな話を知っている。

★8　とくに、紅河デルタ地域に次いで多くの人々を海外に送り出しているベトナム北中部の状況は、あらためて考察したい。北中部のゲアン省、ハティン省、クアンビン省周辺地域では、元来、あまり農業に適さない気候、地理的条件に加えて、二〇一六年四月に発生した外資系製鉄場の廃水による大規模な海洋汚染が海外就労を加速させていると考えている。

理由はわからないけど、海外で働いた人は、帰国してもベトナムで働きたがらないの。海外のほうが給料は高いかもしれないけど、ベトナムだってそんなに悪い給料じゃなくなってきている。でも、皆、プライドが高くなるのか、働かずに家にいる人が多いの。

あと、何年も離れて暮らして、うまくいっている夫婦も少ないよ。海外では仕事の後は、家でご飯を食べて寝るだけだけど、ベトナムでは家で家事をしたり、子供の面倒をみたりしないといけないから。他にも結婚式だ、親族の集まりだってあれこれ面倒なことも多いし。海外に行くと、皆、そうしたことが全部面倒臭くなってしまうのかな……。


農村の工業化や海外での就労は、仕事や収入、家屋といった目に見える面だけでなく、人々の価値観や生活習慣、家族関係など目に見えない面にも大きな影響を及ぼしている。こうした変化の結果は、今後、徐々に社会の中で目に見える形になって現れることだろう。

どのように考えたらよいのかはまだわからないが、ベトナム政府が推進する工業化も、外国からの人手で国内の労働力不足を解消しようとする日本の政策も、少なくともその社会に生きる人々の幸せを最優先に考えて採られた方策ではない。そのことを認識して、今、私たちが暮らす社会で何が起こっているのかを知ろうと努め、少しでもよい生きる道を探ること。そこからはじめるしかないと考えている。

参考文献

新美達也、二〇一三、「ベトナムの工業団地開発と農村非農業就労機会の増加」坂田正三編『高度経済成長下のベトナム農業・農村の発展』アジア経済研究所

第6章　日常のなかの移住労働

タイ人技能実習生を中心に

崔博憲

1　あれから二五年

二〇一九年七月一三日に放送されたＮＨＫスペシャル「夢をつかみにきたけれど～ルポ・外国人労働者一五〇万人時代」は、現在の日本の底辺労働を支えているベトナム人の過酷な実態を描いていた。近年、急増しているベトナム人労働者の八割以上を占めているのが留学生と技能実習生であるが、留学や実習という在留目的からかけ離れた状況に置かれている者が少なくない。アジアの若者を「カネのつる」としか考えていない日本語学校の学費を払うためのアルバイトに追われ疲弊する留学生。暴力や暴言に耐え、最低賃金をはるかに下回る賃金で長時間労働を強いられる技能実習生。番組は、こうした境遇にあるベトナム人のなかには学校や職場から失踪して、来日のために背負った借金の返済や家族への仕送りをするために危険な仕事を引き受けて命を落とす者、失望して自ら命を絶つ者がいると伝えている。

この番組を観て、わたしはＮＨＫスペシャルの取材班が四半世紀前に同じように日本で命を落とした外国人労働者を描いた「無言の帰郷～タイ出稼ぎ村からの報告」（一九九四年九月四日放送）を思い出した。それは、貧しさから抜け出すために密航した「黄金の国」日本で命を落としたタイ人青年二人に焦点をあて、当時の外国人労働者が日本を目指す背景を描いたものである。一人はバブル景気が終わった日本で仕事を見つけることができず、失意のなか自殺。もう一人は病に襲われ、非正規滞在だったため適切な治療を受けられずに病死。タイの若者が日本に渡るために背負った年収の何十倍にも相当する借金、息子や弟が「無言の帰郷」をした後も借金に苦しみ続ける家族の姿を映しながら、タイの農村と日本の非対称な関係を伝えていた。★1

いま、この関係はどうなっているのだろうか。

タイの農村から日本に働きに来るという人の流れは継続しており、その関係はいぜんとして非対称なものであり続けている。しかし、それは二五年前のＮＨＫスペシャルが描いたものと同じではない。タイの農村もまた変化のなかにあり、そこから見える日本の姿も大きく変容している。

一方、日本社会の方は、近年、移民や外国人労働者の受け入れを急拡大させているが、彼／彼女たちがなぜ、そしてどのようにやって来ているのか、彼／彼女たちを送り出す社会がいかなる変化のなかにあるのかといったことへの関心は低い。外国人労働者や移民の受け入れに関する議論は確かに増えてはいるが、そこでは受け入れる「こちら側」の都合ばかりが強調され、「向う側」の変化や事情に想像力を働かせることは少ない。

この章では、こうした認識を前提に、現代日本で働くタイ人技能実習生に注目して、その実態を明らかにしたい。具体的には、日本における受け入れの実態やタイの社会変化を確認しながら、いま「向う側」から日本にどのようなまなざしが向けられているのかを考える。

2　安い労働力

●研修生——一九八〇年代後半〜二〇〇〇年代

公的には戦後日本は一貫して外国から移民や単純労働者を受け入れないという立場をとり続

★1　「無言の帰郷」については、〔崔、二〇一八〕でも論じた。

けてきたが、実際にはさまざまな経路で国境の向こう側から労働力を移入してきた。とくに一九八〇年代後半以降は、国際貢献や祖国との交流を謳って研修・技能実習生や日系人を安価で都合のよい労働力として積極的に受け入れてきた。以下では、こうした文脈で日本で働いた／働くタイ人技能実習生の受け入れ実態について確認していくが、まずは技能実習生の原型である研修生の受け入れからみていこう。

一九八〇年代後半～九〇年代前半、人手不足の日本で働いていたタイ人のほとんどは在留や就労の資格を持たない非正規滞在者であったが、[★2]同時期タイに子会社や工場をもつ日本企業を中心に合法的にタイ人を研修生として受け入れる動きも進められた。[★3]ただし、その受け入れの多くは「研修生＝安い労働力」という認識で行われていた。一九八八年一〇月二日の朝日新聞は、栃木県の板金工場で働くタイ人研修生について伝えている。「研修手当（賃金）は一日二〇〇〇円程度で、日本人の三分の一か四分の一の低賃金。その中から、仲介業者に払った三―五万バーツ（一五―二五万円）の借金を返し、家族に仕送りしなければならない人がほとんどという」。低賃金、仲介業者へ支払った借金の返済、家族への仕送り等は、現在の技能実習生にも引き継がれている特徴である。

一九九〇年以降、外国人研修生の受け入れ要件が大幅に緩和されたことで、規模が小さな零細企業や家族経営の農家でも受け入れが可能となる。それは、アジア出身の単身の若者が人手不足に悩む国内各地の労働現場の担い手となっていく契機となったのだが、同時に研修制度が生み出す労働問題を日本の隅々にまで拡大させることにもつながった。

在日外国人との共生を目指す熊本の市民グループが一九九七年に発行したニュースレターで、地元の農業団体によるタイ人研修生のずさんな受け入れ実態を告発している。それによれば、研修の未実施、長時間労働、休日が不明といった状態が蔓延していたとある。農業団体はタイ人研修生に「この事業はあくまでも研修であって、労働力として見てはいない」と言いながらも、農作業の「時間が長くなるのは今忙しい時期だから仕方がない。雨の日が仕事にならないので、それを週一度の休みと考えている」「途中で帰国するなら四八万円払わないといけない」等と受け入れ側の要求や都合を一方的に押し付けていたという〔中田、一九九七〕。

★2　例えば一九九三年、滞日していたタイ人の総数は約七万人程度と推計されるが、そのうち八割程が超過滞在者や密航者等の非正規滞在者であったと考えられる。法務省「登録外国人統計」「本邦における不法残留者数について」参照。

★3　研修期間が一年未満であった一九八八年、タイ人研修生の受け入れは四七〇八人を数え、国籍別で最多であった。『国際人流』一九八九年六月号、一二五頁。

低賃金労働者として外国人研修制度を活用したのは、人手不足に悩む中小企業や農家だけではなかった。一九九三年一二月、バンコクのあるＮＧＯの事務所で出会った大手食品加工会社で通訳をしていたという日本人女性は、「タイ工場の労働者が日本の工場に研修生として送られ日本人と同じ仕事をするが、手当は一日一〇〇〇円程。日本人が帰った後さらに二～三時間残業をしてやっと二〇〇〇円を超える程度だった」と受け入れの実態を申し訳なさそうに教えてくれた。会社からタイ人研修生の不満を受け止め、失踪しないよう監視する役割を負わされていた彼女は、その仕事を長く続けることができなかったという。

このようなタイ人研修生の受け入れを可能にしていたのは、日本との大きな経済格差とタイにおける日本のプレゼンスの高さであった。二〇〇〇年代に入ると、それらは縮小、低下していくが、それでもタイの農村には研修生として先進国日本に行くことに特別な価値を見出そうとする若者はいた。

二〇〇八～〇九年に埼玉県の造園会社で研修生として働いたタイ東北部の農村出身の男性（二八歳）は、研修中毎日社長から怒鳴られたり頭を叩かれたりしたせいで、社長の声やちょっとした動作に反応して身体が硬直するようになってしまったという。だが、彼は、自分は酷い社長で運がなかったと嘆きながらも、「選ばれて日本に行って働いた経験を否定的にとらえたくない。同じ社長でさえなければ手当は月四万円のままでもいいので、もう一度日本に働きに

行きたい」と語っていた。[★4]

いま、彼のような思いを抱いて日本にやって来ているタイ人はどれほどいるだろうか。

●技能実習生——二〇一〇年代〜

二〇一〇年の入管法改正により制度の軸が研修から技能実習になり、曖昧だった研修生の労働者性が明確化されたことで、最低賃金を大幅に下回る手当や残業代の不払いといった問題はいくらか改善されたが、アジアの若者を安価で都合のよい労働力として日本に移入する制度の本質が変わることはなかった。

二〇〇〇年代に中国人研修生が、二〇一〇年代にベトナム人技能実習生がそれぞれ万単位で急増していくが、タイ人研修生・技能実習生についてはそうした大きな変動はなく、これまで年に二〇〇〇〜四〇〇〇人程度のペースで新規の受け入れが続いてきた。ただし、近年はタイ人技能実習生の新規来日者数は増加傾向にあり、現在ではタイ人技能実習生の総数は一万人を

★4　二〇一〇年八月二七日にタイのサコナコン県で行った聞き取り。この人物については〔崔、二〇一二〕でやや詳しく論じた。

超えるまでに増えている。★5

では、タイ人技能実習生たちはどのように日本にやって来て、どういった状況や条件の下で働いているのだろうか。

労働政策研究・研修機構が帰国した技能実習生を対象に行った調査報告書『帰国技能実習生フォローアップ調査――二〇一四年度アンケート・インタビュー調査結果』には、二〇一一年から三年間日本で働いたタイ人六人へのインタビューがまとめられている（労働政策研究・研修機構、二〇一六）。それによれば、六人のうち五人は、渡航費や保証金等の本人負担はなく、日本では一〇〇人～一四〇〇人規模の自動車部品・機械・金属関係の工場で実習したとある。また、調査報告書にはその五人の技能実習制度を肯定するコメントが記されている。

しかし、来日のための経済的負担がなく、ある程度の規模の職場で働き、技能実習制度を肯定するその五人はタイ人技能実習生の平均あるいは典型とはいえない。この調査報告書のなかでは六人中五人を占めているが、タイ人技能実習生全体からすればその五人のような契約や条件の技能実習生は少ない。ただ、この調査報告書には、一人だけであるがタイ人技能実習生の平均、典型といえる人物のインタビューがまとめられているので、その要旨に沿って確認していこう。

Wさん（二五歳・女性）は、高校を卒業してコンピューター部品製造工場で一年ほど働いた後、日本語を学んでいたとき「日本の会社」に選ばれて二〇一一年一〇月から約三年間、技能実習生として四国の農家で働いた。来日するためのビザ手続き、渡航費、健康診断、保証金等の費用三〇万バーツは借金をして工面した。日本では工場で働くと聞いていたが、来日して一カ月間の日本語研修終了後、説明もなく初めて技能実習生を受け入れるという四国の家族経営の農家で働くことになる。誰にも相談することもできず、また保証金を預けていたため、帰国したかったが我慢して働くしかなかった。忙しいときは朝五時から夜一〇時過ぎまでほとんど休みなく働いた。賃金は多い時で一八～一九万円、少ない時で一二万円ほどだった。給料からは毎月、住居費、光熱費、税金、社会保険料として五万円くらい引かれた。生活費を除いた残額から毎月三万バーツくらい送金し、他にも三年で二〇万バーツくらい貯金をした。帰国後に返還されると聞いていた保証金は、帰国してから五カ月経っても返還されていない。なお、Wさんはアンケートに応じた六人のなかで一人だけ技能実習制度を評価するコメントを残していない。

事前説明とは異なる業種に突然送り込まれるという点以外は、Wさんの送り出し機関との契約や日本での労働事情は、タイ人技能実習生にとっては一般的なものだといえる。

★５　法務省「登録外国人統計」「在留外国人統計」参照。

通常、タイ人が技能実習生として日本に働きに行くためには、民間の送り出し機関に仲介手数料や数カ月分の日本語講習の費用を支払わなければならない。契約条件によってはそれらが不要になる場合もあるが、全体からすればそうした送り出しは少ない[★6]。仲介手数料の額は送り出し機関ごとに違うが、安くても十数万バーツ、高い場合は二十数万バーツで、バンコク近郊の送り出し機関よりも地方の送り出し機関の方が安い。日本語講習の費用も送り出し機関ごとに違うが大体二～三万バーツが相場で、受講期間は短ければ三～四カ月、長ければ一年程である。また、失踪や途中帰国を防ぐために保証金や土地の権利証の預託を強制する送り出し機関もある。そもそも、そうしたことは制度上認められていないうえに、その処理や扱いに関しては不明瞭なことも多く、帰国後トラブルになることも少なくない。仲介手数料等を払うために、ほとんどのタイ人技能実習生は銀行や親族から借金をしているため、来日してからしばらくは給料の大半をその返済に充てることになる。

タイ人技能実習生の働く職場は自動車部品や機械・金属関係の工場、水産加工場、冷凍食品工場、農場、畜産場等である。それらのなかには従業員が数百～千人規模の職場もあるが、Wさんのように家族と技能実習生だけという農家や従業員が一〇人未満の小さな企業が多い[★7]。給料については、受け入れ企業や農家の規模にかかわらず大半は最低賃金に準じた額である。実際の手取り額は、残業の多少や天引きされる住居費や水光熱費等によって違ってくるが、残業がかなり多くても月に二〇万円前後で、残業がほとんどない場合は手取りが一〇万円以下ということも少なくない。残業が少ない職種や職場の場合、かなり節約してもここでとりあげたWさんほど送金や貯金することは難しいだろう。来日後に突然、農家で実習させられることになったWさんは当初は帰国を望んでいたようだが、彼女は食事をとれないほどの忙しさに耐えて三年間働き続けた。それは、ある程度の送金や貯金が可能だったからということもあったはずだ。いずれにしても技能実習生にとっては、残業の多さよりもその少なさが不満となることも多い。

★6　タイ労働省との協定の下で受け入れを行う公益財団法人国際人材育成機構（アイム・ジャパン）は、技能実習生の負担がないが、その受け入れは全体の一割程度である。また、「企業単独型」での受け入れも本人負担がない場合が多い。そのような受け入れはタイ人技能実習生全体からすればせいぜい二割程度だろう。

★7　国際協力研究機構（JITCO）によれば、ここでとりあげた『調査』の聞き取り対象者が帰国した二〇一四年、同機構が支援する技能実習生を受け入れた企業の三分の二が従業員一～一九人規模で、五〇人未満まで規模を広げるとその割合は八割を超えている。その後もこうした受け入れの企業や農家の大半が小規模であるという傾向は変化していない。

３　日本で働くとは

●あれだけ働いて一〇万円は安い――技能実習生の声

次に、わたし自身がタイで聞き取った技能実習生や送り出す側の声をとりあげて、いま彼／彼女たちが日本や日本で働くことをどのようにとらえているのかを確認したい。まずは二〇一五年六月から三年間、九州の農家で技能実習生として働いたタイ北部出身のＰさん（女性・二六歳）をとりあげよう。

政府の教育ローンを借りて地元の大学を卒業した後、バンコク近郊の工場で働いていましたが、恋人と相談して将来のために二人で日本に働きに行くことにしました。地元の送り出し機関で面接を受けて、一年近く日本語を学んだ後に日本に行き、九州のトマト農家で二〇一五年から三年間働きました。恋人は同じ時期に北関東にある自動車整備工場で働きました。送り出し機関へ支払う手数料と日本語講習の費用を合わせて一人一五万バーツほどで、借金をして払いました。

工場のような閉鎖的な空間で仕事をするよりも開放的な場所での仕事の方が自分に合っていると考えて農業の募集に応募しましたが、いま考えると、あの時はとにかく日本に行くことが重要だったので、農業以外の仕事だったとしても応募していたと思います。

日本に行こうと思ったのは、両親がいなかった私が中学高校でお世話になった生徒寮で出会ったボランティアの日本人が良い人たちだったというのが理由の一つです。でも、日本に働きに行って、日本人が良い人ばかりではないことがよく分かりました。考えてみれば当たり前のことですが。

日本に行って一年目は、「仕事が遅い」とか「もういらない」とか社長の娘に怒られ続けて、帰りたくて泣いていましたが、借金を返さないまま帰ることはできないと思って我慢しました。二年目になると怒られることも少なくなり、結局なんとか三年間働いて、少しのお金を貯めてタイに帰ってきました。

給料は、契約では月の基本給が一二万円で、そこから家賃や水光熱費として二万円ほど引かれました。一〇月から五月にかけては残業代が平均四～五万円になります。六～九月にかけては仕事が減って、月の基本給を六万円まで下げられました。お金を貯めるために日本に行っているのに、契約に書かれている基本給さえもらえなくなるとは思いませんでした。

トマト農家の仕事なのでハウスの中での作業が多かったです。冬は暖かくて良かったのですが、夏は暑くて大変でした。私が働いた農家がある程度機械化されていたこともありますが、そこでの農作業の経験をタイに持ち帰って生かすことはできないと思います。それに土壌もまったく違います。

二〇一八年にタイに戻り、日本から帰国した恋人と貯めたお金で何かしようと考えていましたが、二人合わせても一〇〇万バーツにもならなかったため、それだけでは何かを始めようとしても足りません。日本に行く前は、「月に一〇万円も稼ぐことができる」と思っていましたが、実際に日本に行って働いてみると、「あれだけ働いて一〇万円は安い」と思うようになりました。

タイでも昔の暮らしと違っていまは何でもお金がかかります。日本で先日新たに作られた外国人労働者を受け入れるための法律は、五年とか一〇年、日本で働くことができるようになると聞きました。恋人と子どもをつくる前に、二人で新しい法律の下、もう一度日本に行って働けないだろうかと話し合っています。もし本当に日本に再び行くことになったら、前に働いていた九州のトマト農家ではないほうがいいです。農業でもかまいません

ミニトマトを収穫するタイ人農業技能実習生（筆者撮影）

が、できれば時給の高い大きな都市の近くで働きたいです。[★8]

近年、タイでは大学進学率が五割を超えるまでになっているが、その背景には教育ローンを借りて大学に進学する地方出身者の増加がある。だが、大学を卒業しても、彼／彼女たちが学歴に見合うと思えるような収入の仕事はタイ国内には多くはない。そのため、農村や山地出身で地方大学を出た若者を中心に高い賃金を求めて国境を越える者が増えている。Pさんもそうした一人である。以前はタイ人技能実習生のなかで大卒者は少なかったが、最近では珍しい存在ではない。

ただし、「日本に行く前は、「月に一〇万円も稼ぐことができる」と思っていましたが、実際に日本に行って働いてみると、「あれだけ働いて一〇万円は安い」と思うようになりました」とPさんが言っているように、高い賃金を求めて日本に来て働くタイ人たちは、もはや日本の賃金をそれほど高いとは感じなくなりつつある。もちろんタイの賃金や物価の上昇もあるが、日本で働くことの厳しさや危うさをも考えれば、ということでもあるだろう。

★8　二〇一九年三月四日にタイのチェンライ県で行った聞き取り。

技能実習生として実際に日本で働いたことで、多くのタイ人たちは、制度が掲げる先進的な技能や技術の移転という目的が絵空事であり[★9]、自分たちの労働が日本社会のなかでもっとも底辺に位置付けられていることを実感する。またWさんのように事前には聞いていなかった農業を突然することになったり、Pさんのように「もういらない」と言われたり、農閑期だからといって契約した基本給を勝手に減額されたりしても、借金や保証金がある彼／彼女たちが契約の履行を求めたり権利を主張したりすることは簡単ではない。また、WさんとPさんの送金や貯金の額を比べるとわかるように、技能実習生として日本に来たとしても職場や景気、為替[★10]によって収入は大きく変わってくる。こうしたことを経験したタイ人技能実習生たちにとっては、日本は必ずしも高いと思えるような賃金を得られる出稼ぎ先ではなくなっている。

だが、それでも、何でもお金のかかるようになったタイを生き抜こうとPさんは「新しい法律」の下、再び日本に働きに行くことを考えていた。「新しい法律」とは、二〇一八年一二月八日に成立した「出入国管理及び難民認定法及び法務省設置法の一部を改正する法律」であり、具体的には在留資格「特定技能」のことである。それは、戦後日本が労働市場の需給バランスに応じて労働者として外国人を受け入れるためにつくった初めての法律、在留資格であるが、実質的には、これまで研修制度や技能実習制度を通じて周縁労働力として受け入れてきたアジアの若者をさらにフレキシブルに、そして長期にわたって受け入れようとするためのものである。

★9　あるタイの送り出し機関の担当者は、日本の「優秀」な農家で実習することで必ず夢や希望を実現できると技能実習生候補として日本語を学ぶタイ人の若者に説いていたが、そこが技能実習生を送り出している日本の「優秀」な農家を訪問した際に出会ったタイ人の若者は「給料はとても安く毎日単純作業の繰り返しで何も学んでいないが、実習生なのだから黙って言うことを聞けと言われている」と言っていた。単純労働力の受け入れに他ならない技能実習制度に特別な価値があるかのようにみせかける動きは、技能実習生の労働者としての権利を制限することにつながりかねない。わたしの知る限り、技能実習制度の目的や意義を講釈するような受け入れ企業や農家の方が、技能実習生を労働者として扱っている受け入れ企業や農家よりも問題が多い。

★10　日本で得た賃金の多くを自国に送金したり持ち帰ったりする外国人技能実習生にとっては、為替は大きな関心事となっている。本論に関していえば、Ｗさんが日本に入国した二〇一一年一一月は一バーツ約二・五円であったが、Ｐさんが日本に入国した二〇一五年六月は一バーツ約三・七円であった。

●何事にもお金が必要な普通の暮らし――送り出す側の実態と視点

では、タイ人技能実習生はどのように送り出されているのだろうか。また、彼／彼女たちを送り出す側は日本や日本での労働をどのようにとらえているのだろうか。送り出す側の実態や視点をみていきたい。

先に述べたように、タイの若者を技能実習生として日本に送り出しているのは、ほぼ民間の送り出し機関である。現在（二〇二〇年四月）、国際人材協力機構（ＪＩＴＣＯ）が外国政府認定機関としているタイの送り出し機関は五九あり、一〇年程で約三倍になっている。国境を越えて働きに行こうとするタイ人の増加と人手不足が深刻な日本での受け入れ拡大という流れのなかで、一九七〇、八〇年代から中東や台湾へ労働者を送り出してきた老舗の機関が日本への送り出しに特化した別機関をつくったり、日本側からの働きかけによって新たな機関が設立されたりするなどして増加が続いている。現在、民間からの送り出しが可能な国々のなかで、技能実習生からは多額の手数料を、日本の受け入れ企業からは管理費を徴収できる日本への送り出しは大きな利益が見込める事業だと考えられている。

技能実習生の募集活動は、これまで多くの出稼ぎ労働者を国内外に送り出してきているタイでもっとも貧しい東北部と次に貧しい北部で主に行われている。日本で働くタイ人技能実習生も、大半は東北部出身者で残りがほぼ北部出身者という構成になっている。

募集の方法については、大きくは送り出し機関が直接行うものと仲介者を通じて行われるものに分けられる。前者は、以前に台湾やシンガポール等に送り出した労働者、職業訓練校や工業・農業系の教育機関の学生等に対して募集活動を行っている。最近ではＳＮＳも活用されている。通常、送り出し機関が直接行う募集活動では紹介料や手数料といった金銭の発生はないとされているが、元研修生・技能実習生が親類や知人を紹介したり、教員が学生に応募を薦めたりすることに対して謝礼が支払われることもあるようだ。

送り出し機関がブローカーを介して技能実習生を募集することは認められていないが、タイ語で線や筋を意味するサーイと呼ばれる、地域に密着して活動する仲介者を活用する送り出し機関も少なくない。サーイは移住労働者と送り出し機関を仲介する個人や業者を総称する呼称となっており、ブローカーとほぼ同様の意味合いで使われることもある。また、サーイは募集活動以外にも銀行や親族から仲介手数料の借金が難しい技能実習生に金を貸したり、保証人を引き受けたりすることもある。送り出し機関との契約によって異なるが、技能実習生を仲介する場合、サーイは日本行きを希望する人物の経歴や家族構成、資産、日本との関係などを事前に調べ、送り出しに問題がないかを確認することが求められるため、個々の技能実習生についてかなり詳しい情報をもっている。

ここでは、東北部で手広くサーイとして活動してきたＢさん（四六歳・女性）の目に映った最近のタイ人技能実習生をとりあげたい。Ｂさんは大学を卒業後、すぐにサーイの仕事をはじめ、台湾やイスラエル、シンガポール、ブルネイ等を目指す労働者の仲介をしていたが、直近の一〇年間は日本で働く研修生・技能実習生の仲介を専門にするようになり、これまで約一二〇〇人の若者を日本に送り出してきた。なお、仲介した技能実習生が実際に日本で働くことになれば一人あたり三万バーツの報酬がＢさんに支払われるという。

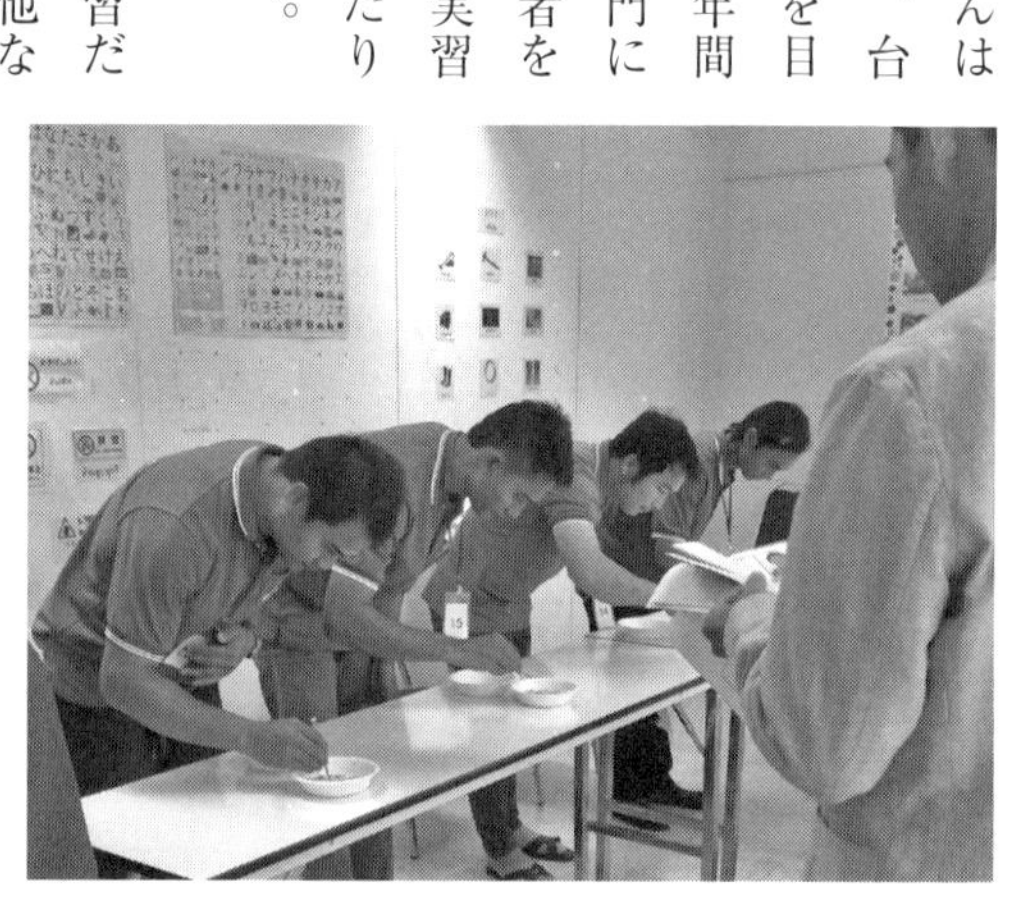
タイ人技能実習生の選抜の様子（手先の器用さのテスト）（筆者撮影）

外国人技能実習制度は労働ではなく実習だと強調されていますが、実際には労働に他ならないことは誰でも知っています。進んだ技術や技能を学びたいという理由だけで日本に行く人はいません。日本に行くための面接では、みんな「お金のためだけではない」「好きな日本で経験を積みたい」と言ってアピールします。それはまったくの嘘とはいえませんが、日本に行くのは何よりもお金を稼ぐためです。職種についても、どうしても日本で

○○の仕事がしたいという人もまずいません。馴染みのない仕事であれば躊躇しますが、大事なのは日本に行くことで、職種は二の次です。

日本に行く人は、技能実習生として三年間働けば帰国後の暮らしがとても良くなると思って日本に行きます。実際、頑張って借金を返して、節約して貯めたお金で帰国後に家を新築したり、商売を始めたりして生活が向上する人もいますが、みんながそういうわけではありません。とくに最近はタイの物価もあがっていますし、普通の暮らしでも何事にもお金が必要になっているので、日本に出稼ぎに行ったからといって目に見えて生活レベルが良くなる人は減っています。それでも東北の田舎で、大卒の公務員並みの月に一万五〇〇〇とか二万バーツの安定した仕事を見つけるのは難しいので、大勢が外国へ出稼ぎに行っています。バンコクやその近郊の工場でも残業が多ければそれくらい稼ぐことができますが、日本や韓国、イスラエルでは条件がよければそれ以上稼ぐことができます。

日本での仕事や残業の多少によって、送金額や帰国時に持ち帰ってくるお金の額は違ってきますが、最近は、ある程度稼いだ人でも三年間で六〇～七〇万バーツ貯めるのがせいぜいだと思います。また、いまの若者は日本でお金を使ってしまう人も多く、三年間働いても二〇～三〇万バーツしか貯められなかったということも珍しくありません。以前は、日本ではできるだけお金を使わなかったのですが、ずいぶんと変わってきています。

日本から帰って来た人は、最初のうちは「もう日本は飽きた」とか「日本でこき使われるのはもう御免だ」と言っているのですが、日本で貯めたお金が予想以上に早く減ってくると、もう一度日本に行きたいと相談に来る人もいます。日本が好きだからというよりもお金のためにまた日本に行きたいのです。再び技能実習生として日本を目指す人もいますが、それは難しいので、そういった人は韓国やイスラエル、台湾等、別な国に行きます。先日は、日本から帰国した元技能実習生が今度はポルトガルで農業労働者になると挨拶に来ました。[★11]

「大事なのは日本に行くことで、職種は二の次」「普通の暮らしでも何事にもお金が必要」「ある程度稼いだ人でも三年間で六〇～七〇万バーツ貯めるのがせいぜい」など、先ほどとりあげたＰさんの言葉と重なる。

またＰさんは、日本は安いと言いながらも再び日本で働くことを考えていたが、ここでＢさんも、もう日本は「飽きた」「御免だ」と言う元技能実習生が、もう一度日本に行きたいと相談に来ると述べている。技能実習生として働いたタイの若者のこうした日本に対する見方や行動は、彼／彼女たちの日本に対する本音と、何事にもお金が必要になったタイを生きる彼／彼女たち自身のあり方を反映している。そして、同時にそのような見方と行動はタイの日本に対するまなざしと態度を象徴しているのかもしれない。

４　開発から市場へ、貧困から消費へ、農民から移住労働者へ

では、このような技能実習生たちを日本に送り出すタイ社会は、どのような変化のなかにあるのだろうか。

わたしがタイの農村や山地に暮らす人びとと出会って三〇年近く経つが、その年月を振り返って大きな変化の一つだと感じているのは、「開発（พัฒนา）」という言葉を近年あまり聞かなくなったということである。

冷戦期、インドシナ半島における西側陣営の砦であったタイの農村や山地では、「開発」こそが貧しさから抜け出し、社会問題を克服するための解であるとされていた。冷戦の終結とともに、そうした開発を優先させる考え方は徐々に後退していくが、一九九〇年代以降も自由経済の恩恵をなかなか享受できない地方の農民や山地に暮らす少数民族の貧困問題、経済発展を

★11　二〇一八年三月二日にタイのコンケーン県で行った聞き取り。

めぐっては、政府もＮＧＯも、そして当事者たちも「開発」の必要を強く訴え続けていた。わたしが、懸命に「開発」を生きるタイの農民や山地民と出会ったのは、そんな時だった。

その後、アジア通貨危機、企業のように国家を経営しようとした首相の登場、富の分配をめぐる鋭い対立と深い分断、軍事政権の長期化といったなかで、タイの農村や山地で「開発」という言葉を耳にすることは減っていった。その代わり農民や山地民の口からよく聞くようになったのは「市場（ตลาด）」である。少しでもマシな暮らしを摑もうと、かつて熱心に「開発」を求めていた農民や山地民たちは、「市場」のなかでいかに生き残れるのかを熱心に語るようになった。彼／彼女たちは、いま懸命に「市場」を生きているのである。もちろん、その「市場」は自由で公正ではまったくないのだが。

「開発」から「市場」へと言葉が置き換わっただけではない。それは、貧しい農村や山地への消費財の大量流入、共同体内の相互扶助の弱まり、農民や山地民が生存を維持するために利用してきた自然資源の減少・私有化といった具体的な変化と連動していた。そして、その変化によって農村や山地は急速に、そして深く市場経済に依存させられ、農民や山地民たちの暮らしの中心には消費が位置付けられていった。

末廣昭は、二〇〇九年に大型スーパーやコンビニエンスストアの地方進出等を例示しながら、タイでももっとも貧しい東北部でも消費が拡大していると指摘している（末廣、二〇〇九、一〇二―一〇八頁〕。それからすでに一〇年余り経つが、グローバル資本との連携を強化した大型スーパーやコンビニエンスストアは店舗数をさらに何倍も増やし、いまでは東北部やその次に貧しい北部の田舎町でも、それらは人びとの暮らしに完全に溶け込んでいる。

その風景は貧しかった農村や山地が豊かで便利になったことを意味するかもしれないが、その風景のなかで、つまり「昔と違って何でもお金がかかる」（Pさん）、「普通の暮らしでも何事にもお金が必要（な）」（Bさん）社会のなかで、農民や山地民たちは、いっそう消費者になり、いっそう労働者になっている。そして彼／彼女たちは、「欲望と所得のギャップ」を埋めるために国境を越えていくのだ。

アジアの消費社会への移行は、富裕層に限定されるものではない。疑似的であれ、これまでとは異なるライフスタイルを求める消費文化は、農村居住者や都市底辺層を含めた広範な人びとにまで浸透してきた。……消費文化への憧れ、欲望と所得のギャップは、彼ら・彼女らを大都市へ、そして欧米諸国へと駆りたてるのである。〔伊豫谷、二〇一三、二三五頁〕

近年、タイの農村や山地から国境を越える移住労働者が増加しているが、その背景にはこのような社会変化がある。いま、彼／彼女たちが欧米諸国以上に移住労働先として向かっているのが、台湾、日本、イスラエル、韓国といった国々である。タイ労働省の統計によれば二〇一九年、正式な手続きを経て、台湾に一万九二四一人、日本に七六五三人（技能実習生以外も含め）、イスラエルに六〇五九人、韓国に五三八一人が労働者として渡ったとある。[★12] 正式な手続きをせずに労働をする者を含めると実数はさらに多いだろう。とくに近年は就労資格がないまま韓国で働くタイ人が劇的に増えている。二〇一八年、韓国に在留するタイ人は二〇万人近くまで増加し、そのうちの約三分の二が非正規に就労する者だとされている。[★13] また日本でも二〇一三年にタイ人の短期滞在の訪日ビザの免除措置が開始されて以降、タイ人の「不法残留者」は増加に転じ、二〇一九年七月には八〇四〇人となっているが、そのほとんどは仕事を求めてやって来た人びとだろう。[★14]

これまでタイは、一九七〇年代に中東の産油国に労働者を送り出して以来、多くの国々へ労働者を送り出し続けてきていた。ただし、半世紀にわたる移住労働の要因をもはや貧困という一言だけで片づけることはできない。かつて中東諸国の建設現場で働いた東北部の男たちの故郷には絶対的とも言える貧困があった。しかし、近年、韓国、日本、イスラエル、台湾等へと働きに行く農村や山地出身の若者たちが抱えているのは、それとは別の困難と希望である。

5　いま、タイから日本はどのように見えているのか

冒頭で触れた四半世紀前の「ＮＨＫスペシャル」が描いたコンテナ船に乗って日本へ密航したタイの農村の若者にとって、その航海は「黄金の国」への道のりのように思えたかもしれない。もちろん日本は決して「黄金の国」などではなかったのだが、そのような幻想を抱かせるほど、当時タイの農村から見える日本は輝いていた。

日本を輝かせていたのは、大きな経済格差とタイにおける日本の圧倒的なプレゼンスであった。その後、それらは縮小・低下していくが、それでもタイの農村ではしばらくの間、先進国

★12　Overseas Employment Administration Division, Department of Employment, Ministry of Labor, Kingdom of Thailand, Jan 2020.

★13　*THE NATION*, 2 Nov 2018, "More than 10,000 Thais deported from South Korea for overstaying their visa".

★14　法務省「本邦における不法残留者数について」。なお、技能実習生の送り出し国で短期滞在の訪日ビザの免除対象国はタイとインドネシアの二カ国のみで、タイはインドネシアよりも訪日の条件が緩い。こうした関係性は、現在の日本とタイのそれぞれの社会のあり方を映し出している。

日本は見上げる場所にあり続けた。それゆえ、日本人よりはるかに安い手当や賃金であっても、日本人のやりたがらない仕事であっても、それに価値を見出そうとするタイの若者がいた。

だが、タイで圧倒的な高値がついていた日本というブランドは、いまでは大衆化され、消費者となった人びとの手に届くようになっている。もはやタイにおいては、日本は見上げるほどの先進国ではない。

では、こうした変化のなかで、技能実習生のような日本を見上げることが制度化された仕組みを通じてやって来るタイ人が減ったのかいえば、そうではない。むしろ増加傾向にある。

それは、タイの農村が急速に、そして深く市場経済に依存させられ、そこに暮らす人びとが、いっそう消費者と労働者とならざるをえなくなったからである。言い換えれば、いま日本で働いている、働こうと考えているタイの農村の若者たちは、日本が見上げるような先進国であるから目指すのではなく、消費社会化されたタイで拡大し続ける「欲望と所得のギャップ」を埋めるために日本にやって来ているのである。それゆえ、彼／彼女たちは、それほど高い賃金が稼げるわけではないと思いながらも日本にやって来て、日本人のやりたがらない仕事をしているのである。タイの農村から技能実習生としてやって来たある若者は「自分が日本でやった仕事は、タイではミャンマー人、カンボジア人がやるような仕事だった」と言ってタイに帰って行った。タイでは四〇〇万人とも五〇〇万人ともいわれる外国人労働者が底辺労働の担い手となっている。タイの若者たちが、自国でミャンマー人、カンボジア人、あるいはラオス人たちが担っている仕事を進んですることはない。彼／彼女たちがその仕事をしても彼／彼女たちの「欲望と所得のギャップ」を埋めることはできないからだ。

では、なぜ日本を目指すのか。それも人によっては繰り返し、目指すのか。

近年、技能実習生として日本を目指すタイ人の若者たちは、当然日本に好感をもっている者がほとんどだが、「好きな日本だから」という理由で国境を越えている者ばかりではない。バブル期に「日本にさえ行ければ」と言って多くのタイ人が年収の何十倍もの借金をして日本を目指したが、最近の技能実習生たちは、家族や知人が元技能実習生であった、送り出し機関のリクルーターが村に来た、学校の教員に勧められたといったものがきっかけになっている場合が多く、そこには「日本にさえ行ければ」というほどの思いはない。

いま、彼／彼女たちにとって、日本は「欲望と所得のギャップ」を埋めることができそうな移住労働先の一つに過ぎない。実際、年収の二〜三倍程度の仲介手数料が必要で数カ月の日本語講習を受講しなければならない金と時間のかかる日本以外の国々に向かうタイ人も少なくない。賃金水準からみても日本は、これまでタイ人労働者がもっとも多く渡った台湾よりは高額だが、イスラエルや韓国とはほぼ同水準で、職場や職種、地域、為替等によっては日本の方が安くなることも珍しくない。また、最近ではベリーを収穫する季節労働者（berry picker）としてスウェーデンやフィンランドへ、語学留学生として学びながら就労するためにオーストラリアへ、あるいは永住を視野に農業移民としてポルトガルへ、とタイの農村や山地から若者たちがさまざまな形で国境を越えて世界中へ広がっている。いずれの仕事も現地の人がやりたがらない仕事がほとんどで、さまざまな問題も起きているが[★15]、周縁労働力をめぐってグローバルな争奪戦が展開されている現在、彼／彼女たちの移住労働の候補地は増え続けている。

元技能実習生が再び日本を目指す事例をとりあげたが、それをもって日本はいぜんとして「選ばれる国」だと考えるのは早計である。みてきたように、彼／彼女たちは日本を喜んで選んでいるわけではない。もちろん日本で有意義な労働経験をして、望ましい人間関係をつくった者もいるだろう。だが、日本以外の国へ移住労働をするために必要な新たな投資を抑えたい、新たな社会環境への適合を面倒等と考える者は多い。実は、彼／彼女たちからすれば、重要なのは「日本」以上に「再び」という点である。「欲望と所得のギャップ」を埋めようと国境を一度越えた者たちの多くは、帰国後、いぜんとして埋まっていないギャップを埋めようと再び国境を越えようとするのだ。

６　日常のなかの移住労働

いま、タイの農村や山地の若者たちにとって、国境を越えた移住労働はもはや特別なものではなく、日常の一部になりつつある。そして、それは彼／彼女たちの日常を維持するためにこそ実践されている。ただし、彼／彼女たちはそのような日常に従属しているだけの存在ではない。そのような日常を作り出す大きな力と粘り強く交渉し、自分の未来とその日常を変えようとしている一人ひとりである。

一方、彼／彼女たちのような外国人労働者を受け入れる日本は、もはや彼／彼女たちなしに日常を維持することはできなくなっている。にもかかわらず、彼／彼女たちがどのような変化のなかを生きているのかということへの想像力は乏しいままである。

★15　イスラエルや韓国でのタイ人労働者の苦境については、たとえば次のような報道がある。BBC, 23 Nov 2018, "Thai labourers in Israel tell of harrowing conditions". https://www.bbc.com/news/av/world-middle-east-46311922（二〇二〇年四月一日閲覧）Bangkok Post, 29 Sep 2019, "Plight of 'little ghosts' in South Korea". https://www.bangkokpost.com/thailand/special-reports/1760634/plight-of-little-ghosts（二〇二〇年四月一日閲覧）

参考文献

伊豫谷登志翁、二〇一三、「グローバル空間としての「アジア」と人の移動」『移動という経験――日本における「移民」研究の課題』有信堂

中田裕子、一九九七、「熊本のタイ人農業研修生問題について――彼らは、研修に来たのであって、働きに来たのではありません」『コムスタカ』第三七号

労働政策研究・研修機構編、二〇一六、『帰国技能実習生フォローアップ調査――二〇一四年度アンケート・インタビュー調査結果（ＪＩＬＰＴ調査シリーズ一四四）』労働政策研究・研修機構、二〇一六年五月。https://www.jil.go.jp/institute/research/2015/documents/0144.pdf（二〇二〇年四月一日取得）

崔博憲、二〇一二、「外国人労働者問題の根源を考えるためのノート――東南アジア出身の外国人研修生・技能実習生を中心に」池田光穂編『コンフリクトと移民―新しい研究の射程（コンフリクトの人類学２）』大阪大学出版会

――、二〇一八、「外国人として日本で働くということ」杉原達編『戦後日本の〈帝国〉経験――断裂し重なり合う歴史と対峙する』青弓社

末廣昭、二〇〇九、『タイ　中進国の模索』岩波書店

コラム 次はない？——フロンティアはいま

はじめて外国人労働者と接したのは、バブル景気が始まった年だった。高校生になったわたしは居酒屋でアルバイトを始めた。そこで働くことにしたのは、面接の際、用紙に名前と住所を記入するだけでよかったからだ。当時の履歴書には必ずあった本籍欄に、本当のことも本当ではないことも書きたくなかった在日のわたしは、履歴書を提出しなくてもよいアルバイトを探していた。

その居酒屋の洗い場ではバングラデシュ人のMさんが働いていた。「とりあえず新入りは洗い場の手伝いから始めるように」と指示されたわたしに、Mさんは食洗器の使い方のコツや洗った食器をどこにどうやって収納するかを身振り手振りで教えてくれた。程なくしてわたしは洗い場補助から他の持ち場に移動したが、Mさんが客席から死角になっている洗い場以外で働くことはなかった。あの時、わたしの時給はほぼ最低賃金だったが、Mさんの時給はそれよりも安かった。

戦後数十年間、この国で働き暮らす外国人のほとんどは在日韓国朝鮮人だった。それに当時、国境を越えてこの国にやって来ていたのは帝国日本の戦争や植民地とかかわりのある人たちが多かった。だが、一九八〇年代以降、経済大国となった日本を目指すグローバルな人の移動が始まり、在日外国人の増加と多様化が急速に進んでいく。Mさんもそうした流れに乗って日本にやって来た一人だった。

バブル期に日本に働きにやって来たMさんは法制度や労働市場の外側に置かれていたが、その後にやって来た外国人労働者の多くは一応法制度や労働市場の内側に組み込まれるようになった。ただし、彼／彼女たちが、この国に労働者として、住民として、人間として、まっとうに受け入れられるようになったとは言えない。その多くは、序列化された内側の底辺に労働力として居場所を与えられているに過ぎないのだから。

果たして、この国はいつまでそのようにして外国人を受け入れ続けることができるのだろうか。

この三〇年間、この国を下支えしてきたのは外国人労働者たちであった。とりわけ技能実習生は、誰よりも安い賃金で誰よりもキツイ仕事を担ってきた。経済成長が見込めず、少子高齢化が進むこの国では、日本人のやりたがらない仕事に耐える若い技能実習生はもっとも魅力的な労働力なのである。

一九九〇～二〇〇〇年代、技能実習生の大半は中国の若者だった。しかし、七、八年程前から は安価で厳しい仕事をするために海を越えてやって来る中国の若者は減少傾向にある。日本との賃金格差が縮小し、若年層の労働力不足が深刻化している中国では、技能実習生として日本へ働きに行くことを割に合わないと考える若者が増えている。かつて多くの中国の若者が日本人のやりたがらない仕事であっても自国での労働条件と比べれば割に合うと考えて日本にやって来たが、そのように考える中国の若者は少なくなっているのである。

中国人技能実習生が減り始めた頃から増加しているのがベトナム人技能実習生で、現在では技能実習生四二万人の半分以上を占めるまでになっている。技能実習生の供給元が、より経済的に貧しい方へと移り変わっているのである。国境を越える移住労働を単に経済格差や貧困という話だけに切り縮めることはできないが、アジアの人びとが技能実習生として国境を越えて日本に働きにやって来るのは、何よりも彼／彼女たちが貧しいからだ。そして、技能実習制度とは、その貧しさを動力としている制度なのである。

元ベトナム難民で、現在は技能実習生の支援をしている岡部文吾さんは、二〇一七年一二月にベトナム人技能実習生の帰国に付き添ったときのことを述べている。

「なぜ家族と離れてまで来日したのか」と尋ねると、彼は「それ以外に家族を養う方法がなかった」と声を震わせた。ベトナムにいる限り生きていくことができなかったのだ。制度に課題はあるが、貧困こそが一番の問題だ〔『毎日新聞』二〇一八年一二月二四日〕。

「彼」と同じように、多くの技能実習生は、日本に働きに来る「以外に家族を養う方法がなかった」と考えている。社会のあり方も貧しさの意味も大きく変わるなかで、彼／彼女たちは「それ以外の方法がなかった」と自分の選択を意味づけている。

技能実習生だけではない。現在、約八万人のベトナム人留学生が日本語学校、専門学校、大学で学んでいるが、その多くはコンビニや居酒屋、弁当工場等で働く労働者である。

このように多くのベトナム人の若者が今日の日本社会を支えているのだが、最近のベトナムでは技能実習生や留学生として日本へ送り出す若者をリクルートするのが徐々に難しくなってきているようだ。経済成長の果実が滴り落ちたことで国を出ずともなんとか家族を養えるようになった人もいるだろう。周縁労働力の需要が世界的に高まったことで日本以外の出稼ぎ先の選択肢も増えた。また、日本に興味を持った若者が、インターネット上でベトナム人の技能実習生や留学生が受け入れ企業もしくは日本語学校の酷い実態を告発しているのを目にすることもある。こうしたなかで、日本への出稼ぎや留学を躊躇したり考え直したりする若者も出始めているという。

「ベトナムの次」に安い賃金で日本人のやりたがらない仕事を担う人材の供給地として注目されているのが、人口が五〇〇〇万人を超え、若年層が多く、日本との賃金格差がベトナム以上に大きい「アジア最後のフロンティア」といわれているミャンマーである。

二〇一一年の民政移管、二〇一六年の文民政権の誕生は、自由と豊かさをもたらすと期待されていたが、実際には民主化も経済成長もなかなか進んでいない。そんな停滞感が漂うなかで、若者を中心に豊かさを求めて国外へ出稼ぎに行くミャンマー人が増加している。

現在、外国で働くミャンマー人は、合法的な手続きをしていない者を含めると四〇〇万人以上といわれている。もっとも多くのミャンマー人が働いているのが賃金格差が三倍以上ある隣国タイで、その数は三〇〇万人を超えるとされる。少子化が進み労働力不足が深刻なタイは、安い賃金でキツイ仕事を担う外国人労働者を受け入れなければ経済社会が成り立たなくなっているが、ミャンマー人労働者はその筆頭で、タイの労働力人口の一割近くを占めている。タイに次いで多いのが約四〇万人が働いているとされるマレーシアである。次が賃金格差が大きく、外国人労働者の受け入れを拡大させている韓国と日本で、以下シンガポール、中東諸国という順になっている。

近年、日本ではこうした豊かさを求めて国境を越えるミャンマー人に関心が高まっており、技能実習生や留学生としての受け入れが拡大し始めている。日本で働き暮らすミャンマー人はこの五年間で三倍の三万二〇〇〇人に増えているが、増加分の大半を占めているのは技能実習生と留学生である。中国やベトナムから技能実習生を受け入れてきた企業や農家、介護施設がミャンマーからの受け入れに切り替えたり、アルバイトをしながら学んでいる私費留学生が増えている。

熱心に日本留学の説明を聞くミャンマーの地方の若者（筆者撮影）

二〇二〇年二月、ミャンマーを訪問し、ヤンゴンにある技能実習生の送り出し機関で話を聞いた。送り出し機関の代表者や運営責任者らによれば、日本で働くミャンマー人労働者は今後も間違いなく増加していくという。この二、三年は日本からの求人が急増しており、とりわけ介護や建設業界からの求人や問い合わせが増加しているそうだ。また、人材の募集については、最近は口コミやＳＮＳで募集を知った地方の若者からの応募が増えているため、急増する求人に対応できているという。

送り出しの実態についても話を聞いた。技能実習生が日本に行くために支払う手数料は、政府が日本に送り出す際の上限額として認めている二八〇〇ドルに準じた額という答えであった。他の技能実習生の送り出し国に比べると、その額は高いとは言えないが、依然として月収一万円以下で働く人が多いミャンマーでは、誰もがその額を用立てることができるわけではない。送り出し機関によっては、政府が規定する額以外にも紹介料やさまざまな経費を技能実習生から徴収しているところもあるようだ。二〇一九年四月から運用が始まった在留資格「特定技能」については、送り出し機関としては労働者との関係や技能認定等の点でまだはっきりしていないことが多いため、しばらくは順調に事業が拡大している技能実習生の送り出しに重点を置いていくと述べていた。また、採用にあたってミャンマーの多様な民族性や地域性をどのように配慮しているのかと尋ねたところ、基本的にはそれらを重要な要素とは考えてはいないが、特定の民族やある地域の出身者については日本で難民申請や失踪をする可能性が高いので応募を受け付けていないという答えであった。

ミャンマー人労働者の送り出しに関することをいろいろと聞くなかで、とくに印象に残ったのは「ミャンマーの次はない」という言葉だ。日本は外国人労働者を受け入れてずいぶんと経つが、これまでは労働環境や外国人への接し方をそれほど大きく変えることなく、中国やベトナムから安価で従順な若者を数万人規模で受け入れ、自分たちのやり方を押し付けてきた。そうした流れの延長で労働力を受け入れることができるのはミャンマーが最後になるという意味だという。

その言葉は、安定して技能実習生を受け入れたいと考えている日本の企業や介護施設、農家向けにはセールストークのような意味合いで使われているかもしれないが、わたしは、その言葉が安価で従順な労働力を調達することで経済社会を維持してきた日本の限界を言い当てていると思った。

減少した国内の労働力を埋め合わせるために中国人を、その次はベトナム人を、そしてその次にはミャンマー人を、といった具合に、これまでこの国は次々に都合のよい労働力を国境の向う側で見つけ続け、自分たちのやり方を変えずにやってきたが、もういい加減、次を見つけるのが難しくなってきている。

自分たちのやり方を変えなければ、自分たちの次がないのである。

居酒屋の洗い場でMさんと出会った三〇年後、わたしが勤める大学にバングラデシュ人のAさんが入学してきた。真面目な学生ではなかったが、Mさんと同様に働き者で、学費や生活費、母国で暮らす家族のためにアルバイトをかけもちをしていた。ただし、隠れるように働いていたMさんとは違って、Aさんは飲食店やコンビニ、弁当工場等で人目を気にすることなく働いていた。賃金についても、高くはなかったが法定を下回るようなことはなかったようだ。

いつも日本のどこにチャンスがあるのかを探していたAさんが、成績が芳しくなくて卒業が危ぶまれたとき、呟いた言葉があった。「日本でうまくいかなかったら次はどこに行こうか」。バングラデシュ人の彼にとって国境を越える移動は日本人よりはるかに制限されるが、それでも彼は自分には必ず「次がある」と考えていた。

二〇二〇年の春、Aさんはなんとかかんとか大学を卒業して、いまはコンビニを経営する会社の従業員として日夜働いている。

（崔博憲）

コラム　「コンチャウ・ネット」から見えてきたもの

●幻の「コンチャウ・ネット」

かつて「コンチャウ・ネット（Con Trâu Net）」という、ベトナム人技能実習生へ向けた幻のベトナム語情報ウェブサイトが存在した。正確には、このウェブサイトが公開されたのは二〇一七年七月末であり、サイト自体は現在も存在している。なぜ「幻の」と付けるかというと、このサイトが積極的に活動をしていたのは二〇一七年七月から二〇一八年一二月までの一年半という短い期間で、今はネット社会の片隅にひっそりその形跡を残すのみだからである。

このコラムでは、このコンチャウ・ネットによるベトナム人技能実習生支援の試みと、それを通して見えてきた技能実習生の支援をめぐる課題について述べていく。それでは、まず、コンチャウ・ネットの説明からはじめよう。

二〇一七年の夏、私はコンチャウ・ネットを開設した。「コンチャウ」は、ベトナム語で「水牛」を意味する。多くのベトナム人技能実習生の故郷であるベトナム農村に馴染み深い動物であることから名づけた。このサイトでは、実習生がトラブルに巻き込まれるのをできる限り未然に防ぐこと、トラブルに直面した際は適切に対応することを目的に、労働問題や実習生の権利に関する情報を実習生の母国語であるベトナム語でささやかに発信していた。

コンチャウ・ネットを作ることにしたきっかけは、調査を通じて技能実習生と出会う中で、ほとんどの実習生が日本での生活や労働について正確な情報を持たないまま来日していることに気づいたからである。外国に行くのははじめてという若者ばかりなのに、なぜ彼／彼女たちは必要な情報を持たずに渡航するのだろうか。

ベトナム人が技能実習生として日本で働くには、まず、ベトナムの「送り出し機関」と契約しなくてはならない。送り出し機関とは、渡航先国の言語や文化習慣、仕事に必要な技術を指導して海外で働く労働者を養成し、労働者と受け入れ企業との仲介や渡航手続きを行う人材斡旋の会社である。本来ならこの送り出し機関が、渡航先国での労働や生活について正確な情報を伝える役割を担うはずである。しかし、多額の手数料が入る仕組みから、送り出し機関やその下で働く仲介者は、「日本の給料は高い」「日本では簡単に稼げる」などの甘言を弄(ろう)して若者をリクルートする。さらに、マスメディアの影響か、「日本は先進国」「日本人は勤勉で頭がよい」と一般的にベトナム人は日本に対して好印象を抱いている。

こうした背景により、若者は日本に憧れ、「先進国」である豊かな日本で劣悪な労働条件で働かされるかもしれないとはまったく想定していない。そのため、来日後、不当な扱いを受けたときに、どこに相談したらよいのか、どのような対処方法があるのか見当もつかず、過酷な労働に耐え続けたり、あるいは最後の手段として会社から逃げ出したりすることがある。ベトナム語を学んでいた私は、正しい情報を提供し、対処方法があると伝えるだけでも実習生の役に立つのではないかと考えて、コンチャウ・ネットを開設した。

情報提供を目的にしたウェブサイトであったが、SNSにも情報を転載したところ、時々、SNSを介して次のようなメッセージが届くようになった。「休みは月に一日か二日。夜勤も含め毎日一二時間以上働いているが、今まで月給が一四万円を超えたことがない」「社長からお金がないといわれ、この半年間、給料から毎月一〇万円が未払いである」「急にクビと言われたが、理由がわからない」「来日して一年半。三年間働く契約だが、もう雇えないと帰国するように言われた」「毎日、会社の人から怒鳴られたり、殴られたり、蹴られたりする。怖くて会社に行きたくない」。

すべてベトナム人技能実習生からの相談である。賃金や残業代の未払い、強制帰国、強制解雇、職場での暴言や暴力など、これまで外国人技能実習生が巻き込まれてきた、古典的ともいえる問題への訴えが続く。確かに実習生自身では解決が難しいと予測され、また、相談を聞き流すこともできず、内容に応じて実習生に外国人労働者を支援するＮＰＯや労働組合、弁護士を紹介するようになった。

「頭痛が続いているが、休ませてもらえない」とベトナム人技能実習生からコンチャウ・ネットに届いたメッセージ。

●相談から見えてきたこと

・相談におけるＳＮＳの効果

ウェブサイト開設から二〇一八年末までの一年半の間で、二〇名ほどから相談や質問が来た。コンチャウ・ネットのことは、ほとんど宣伝していなかったが、偶然サイトを見つけた人もいれば、人づてに話を聞いて連絡してきた人もいた。しかし、なぜ素性も知れない、つたないサイトに相談が来たのだろうか。決して数は多くないが、公的機関や長年、外国人労働者を支えてきたＮＰＯによる母国語の相談窓口もある。どうしてコンチャウ・ネットに相談が来るのかを考えるうちに、次の三つの要因に気がついた。

まず一つは、ＳＮＳに情報を掲載したことである。ウェブサイトとＳＮＳの両方で情報を発信したことから気がついたことだが、ベトナム人技能実習生は、主にＳＮＳ、具体的にはフェイスブックから情報を収集している。ウェブサイトへのアクセス数は、フェイスブック上のページと比べると各段に少なかった。インターネット上には、働く外国人のための母国語相談について知らせる相談窓口もある。しかし、たとえ母国語で情報を掲載したとしても、国によって情報入手の経路が異なり、実際は限られた範囲でしかインターネットを利用していない場合がある（ベトナム人技能実習生の場合、グーグルやツイッターはあまり利用しない）。外国人技能実習生の情報入手の経路を把握し、適した場所に情報を流すだけで、必要な情報にアクセスできる実習生は確実に増えるのではないだろうか。

二つ目は、ＳＮＳを介して連絡ができることである。技能実習生や外国人労働者の相談に対応する他の窓口は、電話相談であることが多い。しかし、実習生にとって電話は利用しやすい手段ではない。母国の家族とはインターネット上で連絡がとれるため、携帯電話の番号を取得する人が少ないからである。さらに、長時間労働など過酷な労働環境にいる実習生ほど、残業が終わる二一、二二時以降にならないと自由な時間がなく、電話相談の対応時間内に連絡ができない。コンチャウ・ネットでは、使い慣れたＳＮＳで好きな時間に連絡が取れることから、相談へのハードルが低くなったと思われる。

三つ目は、二つ目と関連するが、ＳＮＳでのやり取りが生む「親近感」である。会社側の不正行為を確信していたとしても、そもそも実習生は誰かに相談すること自体に不安を感じている。事実、「誰かに相談したら暴力団に連絡する。買い物に行けなくなるぞ」と会社から脅されていた女性技能実習生もいた。そうした脅しに屈しないとしても、賃金や残業代未払いといった問題の場合、未払い分を請求したら会社が倒産するのではないか、倒産したら帰国を強いられるのではないかと、実習生はつねに心配している。不安を抱える中、ＳＮＳのメッセージなら相手と対等にやり取りできると感じられたのかもしれない。実際、ＳＮＳでは、みな、率直に自分の気持ちを伝えていた。「まずは話を聞いてほしい。相談した後も問題にどう対応するかは自分たちで決めたい」と念を押す者もいた。使い慣れたSNSが心理面でも相談へのハードルを下げたと考えられる。

以上、三つをまとめると、実習生から相談が来るようになったのは、SNSの利用が一つの鍵であった。そして、そうして相談を受けるうちに、私は、徐々に技能実習生の相談とは大きく二つに分けられるのではないかと考えるようになった。

・カウンセリングとSNSの限界

二つの相談とは何か。まず一つは、法的な解決が可能なトラブルについての相談である。例えば、賃金や残業代の未払い、労働災害といった相談は、会社側の不正が明らかであることが多く、さしあたっての対応方法を伝えることができた。また、弁護士や労働組合といった労働問題の専門家がいるため、相談者が望めば対応を専門家に任せることもできた。さらに、相談してきた実習生自身も会社と交渉する気概を持っている場合が多く、証拠を集めるなど自ら積極的に行動できるため、専門家を紹介した後は、比較的、安心することができた。

他方、もう一つは、実習生のメンタルヘルスに関わる相談である。例えば、「同じ会社で働く他の技能実習生たちからいじめられている」と、ある女性技能実習生から相談がきた。また、別の男性技能実習生からは「毎日、社長の息子から暴言、暴力を受けている」と訴えがきた。

対応に苦慮したのは、圧倒的に、精神的苦痛を吐露するこの後者の相談だった。毎日、つらい気持ちを綴るメッセージが続いたかと思うと、突然、連絡が途絶える。こちらの返信を読んでいるのかもわからない一方的なメッセージからは、相談者が疲弊し、うつ気味になっているように感じられた。対応しながら、いじめを回避する方法を伝えたり、暴力や暴言を記録するよう助言をしたりした。しかし、そうした相談に必要なのは、助言よりもまず、相談者の苦痛を受けとめ続けるカウンセリングだった。

ところが、ＳＮＳのメッセージは、まったくカウンセリングに適していなかった。相談者の表情も見えなければ、声音を聞くこともできない。短いメッセージからは主訴を整理するのも時間がかかり、相談者の感情をとらえるのも難しかった。ただ、繰り返し送られてくるメッセージから、今、彼／彼女のかたわらに黙って話を聞き、慰め、日々のストレスを和らげてくれる人が一人もいないことが伝わってきた。いじめられていると告げた女性は、会社だけでなく寮でもいじめる相手と一緒だからつらいと語る。暴言と暴力を受けていた男性は、同じ会社にいるベトナム人の先輩に相談したが、何をしても無駄だから耐えるように諭されたと言う。近くに味方になってくれる人が誰一人いないことが、彼女や彼をますます追い詰めていた。

もちろん実習生は、ベトナムにいる家族や他の技能実習生仲間と頻繁に連絡を取り合っている。しかし、困難な状況に陥っている場合、事情は変わる。「心配をかけたくない」と悩んでいることを家族に打ち明けられなかったり、思い切って打ち明けても、もっと頑張るよう家族から励まされたりする。苦労を労われるどころか、仕送りを急かされたり、実習生の稼ぎを散財されたりして、むしろ家族がストレス源になっているケースもある。みな、来日前に日本で苦労するかもしれないとは想像できなかったように、母国にいる家族に日本で働く実習生の苦悩は伝わらない。そうして困難な状況に置かれた実習生は、いっそう孤独感を募らせていく。

結局、いじめを受けた女性は実習期間の途中で帰国した。暴言と暴力を受けていた男性は、耐えきれずに会社から逃げ出し、逃げ出した一か月後、多額の借金を抱えたまま、自ら帰国した。

●そして、「支援崩壊」

コンチャウ・ネットの公開から一年半で、私は実習生からの相談に応じることを止めた。物理的にも精神的にも、予想以上に私自身への負担が大きかったからである。SNSは、相談したい側にとっては便利な手段であったが、相談者が便利な分、相談に応じる側は相手に振り回されやすくなった。SNSは対話を前提としたツールだからなのか、こちらが質問をして話を聞き出さないと、相談者は相談内容をうまく順序立てて説明できない。また、相談の要点をまとめてからメッセージを送るように伝えても、怒りや悲しみを抱え、感情的になっている相手は、まず、自分の言いたいことから書く。そのため、相談内容を把握し、最低必要な情報を聞き取るまでに大体数時間を要した。

また、専門家を紹介し、問題解決に向けて動き出したとしても、実習生の不安が解消されるわけではない。気軽に連絡が取れる分、不安を訴えるメッセージが一日に何度も届く。相談の頻度は、ひと月に二人ほどのペースであったが、一人の連絡の回数、やり取りにかかる時間から計算すると、ひと月に二人が限界だった。

さらに、外国人技能実習生の支援において不足しているのは、情報や相談機関だけではなかった。正確な情報伝達、意思疎通を図るための通訳者もいない。特に法律や訴訟に関する高度な専門用語を理解できる通訳者になると、なおさら見つからない。結局、相談を受けるだけでなく、弁護士や支援者との面談時に通訳として同行することになった。最低賃金以下で働かされている実習生に通訳料を請求することはためらわれ、ボランティアで通訳をすることもよくあった。当時、私はフリーランスの通訳者として生計を立てながら研究を続けており、自分自身の生活も安定しているとはいえなかった。気持ちに余裕がなくなっていると気づいたとき、周囲の期待が高まるのに反して、私はコンチャウ・ネットの活動を止めることに決めた。

二〇二〇年、新型肺炎の報道から「医療崩壊」という言葉を知った。今、振り返ってみると、コンチャウ・ネットを通して私が経験したことは、ベトナム人技能実習生への「支援崩壊」

と言えるものだったのかもしれない。困難な状況にあるベトナム人技能実習生の急増に対して、支援に携わる人があまりに少ない上に、もとより実習生やその支援者に対する公的支援は、ないに等しかった。

もちろん、新型肺炎による医療の危機と技能実習制度の問題を単純に比較はできない。しかし、キャパシティを超えた患者数により医療従事者の負担が増大、現場で働く人々が疲弊し、救えるはずの患者が救えなくなるという一連のプロセスは、私も経験したように思う。暴力を振るわれた様子を詳細に表現し、連日、「つらい」と訴えるメッセージは、読むほうもつらかった。黙って帰国した実習生の彼に、何もできなかったと後悔が残った。カウンセリングは、ボランティアでできることではなかった。

●「コンチャウ・ネット」を振り返って

ここで、あらためてコンチャウ・ネットの経験を振り返ってみたい。まず、よかった点から挙げてみよう。手前味噌だが、技能実習生に対して母国語で必要な情報を発信するというアイディアはよかった。初心者向けのホームページ作成マニュアル本を片手にサイトを自作したため、初期費用もかからなかった。また、サイト公開後は、なし崩しに技能実習生の相談を聞くことになったが、SNSを使用したことは実習生たちのニーズに沿っていた。技能実習生にとって、コンチャウ・ネットは利点しかなかったのではないだろうか。今、振り返ってみても、無償で週末や夜遅くまで実習生の相談に応じたコンチャウ・ネットは、手厚いサービスだったと思う。

他方で、コンチャウ・ネットのよくなかった点、あるいは敗因は、技能実習生支援の範囲や限界を明確に定めていなかったことかもしれない。実際にサイトを運営してみるまでわからなかったので仕方ないが、技能実習生に必要な支援は多岐に渡り、そして、技能実習生の支援においての足りないものが多すぎた。「カウンセリングとＳＮＳの限界」で見てきたように、技能実習生の相談では、母国語での正確な情報はもとより、法律の知識やカウンセリングのスキルが求められた。もし心を決めて、相談においてカウンセリングのような対応をするのであれば、聞き手は、カウンセリングについて学ぶだけでなく、相談時間を制限したり、スーパーバイザーを付けたり、身を守る工夫が必要だった。

また、技能実習生の支援では、公的な相談機関、母国語での情報、専門知識を有した人材（支援者や通訳者、カウンセラー）、支援にかかる資金、あらゆるものが不足していた。そもそも安倍内閣が発足した二〇一二年末から二〇一九年末までの七年間で、技能実習生は約二五万人、そのうちベトナム人技能実習生は約一八万人増加した。これだけ激増した技能実習生に対して、実習生の支援に携わる人はどれほど増えたのだろうか。

私の周囲を見渡してみれば、実習生を支援する能力を持つ人がいなかったわけではない。ただ、その人を正式に雇用したり、仕事に見合う報酬を支払ったりする仕組みが社会になかった。例えば、ベトナム語通訳者を挙げてみると、実習生だけでなくベトナム人留学生も増加していることから、ベトナム語の通訳ができる者は国内に増えている。現に、自社で通訳者を雇っている会社や監理団体もある。しかし、そうして雇われた通訳者が実習生の味方につくことはない。通訳が見つからず、会社側の通訳者が実習生の通訳も兼ねることがあるが、その場合、通訳者は正しく通訳するどころか、問題解決を急ぐあまり実習生を説得したり、脅したりして事態が混乱することも少なくない。会社と実習生の間に立ち、正確に通訳する通訳者が必要なのであり、そうした中立性を保てる通訳者を確保するには、その人に適切な通訳報酬が支払われる仕組みが社会の中に不可欠なのだ。

コンチャウ・ネットは活動を休止したが、現在も技能実習生の支援は、主にＮＰＯや労働組合、ボランティアの人々の善意によって支えられている。そうした人々の活動に頭が下がる一方、いつまでこうした希少な善意に頼っていられるだろうかとも考える。今後、より厳しい経済状況になると予測される日本社会において、他人を支援する余裕を持てる人はどれほど存在するだろうか。ボランティアの存在に甘んじず、まず政府が技能実習生の支援体制を整えなくてはならないのではないか。

宣伝もせず、記事も更新せず、ひっそり存在するだけのコンチャウ・ネットのページに、今も「いいね」を押す人たちがいる。それは単なる「いいね」ではなく、「聞きたいことがある」「困っている」「助けてほしい」のサインでもある。実習先で人間的な扱いをされず、助けてくれる人も近くにおらず、孤立し、一人苦しむ人々は、確実に壊れていく。日本に憧れ、目を輝かせ、希望を抱いて来日した実習生を壊すのは、不正行為を繰り返す一部の会社だけが問題なのだろうか。一部の心ない人の問題なのだろうか。未来ある若者を壊しているのは誰なのかを、今一度、私たちは考えなくてはならないのではないだろうか。

（川越道子）

第3部　日系人

第7章　過疎化農村を多文化社会へ再生する日系ブラジル人学校

滋賀県東近江市甲津畑町の「ラチーノ学院」を事例として

中田英樹

1　過疎化が進む農村とブラジル人学校

本章では、滋賀県の日系ブラジル人学校「ラチーノ学院」の移転を事例に、少子高齢化が進む地方の農村が、意図せず遭遇した「多文化共生」によって地域社会を再構築していく過程を考察する。

滋賀県の琵琶湖湖東に位置する東近江市は、〝近江商人発祥の地〟とされ古くからの町並みが保存されている「五個荘」地区や、臨済宗永源寺派の大本山のある「永源寺」地区といった複数の市町村を合併して、二〇〇五年にできた市である。近年では、ＪＲ東海道線でつながる京阪神のベッドタウン、国道や高速道路沿いに立ち並ぶ工場とそこで働く多くの日系人といった要素も同市を特徴づけるようになっている。ただし、本章の主な舞台となるのは、そういった歴史のある町、ベッドタウンや工場のある地域ではなく、同市の東端で三重県境に位置する甲津畑町という過疎化が進む農村である。

二〇二〇年五月現在、一五四世帯、三八三人が暮らし[★1]、数反程の棚田と荒れかけた森林が広がる甲津畑町の最奥には、屋根にドイツ製の鐘が配されたハイカラな洋館風の建物が建っている。一八七四（明治七）年に創設された甲津畑小学校が、二〇一一年に閉校するまで校舎として使用していた建物である。そして、その建物は、二〇一五年からは日系ブラジル人学校「ラチーノ学院」の校舎として利用されている。過疎化が進む農村で廃校した歴史ある小学校が、新たに日本に

上空から見たラチーノ学院
（「ラチーノ学院 HP」http://latinogakuin.com/wp-content/uploads/2019/08/-e1565875840405.jpg、2020年4月20日閲覧）

やって来た外国人の子どもたちのための学校に生まれ変わっているのである。ここでは、こうした甲津畑町で起きた変化に注目し、地域社会が歴史的に形成してきた人間関係や環境をベースにしながら、どのようにラチーノ学院を受け入れ、共生をしてきたのかを考えたい。

2　日系ブラジル人の教育と「ラチーノ学院」

●ブラジル人学校か日本の学校か

一九九〇年の「入管法」改正以降、多くの日系ブラジル人が日本にやって来た（日系人に関する動態や法制度の変遷については、本書の第1章や第2章を参照いただきたい）。日本で働き、家族を持ち、子どもを育てるようになった日系ブラジル人たちにとって、子どもにどのような教育を与えるのかは重要な問題となっている。日本の学校に通わせるのか、それとも日系ブラジル人向けの

★1　「東近江市、市政情報　東近江市の紹介　人口」二〇二〇年九月版、https://www.city.higashiomi.shiga.jp/0000010705.html（二〇二〇年九月一日閲覧）

学校に通わせるのか。自分たちや子どもが将来は日本で暮らすのか、それともブラジルへ戻るのか。子どもを育てる日系ブラジル人の家庭ではこうした選択に頭を悩ませている。

ラチーノ学院では、現在、ポルトガル語と日本語の両言語での授業がおこなわれている。ポルトガル語の授業が必要なのは、仕事に追われて忙しいブラジル人の親とコミュニケーションをとる時間が少ないために、ポルトガル語の理解力に問題がある子どもが少なくないからである。日本語の授業が必要なのは、つい最近ブラジルから渡日してきた子どもだけではない。長く日本で暮らしていても、場合によっては日本の学校に通っていても、日本語の分からない親から教育支援を受けられないといった理由から、日系ブラジル人生徒のなかには、日本語が「普通」に話される学校の授業についていけなくなり、不登校になったりドロップアウトしてしまったりする場合が少なくない。

在日日系ブラジル人の子どもの言語能力は、何歳からから何歳まで日本／ブラジルどちらの国にいたのか、日本語／ポルトガル語のどちらの言語で学校教育を受けてきたのか、ポルトガル語話者の親とのコミュニケーションの時間はどれくらいなのかといったことに拠る。しかし、日本の公立学校では、ほとんどの場合、日本語理解が困難な生徒に対する教育的配慮が十分ではない。そうしたことが、在日日系ブラジル人の高校や大学への進学率の低さへとつながっているのである。

在日日系ブラジル人の多くが子どもを日本の公立学校に通わせているのは、「日系ブラジル人学校の授業料が高い」という理由もあるが、それだけに限らない。たとえ日本の難関校を卒業しても、制度上、ブラジル政府はそれを「学歴」としては認めていない。そのことを理解している在日日系ブラジル人たちが、子どもを日本の学校に通わせようと決断する背景には、子どもが将来、日本で暮らしてほしいという思いもある。

ただし、その逆も然りだ。どれほど経済的に厳しくとも、日系ブラジル人学校に子どもを通わせてブラジル政府が認める学歴を整えるのは、ブラジルへ帰る選択肢を準備しておきたいという意向があるのかもしれない。

●ブラジルの「飛び地」だったラチーノ学院

もともと滋賀県の琵琶湖湖東エリアには、一九九〇年代から増え続けてきた日系ブラジル人を対象にする学校機関が三校あった。愛荘町の「サンタナ学園」、湖南市の「アジアブラジル学園」、そして近江八幡の「ラチーノ学院」である。

ラチーノ学院の事務局長の鳥越氏によれば、同学院は二〇〇〇年に「滋賀ラテン学園」として創立し、その翌年にブラジル政府の認可校となり[★2]、長時間労働をする日系ブラジル人世帯の子ども（保育部）の受け入れをはじめる。二〇〇五年には「ラチーノ学院」に改名し、新たなスタートを切る。

滋賀県内で働く日系ブラジル人の増加に伴って、生徒は増え続け、最盛期には四二〇名程に増えた。鳥越氏は、「新しく入学したいと来られてもこれ以上は受け入れられない、と断っていた」という。

二〇〇八年のリーマン・ショックのときには生徒数が一三〇人程にまで落ち込むが、その後は再び生徒数は増えているという。二〇一一年には準学校法人として認可されたことで、ラチーノ学院を卒業した生徒は、一年間の日本語学習をおこなうなど条件に、日本の大学や専門学校へ進学する道が開かれることになった。[★3] 日系ブラジル人を対象とした学校としては、ラチーノ学院は高等教育機関に進学するための制度的諸条件がかなり整っているといえるだろう。

以前、近江八幡市内で運営していたときのラチーノ学院は、地域との結びつきがほとんどなかった。散発的に地域住民との交流イベントをおこなうことはあったが、[★4] 当時は地域の住民や社会とではなく、ブラジル社会とのつながりに重点が置かれていた。

二〇一二年五月、日本学生海外移住連盟（学移連）と京都外国語大学の校友会が協働して、ラチーノ学院の日本語教育支援のための視察が実施された。その報告書[★5]では次のような記述がある。

・教師はすべて、ブラジル人（日系ブラジル人を含む）であり、ブラジルの教員資格を有している。
・学院内でも、家庭でも使用言語はポルトガル語であり、生徒は、日本に住んでいながら日本語を流暢に話せず、生徒の日本語能力向上が課題である。
・そして二〇一二年の六月から同学院の卒業生が、時間が許せば毎週順番でボランティア

★2　『しが県民情報』二〇一五年四月一日
★3　『ニッケイ新聞』、二〇〇四年一月二〇日、http://www.nikkeyshimbun.jp/2004/040120-73colonia.html（二〇一九年七月三〇日閲覧）
★4　例えば、二〇一一年八月一八日には、京都のプロサッカーチーム「京都サンガF.C.」が社会貢献活動の一環として同学院を訪れサッカー教室を開くなど、学院側と地域社会側の双方向から交流活動が展開されていた。京都サンガ公式ホームページ、https://www.sanga-fc.jp/news/p/11423/（二〇一九年八月二三日閲覧）
★5　「日本ラチーノ学院生徒への日本語能力支援活動報告」、二〇一二年六月七日、http://www.kufs.ac.jp/koyukai/move/ラチーノ学院報告.pdf、（二〇一九年七月三〇日閲覧）

として日本語授業の補助を行うことが決まり〔……〕。

こうした記述からは、当時のラチーノ学院がブラジル社会の「飛び地」のような場所であったことが読み取れる。

3　甲津畑へ移転したラチーノ学院の変化

近江八幡市で運営されていた当時、ラチーノ学院は、五階建ての商業ビルにあった。市役所のすぐそばにあったそこは通学の便はよかったが、校庭や体育館がなく、学校施設としては不十分であった。より良い教育環境を確保するために、移転を検討したラチーノ学院が行政に相談したことにより、甲津畑へ移転することとなる。

二〇一九年二月時点で、ラチーノ学院には約一九〇人の生徒が通っている。[★6] 〇歳（実際には一歳）から二歳までの保育部から、高等部までである。三〇人乗りのバス四台を含め、送迎用のバス計一六台を有する。[★7]

ラチーノ学院に通う生徒たちの暮らす家は、滋賀県の湖東エリア全域に広がっている。そのため学院の送迎バスサービスは大変だ。

長浜や甲賀など、八市二町を〔大小〕一六台で回る。ガソリン代は、月約七〇万円かかるという。〔一例を取れば〕午前五時半に出発し湖南市へ。一人目のミウラ・アケミさん（一六）宅には四五分後に着いた。その後は市内九カ所と東近江市内一カ所を回った。〔……〕出発から三時間、やっと学院に到着[★8]〔食堂でまず朝食をとる〕。

生徒の多くは朝六時頃には家を出て、午後三時前には下校しはじめる。それでも帰宅に三時間かかる生徒もいる。したがって、放課後のクラブ活動などは不可能である。先生のほうも放課後に職員会議とはならない。子どもたちは毎日甲津畑に来て廃校になった小学校を賑わして

★6　『朝日新聞』二〇一九年二月一五日

★7　ラチーノ学院の月謝は、幼稚園部では月四万円、小学校からは四万八〇〇〇円と、決して安くはない。東近江市も他地域の例に漏れず、むしろ数だけでみれば、私立のブラジル学校に行けない（行かない）生徒の方が多い。

★8　『朝日新聞』二〇一九年二月二一日

いるが、イベント時を除いて、生徒の親たちが来ることはまずない。多くが共働きで長時間の工場労働に就く日系ブラジル人の親たちにとって、登下校の送迎、朝食や昼食の用意が不要なことなどは大きな利点ではある。ただし、そのために学院のスタッフたちは長時間の運転をして送迎サービスを維持しなければならない。

では、甲津畑に移転したことで、ラチーノ学院がどのように変わったのか考えてみよう。

①二〇一九年現在のラチーノ学院では、日本語講師四名を含め合計一八名の講師が働いている。授業は、日本語に限らず、ポルトガル語でもおこなわれている。ポルトガル語の授業があるということは、日本語で育ち、ポルトガル語の習得こそが必要な生徒が通っていることを意味する。これはラチーノ学院に通う生徒や保護者の動機――ブラジルに帰国した際、学校でも困らない――にも現れている。生徒が日本社会に根付き、日本語での時間を生きていることの証左でもある。

ラチーノ学院に並ぶ送迎用バス（筆者撮影）

②学院の事務局長はじめ関係者は、「高等部の生徒の半分は日本語が「まぁまぁ」使えますが、他はやはりポルトガル語〔話者〕で、日本語はまだ〔問題がある〕」という。だが、二〇〇四年に承認された制度――ラチーノ学院を卒業して一年間の日本語研修などを経れば、日本の大学や専門学校への資格が得られるという制度――を活用して、京都外国語専門学校に入学、三年次からは日本の大学へ編入するという卒業生も出てくるようになっている。

③ラチーノ学院では、県の教育委員会の職員や、日系ブラジル人の生徒が多く通う日本の公立学校の教師を対象に、日本人と日系人との混成授業についての研修を実施している。もはやラチーノ学院は、「いかに日本社会に日系ブラジル人が溶け込めるか」を学ぶだけの場所ではない。「いかに日系ブラジル人が溶け込んだ社会〔教室〕をつくっていくか」ということを、教える場所でもある。

④依然として学院の卒業生の多くは、工場で働く派遣労働者である。その大きな要因となっているのが日本語能力の不十分さなのだが、最近では両方の言語に精通し、「マルチ・リンガル」な人材として活躍する卒業生も現れ始めている。

ラチーノ学院が最も重視しているのは、日本語とポルトガル語の二言語（可能であれば英語も）の能力育成である。だが実際は、どちらの言語も十分に習得できずに中途半端（ダブル・リミテッド）になってしまう生徒も少なくないという。[★9]

カミムラ校長は熱を込めて『毎日新聞』のインタビューで述べている――「私には夢があります。午前中はポルトガル語、午後は日本語での授業をいつか実現したい[★10]」。

4　過疎化とラチーノ学院の受け入れ

●甲津畑を動かす「甲友会」

では、ラチーノ学院が移転してきた甲津畑の現状と、受け入れるにあたっての地元住民サイドでの受け入れ決定に至るプロセスをみていこう。

受け入れ前、多くの住民が、交通の便が悪いこの集落は人口流出や高齢化によって崩壊するのではないかという危機感を抱いていた。六〇代の男性住民は、「待ったなし」で手を打つ必要を認めざるを得ない状況だったという。高齢化が進み、空き家や耕作放棄された田畑が増え、かつての共有林は獣害に悩まされるようになっていた。そうした切羽詰まっていた甲津畑に、突然「外国人」の学校を迎え入れるか否かという選択が突き付けられたのである。

ここで甲津畑におけるソフトバレーボールチーム「甲津畑友の会」（「甲友会」）に触れておきたい。一九九〇年頃、中年層の住民を中心に結成された「甲友会」は、当時まだ「現役」だった甲津畑小学校の体育館に毎週集まって練習をしていたという。結成初年度から全国大会に出場する強豪で、入賞した経験もある。

現在の構成メンバーの中心は、四〇代から六〇代前半までの男女の住民で、毎週二、三〇人が体育館に集まって練習をしているという。筆者の聞き取りを通してわかったのは、この「甲友会」が甲津畑という地域の動向に大きな役割を果たしているということである。

まず、メンバーが活発に動くことができる年齢層で、それゆえ地域内で重要な立ち位置にあることがあげられる。「甲友会」メンバーたちの大半が壮年あるいは中年層ということから、高齢者にも若者にも気軽に話ができる。実際、何か問題や課題があれば、「甲友会」のメンバーたちが中心になって、集落の様々な意見を吸い上げたり、調整したりして、地域をまとめてい

★9　『毎日新聞』二〇一六年一二月二二日
★10　『毎日新聞』二〇一六年一二月一六日

るようであった。それゆえ、毎週のソフトバレーボールの練習の集まりは、甲津畑という集落のあり方に大きな意味を持っているのである。

それから、「甲友会」には夫婦で参加するメンバーが多い。リーダー格の一人はその利点を次のように述べていた。「集落としての取り決めをする際には、自治会や子供会、女性部や老人会などが個別に議論をすすめ、相互をすりあわせる過程がスムーズに行かない場合がある。その点、「甲友会」では、この年齢層が夫婦で参加しているから、十分な議論もやりやすい」。

そして、この事例のユニークな点は、メンバーのほぼ全員がスマートフォンを持ち、メッセージ交換ができるＬＩＮＥを地域の問題や課題のために活用していることである。「甲友会」のメンバー専用のインターネット上の「コミュニティ」が開設されており、体育館に練習で集まっている時以外でも、そこでは甲津畑の自治について議論されているのである。

●近江八幡からの移転

二〇〇九年、東近江市の教育委員会は、当時全学年合わせて二五人にまで減少していた甲津畑小学校を永源寺町の山上小学校に統合することを決め、二〇一一年に同校は廃校となる。[★11]一八七四（明治七）年建立の校舎は、廃校の一五年程前にリフォームされていたこともあって取り壊しは免れたものの、行政はその維持費に頭を悩ませていた。それを耳にした県や市の議会が、「ならば移転を希望しているブラジル人学校をここに移せないか」と東近江市に打診したことで、甲津畑の住民（自治会）に移転の受け入れが投げかけられることになる。

甲津畑の住民大半は、「再び子どもたちの元気な声がこの地域で聞けるのであれば」という思いから、移転の受け入れに賛成であったという。ただし、「ヨソ者で、さらに外国人とは」といった声も一部にはあったようだ。

およそ一年間の議論が重ねられた結果、受け入れることが正式に決まり、二〇一五年からラチーノ学院に旧甲津畑小学校施設が貸し出されることになった。受け入れにあたって必要なリフォーム代八〇〇万円は市が負担し、学院は年間三〇〇万円、五年間のレンタル料を支払うという契約であった。[★12]

★11　東近江市率甲津畑小学校「学校教育情報サイト・Ｇａｃｃｏｍ」、https://www.gaccom.jp/schools-19866.html、（二〇一九年七月二九日閲覧）

★12　月額にして二五万円というレンタル料は学院にとって厳しい金額である。五年契約の更新にあたる二〇二〇年からは、この五年間での「実績」を踏まえ、値下げ交渉がなされるとのことである。

5　交流と地域活性化

ラチーノ学院と甲津畑住民との交流は、移転後すぐに始まった。当初はイベント的な交流であった。地元の夏祭りに招待された学院の生徒やスタッフたちがサンバを披露するというものや、甲津畑の住民が学院の生徒のために竹を割って準備した流しそうめん大会や、学院に寄贈された餅米を使った餅つき大会などがおこなわれた。[★13] そうした交流を通していくなかで、「〔学院の入り口を塞ぐ〕雪かきを手伝ってくれる〔地元の〕人や〔生徒の〕保護者に道案内をしてくれる人」も出てくるようになったという。[★14] とりわけ熱心に支援をしているのが、学院のすぐ隣にある浄光寺の藤澤彰祐師である。師は、学院が移転してきて以来、ボランティアで日本語を教えたり、困りごとの相談にのったりして学院を支援している。

東近江市にはラチーノ学院以外にも、廃校となった学校施設を利用した地域づくりの事例がある。甲津畑に移転したラチーノ学院の事例を紹介している東近江市の広報誌『ひがしおうみ』の同じ号には、甲津畑よりもさらに奥地にある政所地区の小中学校がダンススタジオや道の駅として再生され、地域外から多くの人を呼び込んでいるという事例が紹介されている。[★15] このような事例とともにラチーノ学院の事例が紹介されているのは、多文化共生社会の成功例としてではなく、ユニークな「地域おこし」という理由からだと考えられるのではないか。そのような取り上げかたを深読みすれば、この広報誌は、多様な人びとがさまざまな問題を抱えながらも共に生きている現実をアタリマエなことであると考え、地域活性化のユニークな事例として、ラチーノ学院に注目しているのかもしれない。

ラチーノ学院の鳥越事務局長は「ここ〔甲津畑〕の人たちは、ラチーノ学院の日系ブラジル人の人たちを「外国人」だとは思っていない。「ラチーノの人」だと思っている」と言う。甲津畑という過疎が進む集落の人びとにとって「ラチーノ〔学院〕の人」は、「多文化共生」というお題目をわざわざ唱えなければならないような「外国人」ではないのである。

6 「地産地消」される米

●甲津畑の米作り

ここでは、米の生産と消費という視点から、ラチーノ学院と甲津畑の関係を考えてみたい。

★13 『読売新聞』二〇一九年四月二七日

★14 『朝日新聞』二〇一九年二月二四日

★15 『広報ひがしおうみ』（二〇一九年七月一日、四頁）

かつて生業としていた林業が衰退し、今では小規模に営む米作りが集落の暮らしを支えている。ただし、米農家や個人経営の米屋、ＪＡ甲津畑支所職員などは、甲津畑の稲作形態が「個人主義」的であるという。農業機械を共同購入することもないという。土地改良のための区画整備も二〇〇〇年代半ばになってようやく実施されたということであった。つまり、甲津畑の農家は相互扶助が弱く、区画にしても平地の広がる湖岸とは違って一反から二反、大きくても三反ほどである。

こうした「個人主義」的な米作りは、収穫した米の流通にも現れている。甲津畑で生産された米は、そもそも生産量が少なく、その何割かは地元の米屋が買い取って地元で消費されるということであった。また、甲津畑の「個人主義」の農家では、各種災害や非常時に対処すべく屋内に一定量の米を常に備蓄するという習慣があったのだが、近年の少子化や人口減少によって米の消費が減り、備蓄米が増え続けていた。

●備蓄米が給食に

この増え続けた備蓄米に目を付けたのが、移転してきたラチーノ学院である。教職員と生徒を合わせて約二〇〇人の一日の給食には最低一〇キロの米が必要だという。ラチーノ学院での朝・昼の給食は、日本の食材をアレンジしてつくるブラジルの家庭料理であり、それには米は欠かせない。

お米は、地域で収穫されたもので、この日も東近江市役所員で地域に住む平木秀樹さん（五九）が、トラックで約一八〇キロを届けた。平木さんは、現在は学院が施設を使っている甲津畑小学校＝二〇一一年閉校＝の卒業生。四年前、自身が収穫した米を学院の子どもたちに食べてもらったところ、好評だった。学院の体育館を利用する地元のソフトバレーチームのメンバーらにも声をかけ、現在約二〇名が育てた米を、年間一二〇〇キロほど低価格で届けている。★16

移転してきた当初、学院は遠方から米を買い入れていたそうだが、その後、甲津畑の住民からの求めに応じて地元の米に切り替えていくことになる。きっかけとなったのは、平木氏が、ラチーノ学院が毎日大量の米を必要としていると聞いたことであった。まず平木氏は、自分の家の備蓄米を持ち込んだところ非常に好評だったことで、それ以外の農家からも学院が米を

★16　『朝日新聞』二〇一九年二月二二日

買い受けるようになったのである。

●「甲友会」による米の交流

こうして大量の米を必要とするラチーノ学院と甲津畑で自慢の米を作る農家が、ＷＩＮ―ＷＩＮの関係となったのである。そして、ここで活躍したのがメッセージアプリＬＩＮＥを駆使する「甲友会」の人的ネットワークである。

このＬＩＮＥを使って、地域と学院の米の交流を取り仕切っているのは先の平木氏である。ラチーノ学院から平木氏に米の要請が届くと、すかさず彼はＬＩＮＥの「甲友会」のコミュニティサイトに「誰かラチーノに持っていく米、あらへん?」といったメッセージを上げるそうだ。するとすぐに「甲友会」のメンバーの農家から「ウチは一俵」「ウチは二俵」と手があがるという。翌朝、手を上げた農家の玄関先には米が一俵、二俵と置かれていて、それを平木氏が車でピックアップして学院に届けるのである。

こうした米のやり取りは、文字通り「地産地消」だと言える。しかし、筆者は「地産地消」というコトバを、平木氏やこのやり取りにかかわる人びとの誰からも耳にしたことはない。そもそも甲津畑の米の生産消費においては、「地元で作った、安心・安全な食べ物を」とか「生産者の顔の見える」といった関係を構築することが目指されているわけではない。地域で作られた米が地域の学校給食に使われるということが、アタリマエなのであり、「地産地消」などといったコトバを、わざわざ持ち出す必要などなにもないのだ。

７　過疎化する農村とブラジル人

　農村や漁村、職人町といったきわめてニッポン的な景観のなかにこそ外国人が生活し、その地域と産業を外国人の労働が支えているのが現代日本の姿なのだ。〔五十嵐、二〇一〇、二八頁〕

●細胞代謝する甲津畑

甲津畑という集落に突如として飛び込んできたブラジル人学校。ポルトガル語しか理解できない児童・生徒に暖かく接したのは、「頭の柔らかい」若者ではなく、生粋の「甲津畑っ子」ともいえよう老人たちだった。「消えてしまった、子どもたちの声を聞きたい」――その思いが、老人たちの腰を上げさせたのである。高齢化の一途を辿っている甲津畑の住民たち。維持されなくなった共有林。年々、耕作放棄が目立っていく棚田。そして、一三七年間の幕を閉じた甲津畑小学校。いまだに寺から「一〇〇回忌」の知らせがくる甲津畑という集落の「限界」をもっとも感知していたのは、他所への移住など考えられない高齢の住民たちだったかもしれない。

地域住民にラチーノ学院を参観する機会が設けられた際、地元のある男性（六五）は、「母校がまるで外国のようで驚いた。地元の子と学院の子が仲良くなってほしい」[★17]と述べている。いまでも学校の入り口に「甲津畑小学校」と書かれているラチーノ学院は、いぜんとして甲津畑の住民にとっては「我が母校」なのである。

校舎に入ると、そこに貼られた行事案内などの掲示板はポルトガル語である。だが、例えばトイレには、日本語で書かれた掃除の手順を指示するプラカードがいまも残る。学院の事務局長は、「あれは昔の小学校の時のままです。子どもたちには

今でも残る小学校名（筆者撮影）

日本語を覚えるよう、敢えてあのままにしてあるのです」という。

長い歴史のあるこの「ラチーノ学院」の建物やそこにあるモノは、博物館に保存された過去の遺物ではない。入口の「甲津畑小学校」という表記やトイレの掲示板等々は、その存在意味を変えながら、ラチーノ学院に引き継がれることで生き続けている。甲津畑は、ラチーノ学院が移転したことで、これまでの集落の歴史と断絶して新たな歩みをはじめたのではない。また、ラチーノ学院も、甲津畑という地域にひっそりと同化したわけでもない。ここで描いた甲津畑とラチーノ学院の遭遇は、グローバルな経済社会の動きと連動しながらも、他方で地域にとって具体的で特別な意味をもつ変化を生み出しているのである。

校庭や体育館もなく、窮屈な思いをしていたブラジル人学校が、甲津畑に移転して救われただけではないのだ。甲津畑もまた、移転してきたラチーノ学院を受け入れることで、新たな細胞構成による「生命体」へと変態（メタモルフォーゼ）しているのである。

★17　『しが県民情報』二〇一五年四月一日

●誰のための「多文化共生社会」の構築なのか

政治家が移住する人々を資源と考えるのは勝手だが、そう考えるのならば、この人たちが安心して生産的な生活を送るための福祉と教育訓練の機会について考えるべきだろう。そうすれば、八方丸くおさまるではないか。多文化的な価値に敬意を払って生きることが「生産的」かどうか見定めるための証拠が必要ならば、そのような多文化主義を模索する私たちは、社会学的な、歴史的な、経済的な、個人的で政治的な、証拠を見つけよう。〔青山、二〇〇九、九四頁〕

この青山の言は潔い。「外国人だからといって使い捨てるな」とモラリッシュに言っているのでもなければ、インバウンド経済効果に貢献する外国人観光客のように手厚く「オモテナシ」せよと言っているのでもない。有日本国籍者と同じように[★18]、まっとうに賃金労働者として雇用しろ――本章で筆者は、青山のいうようにそれが国家にとっても「生産的」であることを提示したつもりである。

二〇一八年四月二八日、インターネットのコミュニケーション・サイトやSNS上での防犯教室がラチーノ学院で開かれた。「外国人学校を対象にした防犯教室は初めて」「ＳＮＳには翻訳機能もあることから、外国人生徒も被害に遭う可能性がある」――つまりは日本人を対象にしたＳＮＳ犯罪でも、ポルトガル語への翻訳機能を使えば日系ブラジル人生徒も甘い言葉に騙される可能性があるので、気をつけるようにという趣旨である。

だがしかし、「外国人生徒だから被害に遭うのでは」ということへの想像は、ここにはない。ましてや、記事の文末には「教室では、「あなたのみらいをまもるのはあなたじしん」と書かれたチラシが配られた」と書かれている。[★19]

ラチーノ学院のカミムラ校長はいう。「経営状態はぎりぎりです。授業料が払えず、公立学校に通う子もいます。しかし、言葉のせいで不登校になり、家で何をしているのかもわからない。不良になることもあります。誰がそういう子を守ってくれるのですか？　学校を運営でき

★18　本章にて「有日本国籍者」としたのは、在日日系ブラジル人と有日本国籍者とを対比し、その関係が不均等になっていることを強調するためである。技能実習生や、とりわけ在日朝鮮人の人たちの抱える諸問題は、本章では充分に議論する紙幅がないため、この表現を用いた。

★19　『毎日新聞』二〇一八年五月八日

なくなったら、この子たちはどこに行くんです？」[★20]——日本国籍の未成年とは同じように「じぶんのみらいをじぶんじしんでまもる」ことができないようにしているのは、いったい誰なのか。

例えば、在日日系ブラジル人四世以下で、二〇歳を超えて親元を離れれば、「定住者」の在留資格が付与される対象から外れ、在留資格が更新されるとは限らなくなる。[★21]ラチーノ学院の事務局長の鳥越氏は「こんな〔政府の態度と制度的な〕状態では、もはや誰も〔ブラジルから〕来ませんし来れませんよ」——筆者も完全に同意する。だが、日系人が日本社会を見限ったとしても、日本政府は日系ブラジル人に代わる、新しい「使い勝手のいい」「他者」を招き入れるであろう。

日本に暮らす者たちが「自分を守るのが自分自身」であるのならば、移住してきた外国人もまた自分で自分を守り安心して暮らせるような、経済的・社会的・制度的な諸条件を、まずもって行政は整えるべきではないか。

甲津畑のように地理的条件は厳しく高齢化が進む地域でも、このような展開があり得る。現代における日本の経済社会が、もはや国外からの移住者抜きには成立しない以上、本章が論じた地域活性化は、限界集落を「消滅」させるか否かといった議論よりもはるか手前にある「生産的」な議論だと、筆者は考える。

★20　『毎日新聞』二〇一六年一二月一七日

★21　在日日系人に関しても、法制度は現在目まぐるしく変わっている。詳しくは本書第2章の第5節にある「日系四世の受け入れ（二〇一八年〜）」の項目を参照されたい。

参考文献

青山薫、二〇〇九「変化する日本の入国管理政策――周縁化されたコミュニティへの影響」、『ピープルズ・プラン』第四七巻

五十嵐泰正、二〇一〇「「越境する労働」の見取り図」、五十嵐泰正編、『越境する労働と〈移民〉（労働再審2）』大月書店

第8章　日系フィリピン人一家の「家庭菜園」の意味
日本の労働市場におけるインフォーマリティ

吉田舞

1　ジャスト・イン・タイム労働者

二〇一九年一月の厚生労働省の発表によると、日本で働く外国人は過去最高の一四六万人に達した。さらに、日本では、二〇一九年四月より、特定技能の在留資格のもとでの単純労働者の受け入れを開始した。政府はこれまで国内外から批判の対象となっていた、外国人技能実習制度における「タテマエとホンネ」を撤回し、人材不足による受け入れであることを認め、将来的には家族呼び寄せや定住の可能性も示唆し、単純労働者をフロントドアから受け入れる制度を準備した。本法改正に先立ち、二〇一八年一二月に行われた第一九七回臨時国会では、新たな在留資格での受け入れに関して、すでに日本で働いている外国人についての課題に議論が集中した。そこでもっとも着目されたのが、外国人技能実習生制度である。技能実習生に対する「奴隷労働」のような扱いや、増加する実習生の失踪について焦点が置かれ、いかに日本が「労働者」ではなく、使い勝手の良い「労働力」を求めているかという点が厳しく批判された。また、今回の法改正が、移民政策ではないことが繰り返し説明される一方で、有識者や在日外国人の当事者からは、生活する労働者を移住者としてとらえ、日本人と同様に社会生活を営むことを前提とした体制準備の必要性が訴えられた。

一方、法改正の議論のなかで、なぜかあまり議題に上らなかったのが、すでに日本に定住している日系人や日本人の配偶者およびその子どもたちの問題である。かれらは、日本につながる人びととして日本での定住が許されている。そのため、ほかの在留資格のように転職や職種など、就労に関する規制がなく、いわば、日本人と同様に働くことができる。さらに、家族とともに社会生活を営むことが認められている人びとでもある。一方、技能実習やそのほかの専門職では、入国時に認められた技術や仕事以外につくことができない。そのため、身分に基づく在留資格を持った人びとは、「外国人労働者」としては早い段階から「使い勝手の良い労働力」として労働市場の中に組み込まれてきた〔梶田ほか、二〇〇五：丹野、二〇〇七〕。見方を変えれば、これらの人びとは、就労規制がなく、その意味では在留資格のなかで、もっとも就労に関する自由度が高いとも言える。同じように「使い勝手のよい労働力」とされる技能実習生には認められていない、転職も、家族の呼び寄せも認められている。しかし、その一方で、これらのフレキシブルさゆえに、さらに、必要な時に必要な数だけ雇える、使い勝手の良いＪＩＴ（ジャスト・イン・タイム）労働者となっていることを看過してはならない。

今後、外国人労働者への門戸が開かれ、長期滞在人口の増加が見込まれるなか、外国人労働者はどのように日本社会に組み込まれていくのだろうか。本章では、これらの解を得る手がかりとして、定住者や永住者などを含めた「身分に基づく在留資格」を持つ人びとが置かれている状況に焦点を当て、日本の労働市場について考察する。

本章では、このような問題関心から、「身分に基づく在留資格」がどのような社会構造のなかで不安定な状況に置かれているのかを具体的に検討する。そのために、第2節ではカキ養殖業と製造業で働く日系フィリピン人三世の日本での経験を紹介する。次に、第3節では、誰が、なぜ、どのように、日本の労働市場に組み込まれているかを理解するために、滞日フィリピン人労働者の全体図について整理する。さらに、受け入れ側の事情と、具体的な労働条件を合わせて考察する。第4節では、本章の議論を整理するために、「インフォーマリティ」の概念を用いて「使い勝手の良い労働力」を求め続ける日本社会の問題を再考する。

2　ライザ一家

●日系三世

本節では、一八年前に来日し、家族とともにカキ養殖業や製造業を転々としてきた日系フィリピン人三世のライザ（仮名）[★1]とその家族の生活について見ていきたい。

ルソン島中部のパンガシナン州の農村で生まれたライザは、日系三世。両親は物心ついたときにはアメリカとサウジアラビアに出稼ぎに出ていたため、沖縄生まれの日本人の祖母のそばで育った。祖母は第二次世界大戦中、沖縄の米軍基地で兵士をしていたフィリピン人の祖父と出会い、結婚後にフィリピンに移り住んだ。ライザがはじめて日本に来たのは一八年前。長女を産んで一カ月のときだった。すでに日本に来ていた母のきょうだいから、もしかしたらライザも、三世だから日本に来られるのではないかと言われ、試しに三週間だけの予定でビザを申請してみたところ、無事に取得できた。日本に着いたらすぐに、叔母が働くカキ養殖業者のところへ連れていかれた。その日にカキ殻をワイヤーに等間隔に設置する「通し替え」という作業を行った。一本につき、一五から一八個のカキ殻を通すうえ、水を含んでいるため、とくに産後間もないライザの体には、重みがこたえた。結局、夏になるとカキの仕事はなくなるため、三週間後に帰国をして、一〇月に再来日した。翌年も同様に、仕事がなくなる七月に帰国し、再び仕事が始まる秋ごろに日本に戻ってきた。この時、家族で来日するために、当時マニラの缶詰工場で働いていたジョナサンと正式に結婚した。その後、娘が三歳になると日本に呼び寄せてみたが、夫婦二人で働いていたため、カキ工場にベビーカーを持って行ったり、背負ってみたりと、いろいろやってみたものの、十分に子どもの面倒を見ることができず、すぐにフィリピンに連れて帰った。当時、ライザの祖父と祖母はアメリカにわたり、ライザの母をはじめ、近しい家族はみな出稼ぎに行っていたため、ライザの娘は子守りに育てられた。

ライザは来日してからこれまでに七回、転職と引っ越しを経験している。このうち六回は、親戚や知り合いの紹介による広島県内のカキ養殖業者での仕事だった。二〇〇九年には、あるカキ工場で八時から午後九時三〇分まで働いた。休憩一時間を除いても一二時間三〇分である。仕事の状況によっては四時間しか働けないときもあり、月平均すると一日当たり八時間程度となる。派遣会社を通していたので、時間給で男性が一〇〇〇円、女性が八〇〇円であった（この工場では、肉体労働の理由からか、女性のみ、年齢が上がるにつれて七五〇円から七〇〇円へと時給が低下していく仕組みになっていたという）。

★1　本章では、プライバシー保護のため、登場人物の名前を仮名とするほか、個人の特定を避けるために、論文の主旨に影響を及ぼさない範囲で一部の属性を変更する。

ライザの手取りは平均して一七万円程度であった。そこから、派遣会社が用意した家賃一カ月六万円が引かれた。社会保険（健康保険、厚生年金、雇用保険）に加入すると時間給が二〇〇円安くなるといわれた。単純に平均八時間勤務として一日で一六〇〇円、二五日×一六〇〇円×二人分と考えると、社会保険に入ると世帯収入が一カ月八万円は減る。ライザとジョナサンはより手取り額が多い方を選択し、社会保険には加入しなかった。しかし、その数カ月後、ライザは入院を機に、国民健康保険と住民税の未納分約五〇万円を遡及請求されることになった。

カキをむき身にするカキ打ちの仕事は、季節労働であるため毎年夏場（例年五月〜一〇月ごろ）には仕事がなくなる。日系フィリピン人の中には、この間はフィリピンに帰国する労働者も多いが、日本で三人の子どもを育てていたライザ一家にはその余裕はなかった。そのため、夏に仕事がなくなることを考慮の上、カキの仕事があるうちは、とにかく夫婦で働いた。ライザは、平日は毎日、弁当工場で午後八時から午前六時まで働いた。午前七時に帰宅し、急いで支度をして午前八時から午後五時までカキ打ちの仕事に出た。午後六時に帰宅して、子どもたちの世話をして、少し仮眠をとってまた弁当工場に向かった。平日に寝る時間はなかった。ジョナサンもまた、午後八時から午前二時まで弁当工場で働き、早朝から夕方までカキ工場に出かけた。このように、ライザ夫婦は同じ職場で働きながら、三人の子どもの世話をするために、少しずつ勤務時間をずらしながら働いた。このような生活が一年続いたが、遡及請求の支払いをはじめ、フィリピンへの仕送りと借金返済のため、貯金は全くできなかった。結局、大家でもある雇用主との間で問題が生じ、三年前に現在の家に越してきた。

ライザ夫婦は一度だけ、名古屋のテレビパネルの組み立て工場で働いたことがあるという。製造業の仕事はどうだったかと聞くと、二人とも口をそろえて「工場労働はカキに比べたら楽だった」と答えた。ここに、カキの仕事がいかに重労働なのかを垣間見ることができる。しかし、その会社も景気悪化のために派遣切りとなり、また広島に戻ってカキ打ちの仕事についた。ライザらが転職のたびにカキ打ちの仕事に戻るのにはわけがあった。カキ打ちの仕事の場合、その多くが、家族用の住居も一緒に提供されるからである。たいてい、雇用主や地域の空き家かアパートであるが、これにより、引っ越しにかかる資金を準備する必要がない。[★2] もちろん、仕事仲間のネットワークも持っているし、長年の経験からカキ打ちとしての技術力は高く、仕事につきやすいという背景もある。しかし、蓄えがないまま子連れで引っ越しをしようと思うと、どうしても住居付きの職場を選ばざるを得ない。このようにして、この一八年間、ライザ

★2　日系人が来日する場合、派遣会社が来日費用や当面の生活費などを貸し付け、返済が終わるまで派遣会社のもとで働かざるを得ないということが一般的である。

夫婦は住居付きの職場を転々としながら働き続けてきた。

●セーフティネットとしての「家庭菜園」

広島県某市郊外にあるライザの家の庭には、かぼちゃの花、オクラ、唐辛子、ししとう、ツルムラサキ、トマト、モリンガ、ゴーヤ、里芋、ヘチマ、色とりどりの野菜ができている。毎朝、夜勤からもどると、少し庭いじりをして収穫をする。夏はもっとも収穫の多い時期で、家の門を入ると二階の屋根から玄関先にかけて、色々な野菜の葉っぱや花がネットを覆っている（次ページ写真）。趣味というには本格的すぎる野菜の種類である。この家庭菜園のおかげで、野菜はほとんど買うことがない。この夏にはライザが入院したため、一カ月近く仕事に出られないことがあったが、食費がない時は、毎日、葉野菜のスープを作った。毎日同じスープでも、子どもたちは文句一つ言わず食べた。

「神様、私たちに恵みの野菜を与えてくださり、ありがとうございます。」

ライザはピンチが訪れるたびに、野菜に感謝をした。つらい時期こそ、彼女のＳＮＳには収穫直後の野菜の写真が感謝の言葉とともに並んだ。

現在の住まいは、雇用主の家のすぐ近所の一軒家である。休みの日は同じように県内のカキ養殖業で働いている親戚の家に遊びに行くこともあるが、自宅で過ごすことが多い。ライザは昨年から、三年契約で自動車メーカーの下請け工場の派遣社員として部品検品の仕事をしている。昼間は子どもたちとの時間を作るため、自ら夜勤を希望した。時給は一一〇〇円で夜勤としては高くないが、これまでのカキ打ちの仕事と異なり、社会保険や年金など社会保障制度はすべてそろっている。現在の家は、ジョナサンが勤めているカキ養殖業の社宅である。社宅といっても、雇用主が自分の家の近所の空き家をライザ一家のために借り、無償で提供している。カキ打ちの仕事はもともと季節労働であり、夏場は毎年仕事がなく、失業状態となる。今年は五月に仕事が終わり、一一月半ばになってもまだ仕事が始まらない。雇用主はこの時期をライザ一家がしのぐために、以下のような「配慮」をしている。

まず、失業時の光熱費の立替である。オフシーズンの光熱費は、雇用主が立替え、仕事が始まると、毎月

2階部分から庭一面にネットをつたう野菜（2019年８月筆者撮影）

の給料から天引きされる。カキ打ちの仕事はピーク時には三〇万円近くまで稼げることもある。これに関して、雇用主には「日本人より高い給料を払っている」と何度も言われる。しかし、この会社では日本人は社会保険に加入しているが、ライザたちは社会保険に加入していないため社会保険料の控除がない分、日本人よりも高いのは当たり前である。さらに、最初の給与からオフシーズン期に雇用主が立て替えていた光熱費の請求がはじまるため、毎月二カ月分もしくはそれ以上の光熱費を天引きされる。そのほかにも、子どもたちの学費や給食費、病院への医療費、そのほか税金関係の未納金など、夫婦の稼ぎは、ほぼすべて借金返済に充てられる。このように、ライザたちの場合、仕事がある時期は、借金返済で貯蓄がままならず、仕事がなくなると、再び雇用主への光熱費の借金サイクルがはじまる。このような、雇用主による社宅の提供や、光熱費の立替（前貸し）といった「配慮」は、人手不足の季節労働の現場において、確実に労働者を囲い込むために機能している。

ある日の収穫物。かぼちゃの花、ゴーヤの葉、ツルムラサキなど（2019年8月筆者撮影）

次の「配慮」は、失業保険の手続きである。毎年、オフシーズンになると雇用主に付き添われ、ハローワークに雇用保険の手続きに行く。しかし、本人に失業給付金が全額渡されることはない。通帳も印鑑も雇用主に管理され、一〇万円だけ生活費として支給されたものの、残りの失業給付金は、借金清算のためと、取り上げられる。さらに、失業給付金を受給しているため、ハローワークなどで、おおやけに職探しをすることができない。一方、雇用主には、「バイト頑張ってね」と言われる。ここに、来シーズンまでインフォーマルな形で働いて食いつなぐという暗黙の了解がある。

さらに、雇用主は、来シーズンも職場で働くことを前提に家を貸しているため、本当に仕事を辞めて、ほかへ転職をすれば、その時点で家を追い出される。しかし、思春期の子ども三人が住める住居に引っ越しをしようと思えば、それなりの大きさが必要であり、ぎりぎりの生活をしている彼ら／彼女らに、敷金など合わせて家賃数カ月分の初期費用を準備する余裕もない。そのため、ジョナサンは、たまに入ってくる建設現場の日雇いの仕事や、ほかのカキ打ち場（カキ打ちの作業場）で人手が足りないという噂を聞きつけてはヘルプに入る。これらはすべて社会保険への加入などのない、日雇い労働である。万が一、怪我をしても、労災保険の手続きがなされる保障もなく、満額自己負担となることもありうる。日本に親戚や友人もいるが、経済面で頼れる人はいない。食べ盛りの子どもを三人抱えての食費や日用品費は一カ月平均三

〜四万円である。オフシーズン期には、ライザの製造業での収入の大部分を、未納分の社会保険料や子どもたちの教育費、親戚などへの借金返済に充て、日々の食費や生活用品はジョナサンのバイト代で賄っている。財布の中に、数百円しか入っていないこともある。そんなとき、野菜が家族の腹を満たしてくれる。どんなに借金の問題で悩んでいても、収穫があれば、その日の食事はなんとかなる。これらの野菜こそ、ライザ一家が日本での生活を生き抜くために欠かせない、物理的かつ精神的なセーフティネットとなっている。

3　労働力不足と日系フィリピン人労働者

●フィリピン人労働者

ライザ一家は、滞日外国人労働者のなかでも、就労に関する規制がもっとも少ない身分に基づく在留資格（永住者、定住者、日本人の配偶者等）にあたる。厚生労働省の統計によると、二〇一九年一〇月末時点で、日本で働く外国人労働者は一六五万人を超えた。そのうち、フィリピン人労働者は外国人労働者全体の一〇・八％（一七万九六八五人）を占めており、中国二五・二％（四一万八三二七人）、ベトナム二四・二％（四〇万一三二六人）についで三番目に労働者の数が多い〔厚生労働省、二〇二〇〕。ここで、日本の労働市場の中でのフィリピン人労働者の全体図を見てみよう。図1は、日本で働くフィリピン人の在留資格や、求められるスキル、平均収入の相対的な特徴を、厚生労働省の統計をもとに整理したものである。実際には、在留資格や職業、職場の規模、作業内容によって必要とされるスキルや収入は変わるため、明確に分類することは難しい。それらを踏まえたうえで、身分に基づく資格の特徴に着目すると、労働人口の多さと労働市場での分布の広さが挙げられる。まず、労働人口について、この在留資格は全体の六九・七％（一二万五一九七人）を占めており、フィリピン人労働者のなかでもっとも多いことがわかる。この背景には、次に挙げる三つの事情がある。一つ、日本では、一九八〇年代から九〇年代にかけて、興業ビザのもと、フィリピン人女性をエンターテイナーとして受け入れていた。二〇〇四年のピーク時には五万人ものフィリピン人女性が来日した。二〇〇五年に興業ビザの発行が厳格化されると、日本人との国際結婚率が増加した。その結果、現在は、日本人の配偶者もしくは、日本人との間に生まれた子ども（JFC: Japanese-Filipino Children）の保護者という身分に基づいて、日本で働いているシングルマザーのフィリピン人女性も多い[★3]（高畑、二〇一二：小ケ谷、二〇一六）。二つ、ライザ一家のように、戦前・戦中にフィリピンに渡った日本人の子孫である日系フィリピン人とその家族など、戸籍関係上、何らかの形で「日本とつながっている人」の来日が増えている[★4]。彼ら／彼女らの多くは、あまり高い日本語能力を必要としない製造業、農業、漁業、宿泊業（清掃や調理）、飲食業などで働いている。これらの多くが、派遣労働者やアルバイト、口約束などでの雇用形態となっている。三つ、エンジニアなどのいわゆる「高度外国人材」といわれる人びとやその家族、ホテルのシェフやレストランの調理人など、専門的技術や技能の在留資格で、長期滞在している人びとの定住・永住者ビザへの切り替えである。

次に、労働市場での分布に着目すると、職種などの法的制限があるほかの在留資格と比べ、身分に基づく在留資格は、労働市場に幅広く分布していることがわかる。例えば、技能実習生や特定技能、留学生や技術・人文知識・国際業務（技人国）等の資格の場合、職種や労働時間、在留期間の延長などが法的に制限されている。また、オーバーステイをしているフィリピン人に

図1　フィリピン人労働者の労働市場における位置

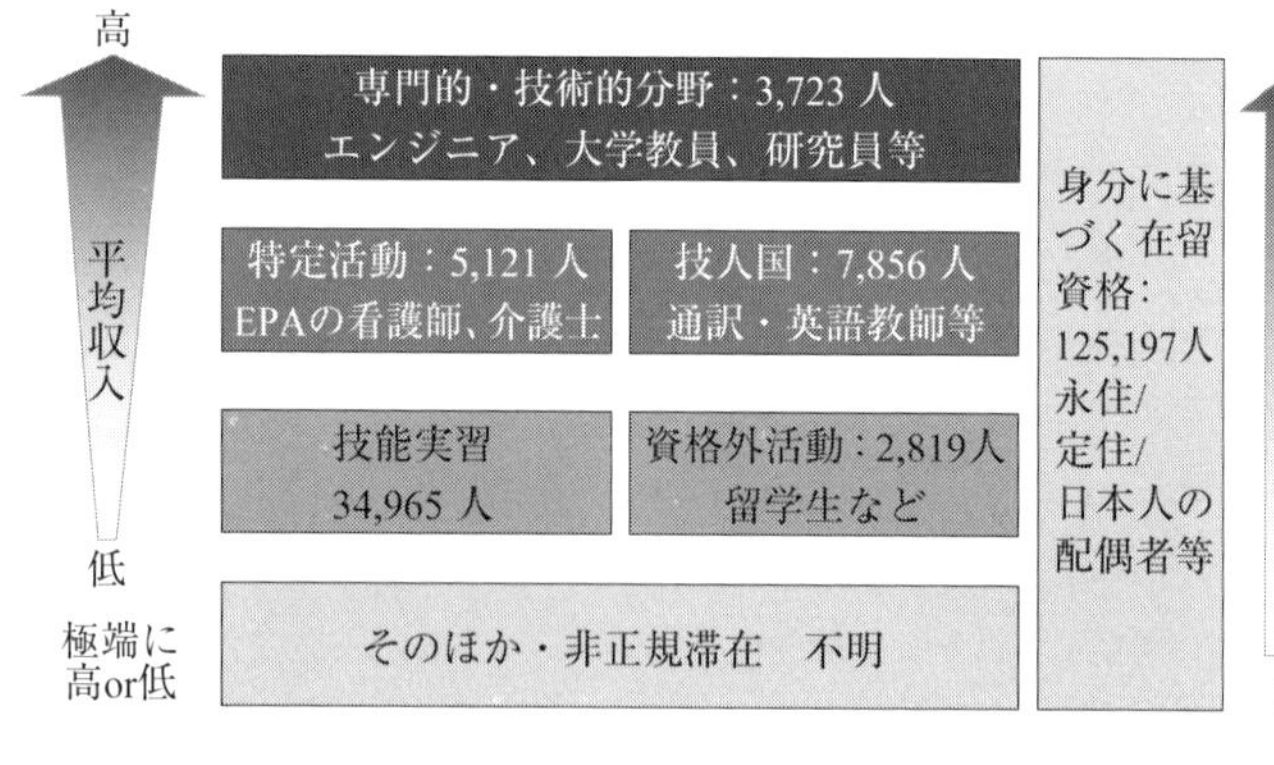

参照：厚生労働省〔二〇二〇〕国籍別・在留資格別外国人労働者数
上林千恵子〔二〇一五〕より筆者編集

ついての統計はないが、これらの人びとも相当数いると推定される。当然ながら、就労制限をかけられることなく働いているグループとして捉えることができるが、オーバーステイの外国人を雇用すると、雇用主も罰せられるため、身分に基づく在留資格に比べると、就労機会や職種が限られる。これらの状況から、日系人が、日本の外国人労働者のなかで、フレキシビリティ

★3　高畑幸は、日本のフィリピン人の移住者の内訳について、次の五つのカテゴリーを示している〔高畑、二〇二〇〕。①第一世代：日本人と結婚したフィリピン人。いわゆる結婚移民である。日本人配偶者とは別のフィリピン人のパートナーとの間に生まれた子ども。②一・五世代：第一世代の女性がフィリピンから呼び寄せた子ども。③第二世代：第一世代の女性が日本に来て産んだ日本人との間の子どもにあたる。④日系フィリピン人：戦前フィリピンに渡った日本人移民の子孫とその配偶者。⑤新日系フィリピン人：日本人男性とフィリピン人女性との間に生まれたが、離婚や婚外子としてフィリピンで育った子ども。このうち、第二世代（③）以外は、多くの場合、フィリピン語を母語として習得した後に日本に来ているため、日本語能力が日本で仕事する際の障壁となっている。

★4　二〇一九年一一月現在は、二世、三世の配偶者と一八歳以上三〇歳以下の四世まで在留資格が取得できる。

が高い労働者であることがわかる。

このような、身分に基づく在留資格の特徴を踏まえ、「身分に基づく在留資格」と日本の入国管理政策との関係について考えてみたい。日本政府は、外国人労働者への門戸開放について、移民政策ではないというスタンスを取り続けている。また、その背後には、治安維持や社会的コストなどの懸念があることがしばしば指摘される。その一方で、外国人の永住や長期滞在化は以前よりも進んでいるようにも見える。丹野清人はこのように、家族帯同や長期滞在を避けようとする国の方針と、長期滞在化が進む地方自治体との取り組み方の違いを指摘する〔丹野、二〇一九〕。つまり、外国人労働者の総人口がリーマンショック後一〇年間で三倍に増加しているなかで、滞日総人口は一九％しか増加しておらず、働いていない外国人人口はさらに減少している。これには、送り出し国とのＧＤＰ格差の縮小など、送り出し側の経済的変容も考慮する必要があるが、同時に、非労働力である子どもの教育や生活保護、高齢者の年金の問題など、非労働者が日本社会で生活するためのコスト削減の傾向が関わっている。また、身分に基づく在留資格保有者が減少していく一方で、在留資格としては、身分に基づく外国人労働者は増加しており、ほかの在留資格では雇いにくい職種や労働条件に、組み込まれている〔丹野、二〇一九〕。ここから丹野は、外国人の「総数が増えているにもかかわらず、労働しない部分の持続的削減に成功している」〔丹野、二〇一九〕という点で、「移民ではなく労働力を受け入れる」

という意図のもとでの日本の入管政策は成功していると指摘する。これについて、滞日人口構成の変化をフィリピン人に特化してみていると、さらに明確になる。図2は、法務省が発表している「在留外国人統計」の過去十年間のフィリピン人の総計から、厚生労働省へ「外国人雇用状況」の届出のあった労働者数を引いたものを非労働者として表したものである。[★5] ここからは、厚生労働省の二〇〇九年の労働者数は四万八八五九人だったのに対し、二〇一九年には一七万九六八五人となっており、約三・六倍まで増えていることがわかる。フィリピンの場合は、先に述べた興業ビザなどの背景から、日本人の配偶者等の在留資格が多かったことも関係し、同じように日系人の多いブラジルやペルーなどに比べると、もともと非労働者として入国していた人口が多いのも特徴である。しかし、微減ながらも、非労働者が減少している背景には、帰国やほかの国への移住のほか、長期滞在化により、帰化するケースや、前述したとおり、もともとは、日本人の配偶者等の資格で日本に住んでいた一・五世世代や新日系フィリピン人

★5　この算出方法は、丹野〔二〇一九〕を参考にしたものである。表には、オーバーステイなどの非正規滞在者や、観光ビザでの就労は含まれないため、実際は、日本で働くフィリピン人はこれよりもさらに多いと思われる。

の子どもたちが生産年齢人口に達して労働者になったということも考えらえる。さらに、技能実習生制度が一本化された二〇一〇年以降、フィリピン人技能実習生が急増していることも労働者急増の背景にある。

●カキ養殖業における外国人労働者

次に、これらのフィリピン人労働者を受け入れる側の事情をみてみたい。ライザ夫婦が携わってきたカキ養殖業は、近年、深刻な人手不足に陥っており、多くの外国人労働者が受け入れられている。広島県は全国有数のカキの産地であり、二〇一八年の広島カキの生産量は一〇万四〇一四トン（総生産量に対する広島県の占有率五八・九％）で、国内トップを維持している。さらに、過去一〇年で国内

図2　滞日フィリピン人の人口構成

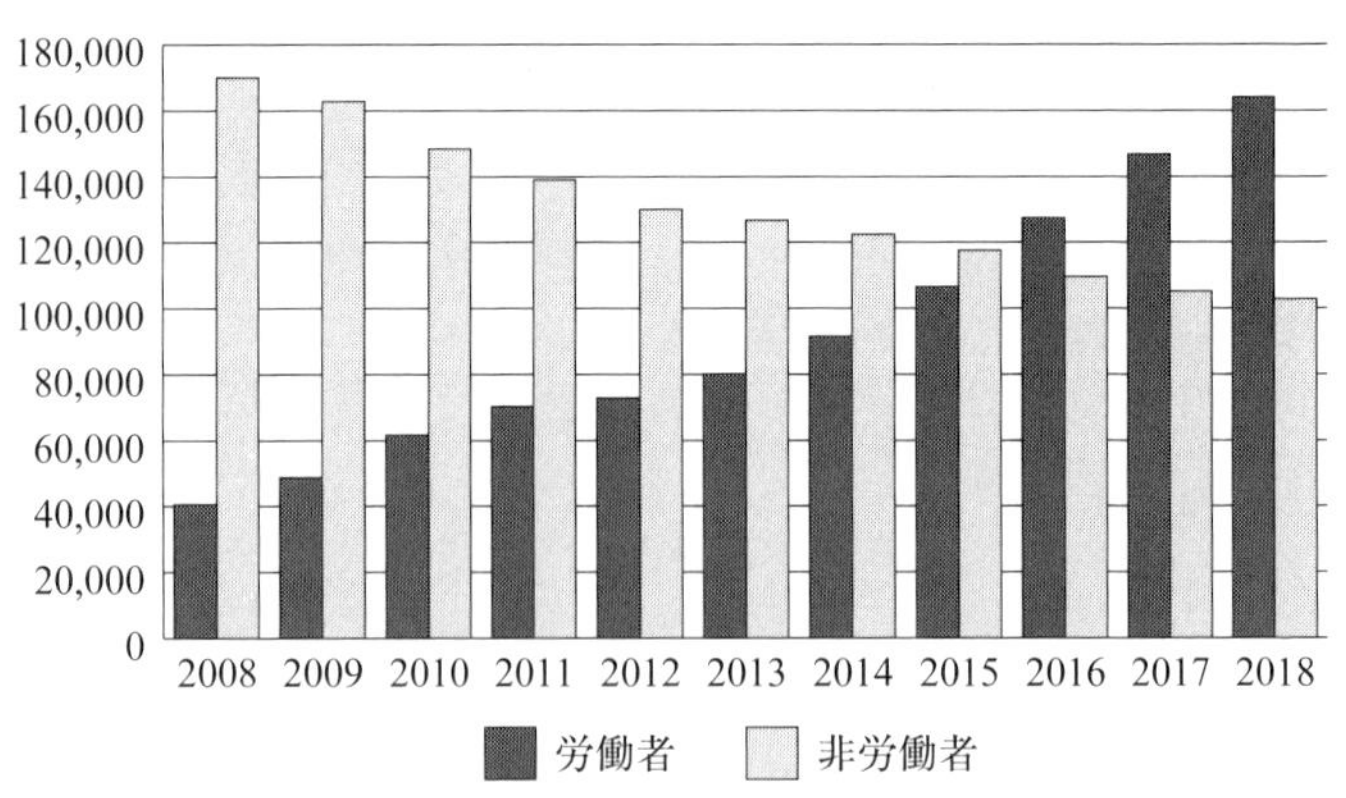

法務省「在留外国人統計」、2020、厚生労働省「外国人雇用状況」、2020、より 筆者作成

シェア率は若干の増減はあるものの、毎年の生産量は平均して一〇万トン前後を保持している（表1）。一方で、漁業センサスによると、広島県のかき類養殖業は、二〇〇八年には三五三経営体あったが、二〇一八年には二八七経営体まで減っている（広島県、二〇二〇）。

この背景には漁業就業者の高齢化にともなう労働者の減少がある。表2は、広島県の自営カキ養殖業の就業者数を示したものであるが、二〇〇八年の四八九人から、二〇一八年には三二三人と一〇年間で一六六人（約三四%）も減少している。また、就業者に占める年齢層に着目してみると、二〇〇八年では就業者年齢の中でもっとも多いのが六〇—六九歳（一四二人）であったが、二〇一八年

表１　広島県の殻付きカキ生産量　（単位：t）

	2008	2009	2010	2011	2012	2013	2014	2015	2016	2017	2018
広島県	96,761	105,882	107,320	107,383	114,104	106,111	116,672	106,851	95,634	103,454	104,014
全国	190,344	210,188	200,298	165,910	161,116	164,139	183,685	164,380	158,925	173,900	176,698
全国シェア	50.8%	50.4%	53.6%	64.7%	70.8%	64.6%	63.5%	65.0%	60.2%	59.5%	58.9%

江田島市統計、2019より

表２　広島県の年齢別・カキ養殖業就業者の割合（個人経営体・自営）（括弧内は実数）

	15-19歳	20-29歳	30-39歳	40-49歳	50-59歳	60-69歳	70歳以上	合計
2008	1.0 (5)	6.5(32)	11.0(54)	14.3(70)	23.9(117)	29.0(142)	14.1(69)	(489)
2013	0(0)	5.3 (19)	9.7 (35)	12.8(46)	23.1(83)	31.8 (114)	17.3 (62)	(359)
2018	0.3 (1)	3.4 (11)	6.5(32)	18.3 (59)	17.6(57)	25.1 (81)	28.8 (93)	(323)
世代別	10.2%			35.9%		53.9%		100%

広島県漁業センサス、2018-2008より筆者作成

では、七〇歳以上（九三人）となっている。ここから、若年・中年層の年齢層が増えないなか、高年層の労働者が年を重ねながら、産業を支えているのがわかる。さらに、二〇一八年のデータを世代別にみると、一〇代〜三〇代が一〇・二％（二一六人）、四〇代〜五〇代が三五・九％（七三三人）、六〇代以上が五三・九％（一一七四人）となっている。ここに、県内のカキ養殖業で働く就業者の約九割が中高年層となっていることがわかる。このような状況のもと、国内トップレベルのカキ生産量を維持するためには、外国人労働者の雇用が必須となっている。カキ養殖業の日系人労働者に関する統計はないが、例えば、県内でも有数のカキ養殖産地である江田島市では、二〇二〇年一月に、全人口の三・四％にあたる七八三人（六五八世帯）の外国人が暮らしており、その多くが日系人や日本人の配偶者、そして技能実習生として、カキ養殖業に関わる仕事についていると考えられる〔江田島市、二〇二〇〕。このように、カキ養殖業者や漁業就業者の数が減少し、高齢化が進んでいるなか、外国人労働者は、貴重な「労働力」として欠かせない存在となっている。しかし、ひとえに「外国人労働者」といっても、技能実習生と日系人では異なっており、現場では、相互補完的に雇用される。例えば、ある会社では、派遣会社や管理団体などを一つに集中させることへのリスクを回避するため、実習生と日系人を両方雇用している。その一方で、同じ仕事でも、在留資格によって給与などの条件が異なるため、労働者間で情報共有をして余計なトラブルを回避するために、もともと日系フィリピン人が多く入っているところには、ベトナム人の実習生を入れるなど、意図的に国籍を混合させるところもある[★6]。以下では、雇用主から見た労働者としての日系人と技能実習生の違いについて見ていきたい。

●ジャストインタイム労働者としての日系人

日系人と技能実習生の一番の大きな違いは、雇用者としての管理規制の程度にある。まず、技能実習生の場合は三年の契約で来日しているため、雇用主の都合でクビにするわけにはいかず、建前上、三年間雇用し続ける必要がある。さらに、雇用をしているうちは、仕事量にかかわらず、給料の支払い義務や、受け入れ監理団体などへの管理料が発生する。また、万が一、

★6　広島県が二〇一三年に県内のかき養殖業者三一四社を対象として行った技能実習生の実態調査の結果、全体の約八割にあたる二六一業者が技能実習生を受け入れており、受入れ実習生数は七九三人であった。技能実習生の国籍の内訳は、中国人七七二人（九七・三％）、インドネシア人一八人、ベトナム人三人と、中国籍がもっとも多かった〔広島県水産課、二〇一三〕。二〇一七年に筆者が行った調査によれば、技能実習生の国籍は中国人からベトナム人に移行しているが、どちらにしても、県内のカキ養殖業で働いているフィリピンの技能実習生は少ない。

技能実習生が失踪した場合は、雇用主の損失になるだけでなく、新規の受け入れ停止などの罰則化も検討されている。一方、日系人の場合、ライザ夫婦のように、シーズンや雇用主の都合に合わせて、雇用をしたり、長期休暇を言い渡すことができる。転職の自由は認められているため、突然連絡が取れなくなっても、雇用主に対する罰則はない。実際は、住居付きの職場の場合、引っ越しのコストや手間を考えると、カキの仕事がない時は帰国するか、ほかでアルバイトを探すことになる。また、日系人の場合は、未成年の家族を呼び寄せることができるが、子どもが地元の学校に通っている場合、転校などの手続きも必要となるため、気軽に転職することや仕事がない時期だけ帰国することも躊躇される。これらの状況から、日系人の場合、技能実習生よりもさらにフレキシブルに調整でき、かつ、家族帯同の場合は、より住居（もしくは地域）への拘束力が高いため、冬場の労働力としてプールされていることがわかる。

さらに、もう一つ、社会保険の違いがある。技能実習生を雇用する場合、タテマエ的には、契約書や、三年間の実習計画、給与明細などの書類の発行が求められる（事実と異なる内容は多い）。また、社会保険への加入、最低賃金、労働基準法などの遵守が雇用主側に義務付けられており（遵守されていないことも多いが）、雇用主も、監督署や外国人技能実習機構または入管などの監視の対象となっているため、この意味で、制度的には守られている。一方、カキ打ちの日系人で社会保険に加入している人は少ない。さらには、国民年金、国民健康保険や住民税の制度について知らされていなかったり、自宅に支払い請求などがきても、日本語が理解できないために通知が読めず、資産差し押さえになるまで滞納している人も多い。また、ライザのように何らかの理由で国民健康保険に加入せざるを得なくなると、過去二年から三年に遡って、国民健康保険料や住民税の請求を受けることになり、大きな借金を抱えることになる。ここから、移住者であることを認め、労働者として受け入れているにもかかわらず、住民としても労働者としても権利の埒外におかれている現状が浮かび上がる。

４　「外国人労働者」とインフォーマリティ

本章では、日本の労働市場と現在の外国人受け入れ制度のもとで、いかに使い勝手の良い労働力が提供され続けているかという点を考察した。以下では、日本の外国人労働者の不安定な状況を作り出す文脈を捉えるためのツールとして、「インフォーマリティ」という概念を用いて、本章の議論を整理する。「インフォーマル」の用語については、これまで途上国の労働に関わる研究の中で、インフォーマル住居や、インフォーマル・セクターなど、非合法もしくは、非公然な状態を表す際に用いられてきた〔吉田、二〇二〇〕。しかし、非公然な手段（や仕組み）を使って利益を得ることは、決して、途上国の貧者だけが経験するものではない。先進国や富裕者であっても非公然な手段を使い、利益を得ることもある。[★7] 本章は、このような問題意識のもと、社会におけるフォーマル／インフォーマルな状況が、すべて国家行政と資本、人びとの交渉の帰結による政治的構築物であるとしてとらえる。つまり、本章で考察したような、日系人労働者が置かれている不安定でインフォーマルな状況は、次の三つの関係性のなかで構築されている。

まず、国家による外国人の受け入れ政策である。国家行政は、「日本につながる人びと」の権利として公に門戸を開く。日系人や日本人の配偶者は、日本につながるものの権利として公に定住する資格を認められる。[★8] そこでは、日本の懸け橋になることや日本文化の習得が謳われる。そして、「日本につながる人びと」が日本で生活を維持するため、就労が許可される。このように、血統主義的な理由の後付けとして、就労制限なく働くことが許されている。しかし、この制度的理由づけが、資本にとって使いやすい労働者を生み出している。

次に、資本（産業界や事業主）による使い勝手のよい労働力確保のニーズである。資本は、「日本につながる人びと」をフレキシブルな労働力として労働市場の底辺部に組み込む。一方で、言語も、文化・社会・経済的背景も異なる日系人の多くは、日本の労働市場のなかで、「差異をもった労働者」として、日本人労働者とは区別される。それは、あるときは日本人による「配慮」という形で現れる。雇用主は、社会保険の手続きをとらない代わりにシーズン期には高い給料を支給したり、オフシーズンにも無償で住居を提供したり、金を前貸しする。これによって、季節労働者をプールしておくことが可能となる。こうして、彼ら／彼女らは日本の労働市場と地域社会の底辺部に組み込まれる。

そして最後に、そこでひたすらに生きる日系人労働者である。彼ら／彼女らは「日本につながる人びと」の権利や、フレキシブルな労働力としての位置を、自らの生活を向上させる手段として受け入れる。彼ら／彼女らは、自らが置かれた不安定な状況に合わせて、自らの生活もフレキシブルに組み立てなければならない。稼げるときは、最大限に稼ぎ、仕事がない時は、非合法であろうと、なかろうと、なんらかの手段で日々生じるニーズに対応していかなければ

★7　このようなインフォーマリティの捉え方は、アナーニャ・ロイの都市インフォーマリティ論に通じる。ロイはこれを「都市において、絶え間なく変容する合法／違法、正規／非正規、公認／非公認の関係性を明らかにするための発見的装置」〔Roy, 2011: 233〕として定義している。

★8　法務省による日系四世の受け入れ制度の説明によると「日本文化を習得する活動等を通じて日本に対する理解や関心を深めてもらい、日本と現地日系社会との架け橋になっていただくことを目的とした制度」とある〔法務省、二〇一九〕。

ならない。このように、日本人労働者とは異なる、「差異をもった」日系人労働者の不安定な状況は、国家と資本との関係性のなかで構築されている。

いま、日本は「特定技能」というフロントドアを開き、長期的には永住や家族呼び寄せを可能にする〝大転換〟を迎えようとしている。果たして、移住労働者として迎え入れるために、タテマエを取っ払い、フロントドアを開くだけでいいのだろうか。新しい在留資格のもとでの受け入れは、政府関係者だけでなく、雇用主や支援団体、地域社会など、生活や職場レベルで直接、外国人労働者とかかわる現場からも、「実際にやってみないとわからない」という声があがっている。しかし、本章で取り上げた、すでに移住している外国人労働者が直面している問題こそ、この大転換の行く末としてみることが必要なのではないだろうか。また、本章ではインフォーマルな状況が構築される構造に視点をあてたが、このようなインフォーマルな状況を構築せねば存続できない現在の産業構造への批判的分析も同時に考察していく必要がある。

参考文献

梶田孝道・丹野清人・樋口直人、二〇〇五、『顔の見えない定住化――日系ブラジル人と国家・市場・移民ネットワーク』名古屋大学出版会
上林千恵子、二〇一五、『外国人労働者受け入れと日本社会――技能実習制度の展開とジレンマ』東京大学出版会
小ケ谷千穂、二〇一六、『移動を生きる――フィリピン移住女性と複数のモビリティ』有信堂
高畑幸、二〇一二、「在日フィリピン人研究の課題――結婚移民の高齢化を控えて」『理論と動態』第五号
丹野清人、二〇一九、「「出入国管理及び難民認定法」改正と日本の外国人労働者――外国人の受け入れを社会学から考える」『季刊労働法』二六五号
Roy, Ananya, 2011, Slumdog Cities: Rethinking Subaltern Urbanism, *International Journal of Urban and Regional Research*, Vol. 35.2:223-238.
吉田舞、二〇一九、「公共空間とストリート・ベンダーのポリティクス――マニラの国立公園の事例から」『解放社会学研究』解放社会学会、第三二号
――、二〇二〇、「労働のインフォーマリティ再考――マニラのストリート・ベンダーを事例として」『日本都市社会学年報』第三八号

参考資料

江田島市、二〇一九、『令和元年度版統計書』

――――、二〇二〇、『住民基本台帳人口（地区別人口）令和二年一月分』

広島県、二〇二〇、「平成三〇年度～平成二〇年度性別・年齢階層別統計」『漁業センサス』

広島県水産課、二〇一三、「かき養殖作業実習生就業実態調査結果」『中間報告』

法務省出入国在留管理庁、二〇一九、「日系四世の更なる受入制度」http://www.moj.go.jp/content/001257981.pdf（二〇二一年二月二三日最終アクセス）

――――、二〇二〇、「在留外国人統計」http://www.moj.go.jp/isa/policies/statistics/toukei_ichiran_touroku.html（二〇二一年二月二三日最終アクセス）

厚生労働省、二〇二〇、「外国人雇用状況」の届出状況まとめ（令和元年一〇月末現在）https://www.mhlw.go.jp/stf/newpage_09109.html（二〇二一年二月二三日最終アクセス）

コラム　ブラジルにおける日系人をめぐる最近の状況

●帰国した日系ブラジル人の状況

私は、二〇一七年秋にサンパウロとその近郊の日本人入植地であるピエダージという町を訪れ、日本への出稼ぎを経験した日系一～三世の日系ブラジル人十数名に聞き取りをおこなった。

日本への出稼ぎを経験した日系ブラジル人たちが、どのような思いで日本へ向かい、日本で何を感じ、帰国後どのような生活を送っているか紹介する。

・出稼ぎ日系ブラジル人が日本で感じたこと

私が聞き取りをおこなった日系人のうち日系一・二世の多くは、一九九〇年代にピエダージから日本に渡り、約二〇年間、日本で就労、生活し、リーマンショック後にブラジルに帰国をしていた。日本では、自動車部品、食品、衣料など製造業の工場で就労した者が多かったようであるが、中には、自動車の設計という専門業務に従事していた者や、職場の一定の部署で責任者を任されていた者もいた。

一九九〇年代の初頭には、日本の会社が日系ブラジル人のリクルートのためピエダージにやって来ることも多かったという。そうしたリクルーターの勧誘や、先に日本に渡った親族からの話に関心を持ち、自らも日本に渡った者が多い。日本に渡った主な動機は、両親の祖国を見てみたいというものであった。また、日本に行けば日本人と同じように稼げると思っていて、ある程度稼いで五年以内にはブラジルに帰ろうと考えていた者が多かったようである。

日系一世は日本で生まれた後、両親と共にブラジルに移民した人々であり、日系二世も、日本からブラジルに移民した両親の間に生まれた人々であるが故に、日本語を普通に話すことができるか、かなりの程度話すことができた。そのためであろう、日本では言葉で不自由することはなく、職場やご近所でも日本人にかわいがられたという。むしろ、ブラジル人同士で残業の取り合いになったり、日本語ができて職場で日本人と親しくしているがために同じブラジル人からやっかみを受けたりすることがあり、ブラジル人との関係に苦慮することが少なくなかったようである。

日本での彼らの給料は、当初から比較的よく、時給にして一五〇〇円程度が支給されており、残業代を含めると月収が五〇万円になることもあったようである。リーマンショック以前に私が弁護士として支援をした日系人労働者たちも、製造業の工場で就労し、月に四〇～五〇万円を稼いでいる者は珍しくなかった。ただ、日本での仕事は決して安定していたわけではなく、直接雇用の正社員として就労していた者は少なく、派遣会社（当時、製造業への労働者派遣は認められていなかったから、実態としては業務請負を偽装する業務請負会社）の社員として就労し、派遣会社の都合で数年お

日本からのブラジル移民100周年を記念してピエダージの町の入り口に建てられた鳥居（筆者撮影）

きにいくつもの職を転々としていた者が多かった。少しでも給料の良い仕事、残業の多い仕事を求めて転職を繰り返す者も多かったようである。

私が聞き取りをおこなった日系一・二世の中で五年以内に帰国した者はわずか一名であった。この一名は、日本に渡った後、ひたすらに働き、生活を切り詰めて資金を貯め、三年後にブラジルに帰国し、日本で貯めた資金を元手に農業で成功を収めた。それ以外の日系一・二世たちは、数年で帰国するつもりが、結果的に、二〇年近い年月を日本で過ごすことになった。ブラジルでの仕事の確保が難しい状況だったということもあるし、日本での生活に慣れてしまったという事情もあったようだ。

私が聞き取りをおこなった日系人のうち日系三世は、日本から帰国してピエダージで生活する日系ブラジル人の一部の他、弁護士として外国人労働者の支援にあたる中で知り合った日系ブラジル人労働者の子弟や、次項で紹介するブラジルの人材斡旋会社の担当者などである。彼らが日本に渡った動機は、日系一・二世のそれとは大きく異なり、また、同じ日系三世の中でも、各自のおかれた状況によって日本で感じたことは大きく異なるようである。

彼らの多くは、日系二世の父親または母親をもち、日本に出稼ぎに行く親に連れられて日本に渡った。父親、母親のいずれかが日系人ではない場合も少なくなく、また、日本に渡った時点では日本語がほとんど理解できなかった者が多い。

日本語ができない日系三世や日系二世の配偶者は、日本社会への順応に苦労したようである。私が聞き取りをおこなった日系三世の一人は、日系二世だった父親が日本で子らにしっかりした教育を受けさせたいと考えていたため、あえて同じ日系ブラジル人の少ない地域に住み、子らを日本の学校に通わせたという。本人は、来日時にまだ七歳だったということもあり、日本語を覚えることができ、高校の途中まで日本の学校で学んだ。何もなければそのまま日本で生きていくものと考えていた。しかし、日系人ではない母親や、来日時に一〇歳になっていた姉は、日本語に苦労し、姉は学校でいじめにあったこともあって、日本社会になじむことができず、ブラジルへの帰国を望んでいたようである。結局、この一家は、父親の死を機にブラジルに帰国することになった。

別の日系三世は、一一歳で両親に連れられて日本に渡ったが、学校に他にも数名のブラジル人児童がいたことからサポートをうけることができ、しっかり日本語を習得することができた。両親はリーマンショック後にブラジルに帰国したが、本人は、日本で仕事にも就き、結婚もし、離婚を機にブラジルに帰国した。

しかし、また別の日系三世は、日本では正社員と非正社員の差別や、外国人に対する偏見もあると言う。実際、私が外国人労働者の支援にあたる中で見てきた日系三世の労働者たちは、あまり日本語が話せず、日本社会に溶け込むことはできていなかったし、決して安定した生活を送っているわけではなかった。リーマンショック後はもちろん、他の何らかの理由で解雇されることもしばしばであるし、労災事故にでも巻き込まれようものなら、たちまちそれまでの生活水準を維持できなくなり、悪くすれば帰国を余儀なくされるのである。

・帰国者のいま

現在は制度が変わってしまったが、ブラジルでは、以前は、年金保険料を支払っていなくても月三万円程度の年金を受給できることになっていた。私が聞き取りをおこなった日系人のうち日系一・二世は、ブラジルにいれば年金を受給できるし、日本に行っても年齢的にも仕事はないため、もう日本に戻る気はないという者が多かった。

もっとも、彼らの子の世代は、いったんはブラジルに帰国したものの再び日本に渡ったり、そのまま日本に留まっている者、新たに日本に渡る者も少なくない。

私が聞き取りをおこなった日系人のうち日系三世は、かなりの程度日本語が話せる者ばかりであった。日本で長く生活し、日本語が話せる状態で帰国した労働者は、ブラジルの日本向け人材斡旋会社や日系企業などをはじめ、ブラジルで安定した仕事に就くことができている。

次項で紹介する私が聞き取りをおこなった人材斡旋会社のうちの一社は、ブラジル国内での人材斡旋もおこなっており、日本から帰国した日系ブラジル人労働者の人材斡旋の実績もある。担当者によると、リーマンショック後、日系ブラジル人労働者のブラジルへの帰国が幅広い年齢層で増加し、帰国前あるいは帰国後にブラジル国内での仕事の紹介を依頼してくる者もいるという。

ブラジル側では、学歴や経験が重視され、日本語や英語が話せる人材や、生産管理・品質管理の仕事の経験があり、日本企業のやり方を知っている人材に対する安定した需要がある。日本で学んで帰国した二〇代の日系ブラジル人を秘書として紹介したり、日本の職場で生産管理・品質管理を覚えた三〇〜五〇代の日系ブラジル人を日本企業の下請企業に紹介したりしていて、その数は、年間に三〇〜六〇名にもなるという。ただ、近年、次項でも紹介するように日系ブラジル人の日本への環流が再び強まる中、求人に対する応募は減ってきているとのことである。

他方、大学卒業の学歴がない場合や、日本語が話せない場合には、ブラジルに帰国しても就職は厳しいという。学歴や日本語能力がある場合とそうでない場合とでは、待遇に雲泥の差がある。帰国後の生活について計画が立たないままブラジルに戻り、結局、ブラジルではやっていけないという理由で日本に戻る者も少なくないようだ。

●日本への出稼ぎをめぐる最新の状況

私が二〇一七年秋にブラジルを訪問したもう一つの目的は、人材斡旋会社への聞き取りを通じて、リオデジャネイロ五輪後のブラジルから日本への出稼ぎに関する最新状況を把握することにあった。

私が聞き取りをおこなった人材斡旋会社は三社。一社目は、ブラジル各地に営業所をもつ日本向けの人材斡旋会社で、ブラジル人の担当者が対応してくれた。二社目は、日本で日系人労働者の派遣をおこなう派遣会社のグループ会社。こちらは、あらかじめグループの中心である日本の派遣会社から紹介を受けていたことから、現地法人の日系人社長のほか、日本での生活や就労を経験したことのある日系三世のスタッフらから話を聞くことができた。三社目は、一九五〇年代に両親や兄弟と共にブラジルに移民した日系一世の社長が、一九八〇年代に日本を訪れたのをきっかけに、日本の特定の派遣会社と提携して始めた日本向けの人材斡旋会社で、社長自らが歓迎してくれた。

三社それぞれ会社の成り立ちや事業の手法には違いはあれど、人材斡旋会社の目から見た最近（リオ五輪以降）の日本への出稼ぎの状況は共通していた。

・日系ブラジル人の動向

ブラジルでは、二〇一六年のリオ五輪の少し前から経済が減速し、同じ頃、当時のルセフ大統領が汚職をめぐって失脚した。リオ五輪直後にはルセフ大統領が弾劾により罷免され、二〇一九年には極右のボルソナロ政権が誕生するなど、政治・経済は混乱状態にあり、従来から悪かった治安もさらに悪化している。

人材斡旋会社によれば、そのようなブラジルの政治・経済・社会情勢を反映して、二〇〇八年のリーマンショック以降、低調だったブラジル人の日本への出稼ぎが、二〇一六年頃から再び急増している。

ブラジルの日本向け人材斡旋会社は、主として日本の製造業の工場などからの求人を受けた日本の派遣会社（または業務請負業者）からの要請により、ブラジル国内での求人活動をおこなっている。人材斡旋会社は、ブラジル国内の営業拠点や代理店、インターネット上での求人を通じて日系人労働者を募集し、自社または日本の派遣会社が面接のうえ斡旋が決まれば、渡航の手配をし、斡旋手数料と渡航費用として一人当たり二五〜三〇万円を受け取っているという。これだけの費用をブラジル人労働者が事前に用意できるわけではなく、日本で仕事を始めてから分割で返済するのだそうだ。

リーマンショック後の二〇〇九〜一一年頃は、各社とも日本向けの人材斡旋は低調であったが、二〇一二年以降は回復し、二〇一四年以降は堅調で、特に私が聞き取りをおこなった前年の二〇一六年以降は需要が供給を上回った状態である。ある人材斡旋会社では、年間の斡旋数が、二〇一二年に二〇〇人だったのが、二〇一四～一六年には三〇〇～三五〇人で推移し、二〇一七年には、私が聞き取りをおこなった九月の時点で既に四五〇人に達していて、前年の二倍程度のブラジル人を斡旋しているということであった。

従来は、日本で働いて金を稼ぎ、何年かしたら帰国するという考えで日本に渡るブラジル人労働者が多かったが、最近は、日本での安定した生活や子供の教育を目的として、日本で永住することを望んで日本に渡るブラジル人労働者が多い。そのせいか、単身ではなく、家族を連れて渡航する者が多く、男女の斡旋数に大差はないという。また、従来は、過去に日本への出稼ぎを経験している「リピーター」が多かったが、最近は、初めて日本に渡る者が目立つようになった。四〇代の日系三世やその家族の応募が多く、以前に比べて日本語ができない者が多いのも最近の特徴である。

・日本側の要望

日本側でも、ここ数年の人手不足の傾向を反映して、ブラジル人労働者に対する需要は高まっている。自動車部品、電子部品、食品関連などの製造業の求人が増加しており（電子部品製造企業である村田製作所の山陰・北陸地方にある工場の求人が代表的である）、需要が供給を上回る状況が続いている。男性では機械のオペレーター、女性では製品の検査の仕事が多い。

最近の特徴として、給料は女性労働者の賃金水準が上がり、男性労働者のそれと同水準になっているということと、以前のように残業が多くはないということが挙げられる。給料は、リーマンショック前のように時給一五〇〇円を超えることはないが、それでも時給一二五〇円～一三〇〇円という仕事が出てきており、月収が三〇万円を超える水準になってきている。日本語の能力が要求される求人は少ない。むしろ、日本語を話せないブラジル人労働者のほうが、就労先の日本企業にとっては都合がいいのかもしれない。

●使い捨てではない日系人の受け入れへ

ある人材斡旋会社の社長が言っていたことが印象に残っている。その社長は、日本に出稼ぎに行こうとする日系ブラジル人たちに、「日本に行けば仕事はあるが、派遣の不安定な仕事で、次また不景気が来ればどうなるかわからない。金があるからと言ってすぐに車を買うとかするのではなくて、しっかり蓄えを作っておかなければいけないし、日本語も覚えるようにしなければいけない。そういう覚悟もないなら行かないほうがいい」と言うのだそうだ。

日系ブラジル人の労働者たちがおかれた状況は、現代の奴隷制度などと言われる外国人技能実習生に比べればましではある。日本にやって来るために彼らがする借金は三〇万円程度で、技能実習生の三分の一～四分の一程度であるし、日本国内での移動や職業選択の自由もある。月収は二〇万円を超え、中には車や家を購入する者もいるし、ブラジル人の集住地域であれば母国の食材や生活雑貨なども手に入る。

しかし、この社長が言うとおり、彼らの多くは非正規労働者であり、景気が悪くなれば真っ先に仕事と行き場を失うのは彼らである。向こう側の事情を利用して利益を上げ、都合が悪くなれば見捨てるのは、程度の差こそあれ、技能実習制度と大差のない非人道的なやり方である。リーマンショック後も日本に残り、あるいは、今新たに日本を目指す日系ブラジル人の多くが、日本に骨を埋めることを望んでいることを考えれば尚更である。次に再びリーマンショックのような事態が起こったときに、日本社会が日系ブラジル人と共にどう生きるかを考えられる社会になっていることを願わずにはいられない。

（四方久寛）

コラム

日本の周辺労働市場の再編として捉える
日系自動車産業のメキシコ進出

●はじめに——メキシコでの日本自動車の生産

このコラムでは、二〇一〇年頃からとりわけ顕著になった日系自動車企業のメキシコへの参入について、日本の周辺労働市場の再編という視点からとらえることを試みたい。

従来からメキシコで自動車を生産していた日産に加え、マツダやホンダ、そして二〇一九年からはトヨタが、メキシコ中央高原の「バヒオ地区」に工場を建設して大規模に生産を開始した。GM社やフォルクス・ワーゲン社、アウディ社といった欧米系の自動車企業の工場も進出するバヒオ地区は、二〇一〇年代を通じて世界規模の自動車企業の激戦区と化した。メキシコは、アメリカ大陸を中心に四六カ国と自由貿易協定を締結しており、地理的には太平洋と大西洋の両方に面している。より具体的には、輸出の七割を占める米国を筆頭としつつも、地理的にヨーロッパや東南アジアのいずれにも輸出が可能な位置にあると言える。シェア争いをしているのはメキシコ国内ではない。新たな世界秩序における数多の国々を巡っての「陣取り合戦」なのだ。

メキシコは、ＢＲＩＣｓ並みの経済急成長を遂げている。交通網や気候、地理的条件に恵まれたバヒオ地区には、自動車産業の参入によって安価な労働力の膨大な需要が発生した。地区内だけで全ての労働者を補うことは不可能であり、地区外から多くの労働者の調達が必要とされた。かつては荒地が広がるバヒオ地区郊外には働き口はなく、あってもその多くはインフォーマルなものであった。安定してフォーマルな収入を得たければ、バスで四時間ほどの距離にある首都メキシコシティへ出稼ぎに行くことも多かった。だが今や、市街地を少し離れた荒野の大地が広がっていた場所に、さまざまな労働者を必要とする大工場が現れたのである。

●自動車産業と「デッド・エンド・ジョブ」

筆者の調査したバヒオ地区のイラプアト市では、市の中心部にある中央郵便局の交差点角に、まだ息も白くみえる朝四時半頃、不気味なくらいじっと項垂れながら並ぶ老若男女の列ができる。そして、送迎用のマイクロバスがやってくる。バスに揺られること一時間ないしは一時間半、広大な荒野を貫く道路沿いの巨大な敷地に建てられた工場にバスは着く。そこで黙々と一日働き、労働者たちは夕方にまた同じ郵便局の角に戻ってくる。これらの人々が皆イラプアト市の中心部に住んでいる訳ではない。中には、さらにそこから公共バスを乗り継いで郊外の自宅へ帰る者もいる。

自動車企業の工場で雇われた現地のメキシコ人たちは、いわゆるキャリアアップにつながりにくい「デッド・エンド・ジョブ」に就いていることが多い。それでも、メキシコの最低賃金に比べたら高給と言える。この五年ほどは日系だけでなく欧米系の自動車企業も次々と工場を建設したので、自ずと労働者獲得の競合が起こり賃金は上がる。

賃金を上昇させ続ければ企業側もここに生産拠点を移した意味がないので、いろいろなサービスを用意して他社との差別化を図る。例えば、送迎バスサービスの向上や地元の食料品店で使えるクーポンの提供などである。これらを俯瞰すれば、自動車企業による一方的な経済変容だと捉えられるかもしれない。しかし、バヒオ地区は単に搾取の対象であると言い切ることはできない。

例えば、次のことを付け加えておきたい。このバヒオ地区では、かつて革細工が地場産業として有名であった。ツバの広いハットにチョビ髭、革ジャンに革のブーツで馬に乗った「古きよきメキシコ人」のイメージは、日本でもある程度は知られていようが、まさにそうした衣服を作っていた革細工産業である。しかし、近年はメキシコでもそうした格好は若者にウケない。Ｇパンにサッカーのユニフォームといったファッションが当たり前となっている。そうなれば、自ずとこの地場産業は衰退する。バヒオ地区への自動車企業の相次ぐ参入は、この地場産業復興のきっかけになった。革細工産業は、高級車のハンドルやシートに使われるレザーの生産に活路を見出したのである。自動車産業の浸透は根底からこのバヒオ地区を作り変えたのではなく、過去との連続性をベースにしている点があることも留意すべきだろう。

●政治的・経済的な変動への注目

だが、こうした動向に関する日本語で書かれた研究は、少なからず偏っていると言いたい。二〇一〇年代も半ばになるとさまざまな議論が展開されたが、多くは経済学的・経営学的にこの動向の行末を占うものであったと言ってよかろう。例えば、次に述べるようなメキシコ国内外の政治的・経済的な変動に関連させて、この自動車産業の成長が続くのか頭打ちになるのかという議論である。

バヒオ地区に大工場を新設しようとしたトヨタ自動車に対して、アメリカのトランプ大統領が明らかな反発を示したことは、日本でもメディアで大きく取りあげられた。二〇一九年、トランプ大統領は、ＮＡＦＴＡ再交渉により合意した「米国・メキシコ・カナダ協定（ＵＳＭＣＡ）」に言及しつつ、移民や薬物がメキシコから流入していることを問題視し（薬物を買っているのは誰かと問いたいが……）、対抗措置としてメキシコから輸入される自動車に二五パーセントの関税措置をとると発言した。（『産経新聞』二〇一九年四月五日「トランプ氏、輸入車に二五パーセント関税も：移民問題でメキシコに脅し」）

また、これを書いている時点（二〇一九年一一月）では判断がつかないが、忘れてはならないメキシコ国内の変動もある。左翼政党「国民再生運動（MORENA: Movimiento Regeneración Nacional）」が二〇一八年一二月に与党となったことだ。これまでメキシコは「制度的革命党（PRI: Partido Revolucionario Institucional）」が日本の自由民主党のような長期政権を続けた後、二〇〇〇年から十数年は右派政党の「国民行動党（PAN: Partido Acción Nacional）」が政権を担った。ＭＯＲＥＮＡによる左派政権がこの自動車会社の相次ぐ参入をいかように捉え対応するかは、現時点では判断できない。

日本のメキシコ研究者でも、これを「メキシコ第三の革命」だと称賛する著名者もいれば、たんなるナショナリストやポピュリストだという人もいる。筆者はここでそのどちらと捉えるかといった議論をするつもりはない。しかし、「国民再生運動」党がメキシコ石油公社（PEMEX: Petroleos Mexicanos）の脱民営化に乗りだしたことは、重要な点であろう。ＰＲＩの前大統領は、経営の悪化から石油鉱区の国際入札へと踏み切っていたが、その決定を取り下げたのである。これは政権交代において世論が最も注視するポイントのひとつだ。ならば外資の自動車企業の相次ぐ参入に関して、今後この新政党がどのような態度を取るかは注視したくなる。

●バヒオ地区と日系人・日本人

日本の工場において単純労働に就いていた日系人は、日系企業と現地雇用されたメキシコ人とを円滑に繋げる媒介者として、メキシコで新たな役割を果たすようになった。また、日本で雇用を見つけられない日本人も、現地へ派遣される対象となった。あちこちのメディアでは、外国語大学を卒業したスペイン語のできる人材、さらには国境を越えた移動が相対的に容易な単身者に向けた募集広告が見られるようになった。それらは、いかにメキシコでの生活が豪華で魅力的かを前面に押し出したものであった。日本では生活がギリギリでも、メキシコなら手取り十数万円もあればある程度の〝豊かな〟生活ができる。とりわけ、スペイン語に精通した者や現地採用できる在メキシコ日本人ならば、リクルートの格好の対象となっている。

日系自動車企業において特に不足していたのは、生産現場で雇用する労働者たちを統括・管理・指示するアドミニストレーターの役割を担える人材であった。スペイン語の話せる日本人やスペイン語圏の日系人がこれに相当する。先にマツダやホンダ、日産やトヨタといった企業が大工場を建設したと述べたが、自動車企業では二次受け三次受けなど、ジャスト・オン・デマンドでブレーキやワイヤーのゴム、シートベルトの金具などを作る下請け企業が数多く必要とされる。これらの企業は親会社と一緒にメキシコへ移転せざるを得ず、求人数などで言えばむしろそちらの方が地元社会に与える影響が大きい。

メキシコシティに長く在住するある日本人への聞き取りでは、「親会社は腹をくくってやってくるが、下請け・孫請けになるほど渋々やって来たところが多く、メキシコでの生活や現地雇用した従業員に対して不満が強い」とのことであった。

●日系ブラジル人とヒスパニック圏の日系人との差異

このバヒオ地区で媒介者として働く日系人は、日本に住んでいた日系ペルー人が重宝されているという。シカゴに拠点を置きながらも、メキシコシティに支局を構える人材派遣会社で話を聞いた。この支局は、おもにメキシコにある自動車関連会社からの要請に答える業務を展開している。

代表のH氏によれば、日本からの日系ブラジル人よりも、日系ペルー人の方がメキシコで働くことを決心して日本を去りやすいという。実際、メキシコに斡旋した在日日系人は、圧倒的にペルー人が多い。H氏はその理由として「日本では言語や文化的風習も日本のそれらに同化せざるを得ない。それに対してメキシコならば〔両方の言語や習慣に通じているために〕そういうこともないし、ペルーに帰るのも容易い。そして母国ペルーではないメキシコだとはいえ、同じラテンアメリカだし」と言う。

確かに、メキシコでの自動車生産の現場で求められているのは、日本語とスペイン語ができるバイリンガルである。ポルトガル語ではない。しかし、理由はそれだけではないだろう。

在日日系ブラジル人には、ポルトガル語による教育を行うブラジル人学校もあるし、母数が大きいからオフラインでもコミュニティが成立しやすい。日常生活におけるさまざまな情報交換のチャンネルも多い。それに対して、ペルーやボリビア、パラグアイといったスペイン語圏からの日系人は、何よりも日本において絶対数が少ない。オフラインのコミュニティが成立することは、ブラジル人と比べると少ない。事実、三重県に本社を置く人材派遣会社の日系ペルー人の代表は、聞き取りのなかで「そうなんです。どうしてもペルー人は少ないからコミュニティができない。だからそれをつくりたいのです」と述べていた。同じ在日日系ペルー人同士でも、情報交換はインターネットが主流となり、子供の通う学校も日本の学校にほぼ限られる。つまり、日本に定住する環境は、ブラジル人と一括りにして考えられない点があるのだ。

● 日本社会のプレゼンスの崩壊

これらすべてを踏まえたうえで、以下の一点はどうしても議論から外せない。もはや日系ペルー人に対する日本社会のプレゼンスが崩壊しつつあることだ。どこか別の社会で、例えばここで取り上げたメキシコの自動車生産現場のように、日本と（スペイン語圏である）ラテンアメリカの両方に通じたバイリンガルが必要とされる社会があれば、もはやスペイン語圏の在日日系人は日本を見限り得るのだ。それは一九九〇年に「同じ日本人の血を引く者」などという建前で都合よく呼び寄せ、単純労働者として利用してきた、日本社会が負ってきた「ツケ」の返済のはじまりでもあると言えよう。

筆者は、かつてラテンアメリカからの日系人を取材すべくいろいろな場所を訪れたが、日系人労働者の多い地域においても、使用言語が多様なことを意識した役場の通達（例えばゴミの捨て方のパンフレット等）で、英語、ポルトガル語、朝鮮語、中国語、タガログ語表記にはよく出会ったものの、スペイン語圏からの日系人を意識したスペイン語表記はあまり記憶にない。そうなのだ。スペイン語圏からの日系人は、在日日系ブラジル人や中国・東南アジアからの技能実習生と同一には論じられない。「安心して生産的な生活を送るため」の配慮を欠いているのだ。

●二〇一〇年代後半にて完熟した企業参入状況

メキシコで二〇一〇年代中頃に猛烈な勢いで競合した世界規模の自動車企業だが、現在ではそうしたバブルのような状況は沈静化した。

戦後に日本からメキシコへ渡りメキシコシティで自動車工場を営むA氏は、かつて労働者側の売り手市場だった時期に声をかけられ、その高給ゆえにバヒオ地区で数年間働いた。しかし、もはや「かつてのような旨味はない」と言う。現在のA氏はメキシコシティにある自分の工場を仕切ることに専念している。

そのA氏は、筆者の聞き取りにおいて次のようにも述べた。「もはやあっち〔バヒオ地区〕では、日本人抜きで生産する体制が整ったともいえる。アドミニストレーターも現地人から優秀な人材を選んで育て上げた。なぜならば、その方がコストも安い」。

つまり、もはや在日日系人や日本人がメキシコに行けば引く手あまたという状況ではなくなったのである。語学力や専門スキルが乏しければ、工場で現地労働者がサボっていないかを監視することや、荒野を貫く道路を送迎するだけといった、帰国してもキャリアアップに繋がりにくい職種に募集が限られることも増えた。A氏はこれらをまとめて、「もうあっちは「頭打ち」だよ」と言う。そのまま現地でずっと働くならまだしも、手取り十数万円程度に留まるならば、円の貯金も難しい。日本から出稼ぎに行って「メキシコで暮らしつつ貯金もして」などという展望が頓挫した者たちには、将来的にどのような選択肢が待っているのだろうか。

これからの時代において、メキシコへと増殖の場を移した日系自動車企業の巨大資本は、どこへ向かって展開していくのだろうか。そして日本社会は、他にいかなる新たな「ツケの返済」を強いられるのだろうか。

ブロック経済が激しく組み変わる現在、メキシコで効率良く資本の自己増殖を果たすために、日系自動車企業は労働者の動員の仕方を今後どのように組み換えていくのか。これを（求人）情報、資本、そしてヒト（労働者）のグローバルな越境として考えることは、これからの日本経済の行方はもとより、世界レベルでの経済秩序の行方を占うためにも、意義があるのではないかと考える。

（中田英樹）

第4部　さらなる周縁へ

第9章　かれらの前には誰がいたのか

園芸産地の季節労働市場における国内労働者

飯田悠哉

1　外国人の前に誰がいた？

本章では農村における外国人農業労働者の置かれた現状を考えるにあたって、やや迂遠ではあるが、「かれらの前には誰がどのように働いていたか」に注目する。

今日の日本農村において、技能実習生を中心とする外国人労働者の急増の背景は、しばしば、構造的衰退の過程にある地方地場産業における慢性的な人手不足の帰結として説明される。五十嵐泰正による整理によれば、日本での立地がもはやグローバルな最適配置を満たさなくなっている農業のような衰退産業の現場においては、極めて低い労働条件しか提示できないがゆえに、国内労働者のみならず、在留資格上は自由に就労先を選べる日系ブラジル人なども集まることは少ない。結果として賃金を低く抑えることができるだけでなく、職業移動の自由が制限されていることによって、一定期間の継続的な雇用が期待できる外国人技能実習生が調達されている。このように「農村や漁村、職人町といったきわめてニッポン的な景観のなかにこそ外国人が生活し、その地域と産業を外国人の労働が支えているのが現代日本の姿」〔五十嵐、二〇一〇、二八頁〕である。

実際、厚生労働省の「『外国人雇用状況』の届出状況」によれば、外国人農業労働者は過去八年間で倍増し、二〇一九年現在、約三・六万人を数える。既に第3章で述べたように、その大半が技能実習生であり、全産業の実習生総数に対する割合でも農業は一割強を占めるに至っている。また農林水産省〔二〇一九〕によれば、畜種農業は二割にとどまり、施設園芸および畑作・野菜を含む耕種農業が八割を占め、新規入国者の就労先都道府県をみても茨城（一六％）、長野（一五％）、熊本（一〇％）、北海道（九％）、群馬（五％）と、野菜園芸産地が立地する上位五道県で全体の過半数（五五％）を占めている。「外国人技能実習生なしに野菜産地は成り立たない」〔安藤、二〇一七、七七頁〕という指摘は、確かに妥当だろう。

それでは、そもそも外国人技能実習生が登場する以前、野菜園芸産地の労働市場はどのように成り立っていたのだろうか。後述するように、大規模な輸送園芸産地が日本各地に成立し発展してきたのは一九六〇年代後半以降のことである。周知のとおり、高度経済成長に伴う農村から都市への急激な人口移動の時代であり、その後、一九七〇年の過疎地域対策緊急措置法の成立をみるように、農村での人手不足は早くから意識されていた。また生産過剰と輸入野菜の増加によって農産物価格が低迷し苦境にあえぎ始めたのも、少なくとも一九九〇年代には遡ることができる。構造的不況のもと、低賃金かつ3Kとして忌避されてきたとされる農業労働を、外国人労働者が急増する以前から担っていた国内労働者とは、どのような存在だろうか。

一般に、日本の農業が家族労作経営によって成り立ってきたという固定観念からか、外国人労働者以前の存在に目を向け、労働市場における競合関係を問う視座は失われがちである。その結果、外国人労働者の増加要因は、過疎化や就業人口の減少などによる地方の慢性的な人手不足として理解されることが多い。しかし、輸送園芸という生産のあり方は、生産地の外から労働力を調達する必然性をもってきた。労働市場の変化のなかで外国人農業労働者を見据えるための一歩として、以下では、まず高度経済成長期に成立し展開してきた園芸産地の特徴を述べ、そこで展開してきた季節的労働市場の概要を説明する。そのうえで、二〇〇〇年代後半以降、外国人労働者への依存が急速に進む高冷地園芸産地を事例に、近年に至るまで国内から移動して収穫労働に従事してきた季節雇[★1]たちの労働と生活の一端をみていきたい。こうした作業を踏まえて、なぜ現在「外国人技能実習生抜きには成り立たない」とされる状況に至ったのかについて考察を加えることで、農村における外国人農業労働者の置かれた現状を考える補助線としたい。

２　輸送園芸産地と季節的労働市場

● 輸送園芸産地という社会経済空間

現在、外国人労働者が集中する園芸産地について簡単に述べておきたい。大都市から遠く離れた地方において、大都市消費市場への出荷を目的になされる生鮮野菜の商業的生産を輸送園芸と呼ぶ。主要な園芸産地としては、房総半島や高知、熊本などの温暖地、長野や群馬の中央高冷地、そして北海道などが知られている。従来、生鮮野菜の栽培は消費地である都市近郊に限られていたが、一九六〇年代に高速道路の普及やコールドチェーン網の整備などに伴って長距離輸送が可能となった。また、政策的にも野菜生産出荷安定法[★2]が施行され、需要の多い野菜については指定産地制度が導入された。その結果、大都市消費市場から離れた地域に、農協を出荷・販売の単位とした大規模園芸産地が多く形成された。さらに、七〇年代に減反政策がはじまると、北海道を中心として米の転作作物として野菜を生産する新興産地が現れ、全国の野菜産地は品目ごとにシェアを奪い合う産地間競争を経験してきた〔香月、二〇〇五〕。九〇年代以降、生産過剰と輸入野菜の急増、また大規模小売業主導の流通再編により、小規模産地の脱落と大規模産地への生産の集中化傾向が指摘されている〔宮入、二〇一六〕。

このような大規模産地の経済構造は、都市部の消費市場における野菜供給のあり方と密接に関わってきた。スーパーマーケットなどの大規模小売店は、生鮮野菜を一見すると季節に関係なく提供してきた。当然その背後には、品目ごと、季節ごとに大規模な産地がひかえている必

★1　一カ月以上六カ月未満の契約期間で農家に雇われた労働者を農業統計上は季節雇という。本章では季節雇という呼称をこのセンサスの定義に従って用いる。季節雇は、一九五五年と一九六〇年の農業センサスでは、日雇や七カ月以上の契約である年雇と区別されて集計されていた。しかし一九六五年農業センサスから日雇とあわせて臨時雇にまとめられている。

★2　「主要な野菜についての当該生産地域における生産および出荷の安定等を図り、もって野菜農業の健全な発展と国民消費生活の安定に資すること」を目的として一九六六年に施行された。当該地域の栽培面積の一定割合以上の収穫を都市部の卸売市場へ共同販売で出荷することを要件に、その産地の生産者は市場価格崩落時に一定の補填を受け取れる仕組みであり、大規模産地の成立を準備した。

要がある。たとえば、レタスを考えると、春レタスは茨城県の坂東、夏秋レタスは長野県の高冷地、冬レタスは兵庫県の淡路島が作付面積で大きなシェアを持つ[★3]。これを生産の側からみれば、とくに単一品目に特化した大規模な露地野菜産地であるほど、年間を通して大きな繁閑の季節差が生じ、労働需要が両極端にふれる経済構造が生じてくる。

秋津元輝は園芸産地の社会組織を検討するなかで「一般に産地と呼ばれる地域の特徴は生業面での同質性にある。戦後農業の変貌のなかで、産地の農家は全層的に特定の作目に特化した。つまり産地は同業者が地域的に集住した社会」〔秋津、一九九六、一〇二頁〕とする。このことは同時に、各農家世帯の繁忙期の時期が一致し、手間替えやゆいなどの労働交換がむずかしいことも意味する。園芸産地はその成立・拡大期から、季節雇として収穫労働力を産地の外から調達する必要が生じていたといえる。ここに園芸産地において季節雇用が必然化してきた契機がある。

●農業季節雇という存在

ところで、歴史を遡れば農村においても出稼ぎを含めて季節雇は古くから存在していた。大正期から一九六〇年代末までの長期にわたる農業雇用労働を研究した千田正作は、この間の変容を総括して、典型的には、年雇から季節雇への支配的形態の変化、村内地元労働力から副業的季節的出稼者への主要供給源の変化、本家─分家間など村内階層間需給から、商品作物の地域的特化に伴う町村間・都道府県間といった遠隔地域間需給への変化の三つにまとめている〔千田、一九七一、二五九─二六〇頁〕。戦前期には農業部門内で季節雇の著しい増加があり、農商務省の記録では、一九二〇年時点で年雇三八万五〇〇〇人に対して季節雇九二万人、日雇三一二万人という数字がある。千田によれば、この季節雇九二万人のうち、一〇万人以上は在村者ではなく、季節的出稼ぎ者が占めていた。出稼ぎ者の九〇％あまりが自身も農家層であり、未婚の男女青年層が比較的多かったが、他方で非農業者も一定数おり、例えば三重県志摩郡安乗村からは、漁業のかたわら集団を構成して京都方面へ茶摘みや麦刈り、養蚕などの出稼ぎにでかけ、勤勉な「志摩女」として重宝された出稼ぎ女性たちの記録がある。岡山、豊橋などの都市付近では、農繁期が逆に閑職になる時期に商工家から周辺の農村に出稼ぎに向かうものがおり、長野県の上田、佐久、諏訪、松本などにおける養蚕農村では、東京深川木場荷揚げ人足や千葉、茨城などの醸造人夫が「季節的養蚕漂白労働者」の一部に含まれていたという〔千田、

★3　農林水産省大臣官房統計部編、二〇一八、「平成二八年度　野菜生産出荷統計」農林統計協会による。

一九七一、六二―七四頁〕。また安岡健一〔二〇一三〕は一九二〇年代の奈良における企業的な複合経営と呼びうる地主農家において、年雇・季節雇として大阪から斡旋された朝鮮人労働者が働いていた事例を詳細に記している。戦後の農地改革と農業近代化を経た現在と直接の比較はできないが、日本農村が労働を供出するだけでなく、都市からも頻繁に、しかもときとして異なる民族カテゴリの労働者を調達する動きもみられたということは、記憶しておいてよい。

戦後、とくに高度成長期の人口流出や農外労働市場の展開、および稲作の機械化や化学化を伴う省力化により、農業雇用全般でみると年雇、臨時雇はともに急減する。一般にこの時期、労働力の中心は農業部門から工業部門に移り、働き手を失った日本農業は家族労作経営へ純化したとされている〔八木、二〇〇八、二頁〕。しかし細かく見れば、戦後も一九六〇年にピークを迎えるまで季節雇は少しずつ増加していた。一九六〇年に季節雇を雇い入れた農家数は全国でおよそ一〇万戸で、年雇を雇い入れた農家数とほぼ同数であった。千田は、職安等を介した「農繁期季節労務者受け入れ協議会」のビラなどから、一九六〇年代の岡山県のい草収穫労働者や、静岡、和歌山でのミカン収穫、長野県のリンゴ袋かけや京都での茶摘みなど、各地からの季節雇の募集が広範にみられたことを示している〔千田、一九七一、一二一頁〕。一九七〇年代後半以降、臨時雇の雇い入れ農家数や延べ人数は減少を続けるものの、雇い入れた世帯あたりの平均延べ人数である雇用規模は増加に転じてきた。この背景には、依然として手作業による収穫に依存する果樹作だけでなく、産地の拡大による野菜作農家の労働集約的な季節雇用の存在が指摘されている〔坂本、二〇〇二、二九頁〕。

●園芸産地における労働市場の特徴

では、園芸産地における農家による雇用はどのような特徴を持っているのか、簡単に確認しておく。

第一に、収穫期が季節的に限定されることから、必然的に短期の雇用が主要になる。直近になるが、二〇一五年農林業センサスによると、同年二月から過去一年の間に野菜栽培を営む経営において雇用されていた労働者は、のべ人数で約二三万人だが、そのうちあらかじめ七カ月以上の雇用契約を結んだ常雇は約五万人に過ぎず、のべ約一八万人は七カ月未満の契約で雇用された臨時雇である。

第二に、近年その差が埋まりつつあるが、園芸労働は一般に女性が多い。先のセンサスの結果において、野菜作の常雇の女性の比率は六二％、臨時雇のそれは五七％と過半を占める。もっとも、園芸産地の労働者のジェンダーは、その産地で栽培されている野菜品目や栽培様式（露地、施設）、作業内容、さらに調達先の労働市場に応じて、産地ごとに一方に偏る傾向があるように見受けられる。例えば北海道の野菜産地には女性が多いのに対して、次節でみる高冷地の場合、男性に極端に偏る傾向がみられる。このジェンダーの偏りは外国人技能実習生にも引き継がれている。

第三に、一般に低賃金であると同時に、収穫期の労働時間は著しく長い。このことは戦後になっても農業が労働基準法の所定労働時間等の適用除外であることも関係している。歴史的に農業労働者は常に周縁労働力としての規定が与えられてきた。

第四に、それぞれの野菜産地は、総体として多くの労働力を調達するが、個々の職場は主に家族経営の農家単位となるため、職場規模は他業種と比べて小さい。

このような特徴をもつ園芸産地の季節雇については、古くは近郊農村の農閑期の農家世帯員が担うことが多かったようである。農村の過疎化が進んだ八〇年代以降の研究では、通勤して働く非農家層の女性が目立つことが示されてきた。例えば、北海道では稲作からの転作によって七〇年代後半にニンジン、タマネギを栽培する新興の野菜産地が形成されたが、産地の農協が主導して産炭地域に住む中高年層の元炭鉱労働者世帯の配偶者を大量に動員していた。その後九〇年代に確保が難しくなると、産地商人や雇用農家が個別に遠方の市街地の主婦パートを募集してきた。このように、農村以外にまで労働力の調達先を拡大させてきたのが、この時期以降の特徴とされるようである。

また、こうした通勤で働く労働力とともに、九〇年代頃から園芸産地の一部はアルバイト情報誌の夏季特集号などに求人広告を掲載し、大都市からも寮への住込みで収穫労働者を調達してきた。李哉泫〔二〇〇四〕は、愛媛の果樹産地が九〇年代から求人広告を出して域外からの「フリーター」を募集していること、かれら「フリーター」には長野県や北海道を含む野菜産地での就労の経験がある者もいることを指摘している。以下の事例に登場する人々も、こうした求人誌を通して農家の宿舎に住込んで就労しており、李が指摘した存在に近いように思う。しかし、産地における労働力の調達システムの構築に関心のある李は、労働者たちの背景や住込労働の様相にはあまり踏み込んでいかない。以下では長野県の高冷地園芸の産地の村で働く人々への聞き取りをもとに、かれらが季節雇をどのように経験してきたのか、記述を試みる。

３　高冷地園芸における季節雇の労働世界

●調査概要

前節でみたような各地の産地間競争を通して、常に優位性を保ってきたのが群馬県や長野県における高冷地園芸の産地であった。調査した村もこの産地の一つに位置する。村内農家の多くはレタス・ハクサイなどの冷涼野菜の大規模露地栽培を行っており、他の産地の端境期にあたる夏場に首都圏や京阪地方、遠く仙台や沖縄にまで出荷している。調査はまず二〇一一年の収穫期に自身も一農家に住み込んで働くかたちではじめ、以降、二〇一八年にかけて毎年、その農家を農繁期に訪れて、働きに来た季節雇に対して聞き取りをした。直接に聞き取りを実施できた季節雇はこの農家で雇われた八名に限られた。その概要を表1に示す。すべて男性であったが、これは当地の住込季節雇ほぼすべてが男性によって占められていたことによる。当地の農家の労働構成の概要を把握するために、表2に二〇一二年の集落内八農家の状況を示した。すでに二〇一二年の時点で多くの農家世帯がフィリピンからの技能実習生を雇用しており、季節雇は労働力が必要な大規模層にのみ残っていることがわかる。ただし、表中のすべての農家が、現在のフィリピン人実習生とほぼ同数の住込季節雇をこの二〇〇八年頃までは毎年雇い入れていた。世帯番号F8の農家が聞き取りをした季節雇たちの就労先である。

●高冷地に至るまで

まず、就労に至るまでの履歴をみていく。複数の農家の説明によれば、高冷地では七〇年代頃から近郊の稲作農村から農家女性が集められなくなり、農協が当時創刊された学生向けアルバイト求人誌に募集広告を出すかたちで、当初は首都圏、関西圏の学生を農家の住居に住まわせて雇用していた。しかし、作付面積が拡大し収穫期間も前後に伸びた結果、学生アルバイトでは労働力需要を満たせなくなった。同時にアルバイト求人誌自体の対象も、学生に限定されなくなっていった。そして、各地の季節労働を中心に生計を立てる人々が同じ求人誌の「夏季リゾートワーク特集号」などを通して応募し、五月から遅ければ一〇月頃までの契約で農家敷地内に建てられた寮に住込んで雇用され始めたという。以降、二〇〇〇年代後半に外国人技能実習生が急増するまで、主にこうした季節雇が収穫にあたっていた。当地でこうした存在は単に「バイト」と呼ばれる。

表1　聞き取り季節雇の概要

	学歴	性別	出身地	生年	就労初年	直前の職種（住居形態・場所）	初年次年齢	就労年次	経験年数	婚姻
A	中学卒	男	東京	1955	1988	旅館従業員（寮・長野）	33	1988-2000,2011-2018現在	19季	独身
B	高校卒	男	名古屋	1961	2004	料理店従業員（借家・インド）	43	2004-2018現在（2011年を除く）	13季	独身
C	高校卒	男	沖縄	1974	2002	農業（自家・沖縄）	28	2002-2018現在（2005年を除く）	16季	既婚
D	高校卒	男	横浜	1971	2011	旅館従業員（寮・長野）	40	2011	1季	独身
E	高校卒	男	福岡	1978	2011	旅館従業員（寮・伊豆）	33	20111-2012	2季	独身
F	中学卒	男	東京	1984	2008	農業季節雇（寮・川上村）	23	2008-2011年（2009年を除く）	3季	独身
G	大学卒	男	姫路	1986	2011	パチンコ店従業員（寮・大阪）	24	2011	1季	独身
H	高校卒	男	北海道	1978	2013	スキー場従業員（寮・北海道）	34	2013-2014	2季	独身

1）2011年～2018年にかけての聴き取りより作成。経験年数は2018年時点で計算。
2）直前の職種はそれぞれに聴き取りをした年に調査地に移ってくる前の仕事。

聞き取りに及んだ「バイト」たる季節雇たちも、基本的に初回は上述のアルバイト求人誌やその携帯版の求人情報をもとに働きに来ており、二回目からは農家に直接連絡を取っていた。かれらの出身地は、東京、横浜、名古屋、姫路など都市部が多いが、Ｃのように沖縄もみられる。当地での就労直前に出身地にいたわけではなく、各地で寮付きの仕事の就労経験があった。働きに来た時点で配偶者がいたのはＣ一名のみで、彼は沖縄に家族と家を借りているが、その他のものは単身であり、定住所はない。表１でＤからＨの五名が示すように、一季から三季の就労ののち、別の土地・産業に移っていくのが一般的なかたちであると考えられる。就労初年時の年齢層は二〇代から四〇代と幅広い。他方で、聞き取り対象のなかには通算就労年数が一〇年を越える者が三名いた。かれらについては後段で触れる。高冷地での夏季住込に至る直前までの職歴で目を引くのは宿泊業・リゾート業での就労だ。温泉観光地などにおける宿泊業も季節性が高く、かつ働き手の経歴を問わない間口の広い寮住まいの業種であり、女性の出稼ぎを含め多くの非正規労働者を吸収してきたことで知られる〔武田・文、二〇一〇〕。

園芸産地での収穫の仕事と宿泊業の仕事は、一見すると全く異なる職種に思えるが、求人誌の夏季特集号でともに紹介されてきたように、双方ともに地方での住込季節労働市場を構成する職種として、それぞれの労働者の職歴のなかでも連続性が高いことが把握される。中学校卒の者が複数みられることもこの仕事の間口の広さを垣間見させる。また日本での住込季節労

表 2　集落内 8 農家の 2012 年時点の作付内容と労働構成

世帯	耕地面積(ha)	作付延面積(ha)	内訳(ha)		収穫期人数	家族労働(人)	内訳	雇用労働(人)	(出身地・性別・年齢)	形態
F1	3	4	ハクサイ レタス コーン、他	2 1 1	4	専従2	経営者(男・70) 配偶者(女・70)	技能実習生2	アブラ州/男/28 アブラ州/男/33	住込み 住込み
F2	3	5.5	ハクサイ グリーンボール	5 0.5	4	専従2	経営者(男・54) 配偶者(女・44)	技能実習生2	南スリガオ州/男/26 南スリガオ州/男/23	住込み 住込み
F3	4.5	6	カリフラワー ハクサイ レタス	0.2 3 2.8	4	専従2	経営者(男・63) 配偶者(女・61)	技能実習生2	ベンゲッド州/男/23 ベンゲッド州/男27	住込み 住込み
F4	4.5	7	ハクサイ レタス	5 2	4	専従1	経営者(男・40)	技能実習生3	南スリガオ州/男/30 南スリガオ州/男/27 南スリガオ州/男/30	住込み 住込み 住込み
F5	6	8.5	レタス ハクサイ	3.5 5	5	専従2 補助1	経営者(男・55) 配偶者(女・53) 経営者母(女・80)	技能実習生2	イロイロ州/男/28 イロイロ州/男/33	住込み 住込み
F6	6	8	ハクサイ レタス キャベツ	3 2.5 2.5	8	専従2 補助1	経営者(男・45) 配偶者(女・45) 経営者母(女・81)	技能実習生3 季節アルバイト1 パート1	アブラ州/男/28 アブラ州/男/30 アブラ州/男/23 名古屋/男/36 村内/女/45	住込み 住込み 住込み 住込み 通い/午前
F7	10	14	ハクサイ レタス キャベツ サニーリーフ	6 4 3 1	7	専従4	経営者(男・43) 配偶者(女・43) 父(70) 母(71)	技能実習生3	アブラ州/男/29 アブラ州/男/23 アブラ州/男/30	住込み 住込み 住込み
F8	13	16	ハクサイ レタス	9.5 6.5	9	専従2	経営者(男・58) 配偶者(女・53)	季節アルバイト4 技能実習生3	東京/男/57 名古屋/男/51 沖縄/男/37 福岡/男/33 南スリガオ州/男/27 南スリガオ州/男/29 南スリガオ州/男/24	住込み 住込み 住込み 住込み 住込み 住込み 住込み

1）2012 年 6 月時点の聴き取りより作成。年齢は当時。

働の時期を終えると、インドや東南アジアなど海外で生活費を節約して生活する者も見られる。毎年冬をインドで過ごすBのほか、EとGは二〇一〇年にそれぞれ南米旅行中に知り合い、二〇一一年に先にこの職場で働いていたEがGを紹介するかたちで就労に至っていた。

このように、日本の周辺労働市場において期間限定で住込就労し、海外で「外こもり」するパターンも見出せる。冬季は北海道などのスキー場の宿泊施設で働き、夏季は高冷地園芸産地で収穫労働する、そして端境期には東南アジアなどにバックパックで旅行に向かう、という働き方は、比較的若い季節雇のひとつの典型をなしているように思える。したがって、高冷地での就労動機はそもそも宿泊先があること、まとまったお金が貯められることなど、経済的なものであるが、年齢が高いAやBからは、そもそも他に働ける場所がない、ここは少なくとも断られない、という説明がなされた。では、高冷地における住み込みでの収穫労働の特徴は、どのようなものか。以下でその一端をみていく。

●「ここほど安くてここほどキツイところはない」

当地の季節雇の作業内容は、箱詰めされた二〇キロ近い段ボールを畑からトラクターへ搬出する過程を含み、その肉体的強度はかなり高い。

おれいままでいろんなとこいたけど、ここほどキツイところはないよ。給料低いし、休みがないし。〔……〕旅館とかでも普通月に二回くらいは休みがあるよ。ここ全然決まっていないじゃん。ここほど安くてここほどキツイところはないね、おれの経験では。〔……〕でも金は貯まるよ。ここは休み基本的になくて、むちゃくちゃ働くから手取りが高いのは確かだよね。しかも、使うところないしね。★4

かれは、旅館・ホテルなどの宿泊業や北海道のスキー場など、他の住込職種で働いてきた経験をもつ。ほかの土地での就労と比較してかれが「ここほど安くてここほどキツイところはない」と指摘する理由は、作業内容の強度だけでなく、長時間労働の連勤と休日の不確実さである。彼に聞き取りをした二〇一一年は、朝四時から夕方六時まで畑に出る日々が、八月下旬時点で二カ月近く休みなく続いていた。

もちろん、夏の五カ月を通して休みが全くないわけではない。春頃は収穫予定のレタスが成育に適するサイズに育っていない場合、あるいは、秋が近づき霜が降りて果菜に刃が入れられ

★4　Eの語り。聞き取りは二〇一一年八月一八日に就労先のレタス畑で行った。

ない場合、急遽、当日や前日に知らされて半日休になるといったことはある。しかし、予め定められた休日というのは、収穫期の園芸産地にあって、基本的に存在しない。

他方で、高冷地での就労によって「金は貯まる」と評価する。日給は六五〇〇円[★5]なので、朝七時から夜六時まで休憩を挟んで一〇時間働くと、時給換算すれば当時の長野県の最低賃金六九三円を下回る。七・八月の最繁忙期の早朝四時からの作業に関しては二〇〇〇円の早朝手当がつくため、繁忙期の日当は最高で一日八五〇〇円だが、この最高額を時給換算して比較しても、依然として最低賃金を下回る水準にある。農業は労働基準法上の所定労働時間等の規定が除外されるため、合法ではあるが、休憩時間を除いても一日一〇時間以上拘束され、労働強度も高い状況で、決して高い賃金とはいえない。ただし、高冷地での仕事はお金を使う場所も、時間も限られている。また、寮費はかからないし、食事は賄いが出るか食事手当が支給されて自炊となる。「休みがないし、使う場所がない」ため貯めることができるという。

●「レタスは文句を言わない」

作業内容については、対人関係における感情労働を伴わないこともしばしば言及される。搬出作業を伴う収穫の仕事は肉体的に「キツい」ものの、サービス業などの職場と比べて顧客への「気遣い」などの必要がないことが他の住込の仕事と異なる。

旅館とかで〔……〕ホテルの飲食とかは、まあここよりキツくないけど、客相手だから気を使うよね、ここはほら、レタスなんて何も言わないじゃん。それは楽だよね。★6

●宿舎と人間関係

労働時間外はそれぞれが所属する農家が敷地内に立てた宿舎に泊まる。食事は賄いが提供されることが一般的だが、私が住み込み聞き取りをした大規模農家では食事手当が支払われ、宿舎の簡易な台所で自炊が可能であった。基本的には雇用されている農家世帯の範囲でしか人と知り合うことはない。同じ農家に所属する同僚と食事をともにしたり酒を飲む機会はあるが、年齢が高くなるほど相互不干渉になる傾向があるように見受けられる。また、雇用先を超えて

★5　求人情報誌に掲載された金額を参照しても、この集落の相場と一致する。なお過去の求人情報を確認していくと一九九二年時点で日額六四〇〇円。ほぼ二〇年間で一〇〇円しか上昇していない。

★6　★4と同様。

村にいる労働者同士がコミュニケーションを図る機会は乏しい。小規模の農家の場合、一、二名しか採用していなかったこともあり、この地での人間関係は限定的であったと推測される。

ただし、就労年数の長い人々にきくと、二〇〇〇年中頃までは村営の共同浴場があったようだ。基本的に村民に限定されて無料で提供されていたが、労働者も自由に使えた。比較的自由に出入りのできた村営浴場は、仕事を終えた人々が体を癒す場であったと同時に、季節雇同士の情報交換の場ともなっていたようである。しかし、よその村からも入浴するようになり、そのうちに村民に入浴が限定されてしまい、さらに数年のうちに閉鎖されてしまった。

●季節雇用の不安定さ

近年、外国人技能実習生が増加する状況にあって、農家や農協職員など農業関係者から強調されるのは「バイト」など国内労働者の「不安定さ」である。「バイトはあてにならない」、「すぐにやめていってしまい作付計画の見通しが立たない」ため、繁忙期を通して「確実にいる」外国人技能実習生を雇用するという認識は、園芸産地において広く共有されている。実際、表１に示したＤも収穫の終わらない九月上旬に同県のキャンプ場の管理の仕事へと去っていった。こうした労働者の「不安定さ」に対して抱く農家や産地関係者の理屈づけに対しては、当然、当の労働者からはそれとは異なる認識が示される。

そりゃわかるよ、きついんだから、体育大出のやつだって辞めてったよ。膝とか腰いわしてやめてくやつは多い。〔……〕こっちだって身体ひとつで生きてるんだから、壊されちゃたまんないんだよ〔……〕ここで育ったやつは慣れてるだろうけど。[★7]

また、以下からは、契約期間中であっても極端に労働時間の長い最繁忙期の前後は、作物の成育状況や天候で休みが増え仕事がなければその分収入が減ること、これに対して、収入のため仕事を要求することや、契約期間中でも去らずに秋が近づくまで残っている状況を、農家が嫌うことがわかる。

★7　Aの語り。聞き取りは二〇一六年一月二〇日に宿舎で行った。本文では触れなかったが、二〇一八年で六四歳になるAは冬場の就労先もなく二〇一一年から冬も寮に残っている。その間は無給である。Aは、八八年から二〇〇〇年まで同じ農家での住込労働と東京での往復で過ごしてきたが、身体を壊して二〇〇一年から最寄りの旅館に「移籍」し、通年で雇用され裏方となっていた。しかし、その旅館も二〇一〇年には廃業してしまい、二〇一一の夏から「出戻る」かたちとなった。

仕事がある、金が貯まるったって、七月八月はそりゃ早出になるから金も貯まるけど、春口は手取りは少ねえし、少し寒くなれば霜がおりて仕事がねえとか、なかなかたまんねえんだよ。〔……〕「けえっちゃう」ったって、こっちが一〇月まで残ってやっていてもあんまりいい顔しねえんだし、向こうも仕事つくらなきゃいけねえから。[★8]

休みだ、って言われても、こっちも「仕事するよ、契約だからね」ってやり続けてたら「じゃあ辞めてもらうしかねえな」とか言い出すからね、本当に。イヤだよ、契約でしょってつっぱねるけど、言ってくるからね、向こうも。[★9]

ここからは、労働基準法上の所定労働時間がないなかで、天候や作物の生育状況といった農業生産特有の労働時間の変動に対して、冗費を節約したい農家と、日当額が示された募集広告を介して働きにきた以上、その日の収入を期待したい労働者の緊張・対立関係があったことが窺える。農家から不安定さを指摘される季節雇にすれば、かれらが置かれた状態そのものが不安定だったといえる。

４　さらに柔軟で従順な労働力へ

ここまで輸送園芸産地の労働市場の特徴とそこではたらく季節雇たちの一端をみてきた。近年は多くの農家が外国人労働者に切り替えてしまっており、この集落での「バイト」募集はほとんどなくなった。かれらが泊まった寮の部屋には現在、外国人労働者が泊まっている。大規模農家である世帯Ｆ８も二〇一五年以降は新たな国内労働者の募集はやめ、寮を増築し、以降はフィリピン人技能実習生を六名に増やした。結果、二〇一八年現在で国内からの季節雇としては、就労年数の長いＡ、Ｂ、Ｃだけが収穫にあたっている。本章に登場した季節雇は、園芸産地の主要な収穫期労働力が国内労働者から技能実習生へと切り替わっていく過渡期を経験し

★８　★７と同様。

★９　Ｆの語り。聞き取りは二〇一一年九月一六日に就労先の宿舎で行った。Ｆは二〇一一年の期間を通じて、農家雇用主に急な待機や休みを告げられても作業を要求していた。

ていたということになる。以下、ここまでの議論を簡単にまとめる。

輸送園芸産地は、都市部の消費者に生鮮野菜を通年で供給するための生産空間として、高度経済成長期に各地に形成されてきた。消費地に対する安定供給の裏面として、それぞれの園芸産地における労働需要は極端に季節変動し、ここに外部からの労働を限定して需要する契機があった。この意味で季節雇は、戦後に構築された日本のフードシステムが構造的に要請するバッファとして機能していたといえる。

事例でみたその現代的姿は、寮つきの仕事を渡り歩く漂泊性の高い不安定就労層であった。かれらが働く高冷地園芸の収穫労働市場は間口がひろく、感情労働をあまり必要としないものの、仕事は肉体的な強度が高く賃金は低かった。またその労働と収入は作物や天候に依存することもあり季節内でも不安定であった。

以上を踏まえて、なぜ園芸産地の労働力が外国人労働者によって占められる状況に至ったのか、という冒頭の問いに立ち戻ろう。みてきたように、事例地の労働市場はそもそも地域に根ざしておらず、外国人労働者のまえにも少なくない国内からの非正規労働者が季節雇として存在してきた。確認になるが、外国人労働者はここに追加的にではなく、代替するかたちで導入されてきた。したがって、恒常的衰退産業であるがゆえの人手不足に対する受動的対応といった、一般に想定されている理解とは異なる説明が必要になってくるように思われる。本章では直接に技能実習生を扱わなかったため仮説的になるが、人手不足への受動的対応というより、むしろ季節労働市場における「さらに」柔軟で従順な労働力へのリストラクチャリングとして、外国人労働者の導入を捉え返す必要を示しているように思う。この点は、リーマンショックを経て失業者が増加し、事例でみたような季節雇となりうる潜在的な不安定就労層が全国的に増加していた時期であったにもかかわらず、むしろその時期にこそ外国人労働者への置き換えが進行してきたということからも、強調すべきように思う。

また、雇用する農家や産地関係者が季節雇と比較して外国人労働者を雇用する理由に挙げる「安定性」や「確実さ」も、この柔軟さや従順さとほぼ同義であることを指摘しておきたい。というのも、雇用農家や産地関係者が季節雇と外国人技能実習生を「安定的である」「確実である」と語るとき、かれらがそもそも季節雇に与えてきた不安定な労働条件が棚上げされているからである。かつて雇用農家と季節雇の間に緊張関係をもたらしていた、農業生産の特性にも由来するこの不安定性は、外国人労働者になっても基本的には温存されている。したがってここでの「確実である」という評価は、労働強度が高く時間が極端に長い時期と急遽の休みが増え収入が安定しない時期があるにもかかわらず、ほかに職場を探すことも不満を漏らすこともなく、確実に手元にいるという、雇用者にとって柔軟で使い勝手の良いという意味が含意されている。そしてこの意味での安定性は、そもそも職場を移る自由がないという在留資格上の制限からくるだけではない。外国人労働者に切り替わる際に、日当制から月単位での所定労働時間による時給制への変化、労使間への事業協同組合の関与による監視の強化と外部化、寮や食事の提供からそれら費用の徴収への変化など、さまざまな労務管理の組み合わせを新たに導入することで、雇用経費を低位に抑えたまま担保している。

農業技能実習生をとりまく労働諸条件についてはあらめて論じたいが、いずれにせよやはり先行する季節雇との比較は欠かせない。本章ではこの比較の前提として高冷地の事例に依拠して季節雇に注目してきた。もとより各地の園芸産地にはまた異なった季節雇のあり方が展開されており、外国人労働者との関係も違ったものであるかもしれない。更なる課題としたい。

参考文献

秋津元輝、一九九六、「施設園芸の発展と中間的産地組織」、祖田修・大原興太郎・加古敏之編『持続的農村の形成――その理念と可能性』富民協会

安藤光義、二〇一七、「技能実習生導入による農業構造の変化――国内最大規模の技能実習生が働く茨城県八千代町の動き」堀口健治編『日本の労働市場開放の現況と課題――農業における外国人技能実習生の重み』筑波書房

――、二〇一八、「日本の農業と外国人労働者の現状――家族経営を支える技能実習生の増加」津崎克彦編『産業構造の変化と外国人労働者――労働現場の実態と歴史的視点』明石書店

Guthman, Julie., 2014, *Agrarian Dreams: The Paradox of Organic Farming in California*, University of California Press.

五十嵐泰正、二〇一〇、「「越境する労働」の見取り図」五十嵐泰正編『越境する労働と〈移民〉（労働再審２）』大月書店

今井健、一九九一、「農業労働者の性格と地域における需給構造――北海道富良野地域における「雇用依存型家族経営」の形成」『農業經濟研究』六二（四）

――、一九九七、「野菜作地帯における「雇用依存型家族経営」の形成と展開」岩崎徹編『農業雇用と地域労働市場――北海道農業の雇用問題』北海道大学図書刊行会

香月敏孝、二〇〇五、『野菜作農業の展開過程――産地形成から再編へ』農山漁村文化協会
厚生労働省、二〇一九、「『外国人雇用状況』の届出状況（令和元年一〇月末現在）」、厚生労働省ホームページ、（二〇二〇年五月一一日取得、https://www.mhlw.go.jp/stf/newpage_09109.html）
宮入隆、二〇一六、「野菜作産地の動向」八木宏典・佐藤了・納口るり子編『日本農業経営年報No. 10　産地再編が示唆するもの』農林統計協会
農林水産省、二〇一九、「農業分野における新たな外国人材の受入れについて」、農林水産省ホームページ、（二〇一九年二月一一日取得、http://www.maff.go.jp/j/keiei/foreigner/attach/pdf/index-16.pdf）
李哉泫、二〇〇四、『野菜・果樹地帯における季節農業労働者の確保と雇用――労働市場のサービスの提供がもたらす効果と問題」農政調査委員会
坂本英夫、二〇〇二、『野菜園芸の産地分析』大明堂
佐藤忍、二〇一二、「日本の園芸農業と外国人労働者」、『大原社会問題研究所雑誌』六四五
千田正作、一九七一、『農業雇傭労働の研究――わが国の家族農業経営における雇傭労働とその経営的役割』東京大学出版会
武田尚子・文貞實、二〇一〇、『温泉リゾート・スタディーズ――箱根・熱海の癒し空間とサー

ビスワーク』青弓社
安岡健一、二〇一三、「戦間期日本農村における農業労働者と民族の問題——奈良県川西村の大経営農家における『農家経済調査簿』を手がかりに」『村落社会研究ジャーナル』一九（二）

第10章　在日アフリカ人の移動と労働

日本とアフリカの視点から

坂梨健太

1　「見えない」在日アフリカ人

新宿駅前に夕方から、肌の黒い人びとがあつまってくる。かれらはムスリムのガーナ人である。私が出会った二〇一七年六月末は、ちょうどラマダンの時期で、その日の仕事の話などをしながら、日没をみんなで過していた。日が沈み断食が終わると、かれらは、近くの果物屋でフルーツ、コンビニで菓子パンや甘い飲み物を買い込み、みんなで分け合う。ラマダンのときだけでなく、普段から仕事帰りにこの場所に集まり、情報交換などをしているという。宗教と出身国でつながる小さなコミュニティが形成されているようだ。

かれらの多くは長期間、日本に滞在している。一〇年を超える者も少なくない。また、ほとんどが日本人と結婚しており、「日本人の配偶者等」「定住者」「永住者」といった安定した在留資格を得ている。

アフリカの人びと[★1]にとって、日本は羨望の的である。人気の車を生産し、テクノロジーが発展した日本は、経済の大国としてイメージされている。私が長年調査をおこなってきたカメルーンでは——おそらくどこのアフリカの国々でも同じであるだろう——日本人は中国人と間違えられることが多いのだが、日本人だとわかると、かれらの態度が変わることもある。ある村人は、「おまえがおれの娘と結婚したら、日本車を二台持ってきてくれるんだよな」などと、勝手な想像を膨らませていた。未舗装の道が依然として多いアフリカ各地で、故障しにくいために高いシェアをもつ日本車をみて、人びとは日本にあこがれを抱き、そこに行けば大金を稼げると考えている。

しかし、実際には長い間、日本で暮らすガーナ人は、母国にいる家族や知人を日本に呼び寄せるつもりはないという。日本語を使わなければならない環境、閉鎖的な労働市場など、アフリカ人が経験した日本社会の生活面、労働面における難しさをその理由として語っていた。

グローバル化や国際関係が変化するなかで、アフリカから日本への新規入国者はこの一〇年間増加し続けている（三七六頁、表1参照）。しかし、メディアや日本人の目が在日アフリカ人に向くことはほとんどない。かれらは、日本では社会的に「見えない」存在とされているのである。

冒頭で紹介した、新宿駅に集まるアフリカ人に、行き交う人びとは特段視線を送ることもなく素通りしているが、それは日本社会のかれらへの向き合い方を象徴しているかのようである。

そして、地方に暮らすアフリカ人はさらに「見えない」存在である。地方の外国人といえば、静岡や滋賀など特定の地域に集住する日系ブラジル人や一次産業の労働現場で働く技能実習生がすぐに思い浮かぶが、アフリカ人というイメージはない。そもそもラテンアメリカやアジアからやって来た外国人労働者らよりもアフリカ出身者はかなり少なく、また大都市圏に暮らす傾向がある。地方で暮らすアフリカ人たちはどのような人びとなのだろうか。

本章では、リーマンショックで日本経済の低迷期に来日したアフリカ人のなかでも、地方で暮らしている／いた人びとに焦点をあてる。かれらがなぜ日本に来たのか、かれらが日本の地方でどのような暮らしを送り、どのような仕事をしているのか。こうした点を明らかにするこ

★1　本章ではサハラ砂漠以南のアフリカを指す。

とを通じて、これまであまり注目されてこなかった在日アフリカ人の実態を示したい。

２　来日の経緯と日本での仕事

アフリカ出身者のなかでも来日時期が比較的早かったのが、ガーナ人やナイジェリア人である。たとえば、ある者は一九八〇年代に中東で出稼ぎをしていた時に日本の評判を聞き、何のツテもないまま来日したようだ。九〇年代初頭に来日したあるナイジェリア人は、「日本は人手不足が深刻で、働き手を求める雇い主たちが空港で待っている」〔松本、二〇一四、四頁〕という噂話を聞いたという。若林チヒロが調査をした在日ガーナ人は、シリアで出会った日本人から聞いた、東京のゲストハウスの連絡先を握りしめて来日したそうだ。そうしたアフリカ人たちのなかには、新宿の日本人ホームレスに助けてもらったり、山手線でたまたま隣に座って、話しかけられた日本人の会社で働くことになったりと、劇的な形で日本社会に定着していった者もいたという〔若林、一九九六〕。

かれらが来日した頃は、日本経済がバブルで盛り上がっていた時期であった。労働現場は人手不足であったが、現在とは異なり好景気を実感でき、多少の余裕があった時期だったようで、国籍に関係なく、また超過滞在の状況でも雇ってくれる町工場などの社長たちがいた。長年外国人の労働問題に取り組んできた東京のコミュニティ・ユニオンの代表の方によれば、当時は、超過滞在や外国人のちょっとしたもめ事は、警察も大目にみてくれる雰囲気があったという。

自動車部品の貿易を営む在日カメルーン人の調査をおこなった和崎春日は、かれらが「日本を黄金の国」と見ていると指摘する。冒頭でも述べたように、アフリカの多くの国では日本車が人気である。日本車に用いられる部品は汎用性が高く、安価な中国製やナイジェリア製の部品でも修理可能であるが、日本製の車部品は品質がいいという理由で非常に高く取引きされている。したがって、かれらの連想する「黄金」は自動車産業によって生み出されていることから、かれらは自分たちも日本に行って自動車関連のビジネスをしたいと考えている★2〔和崎、二〇〇九・二〇一二〕。

自動車関連以外では、服飾関連の店やエスニック・レストランなどを経営することも、在日アフリカ人の目標である。だが、誰もがそうした目標を実現できるわけではない。大使館関係者にツテを持っている〔和崎、二〇〇八〕、ある程度の資本を調達できるといったことが少なく

★2　ただし、アフリカに中古車を輸出している人物の話によると、最近は輸送費の高騰で、アフリカに車を輸出しても数万円の利益にもならないという。

とも必要である。

仕事を見つけたり、ビジネスを興したりするために、エスニック・グループのネットワークが重要な役割を果たしている。ナイジェリアのなかでも商売人気質と言われるイボ人は、「イボ人は数人寄れば組合を作る」とも言われていて、実際に日本でも相互扶助を目的とした同郷集団をつくっている。このような集まりは、様々な情報を共有したり、ビジネスのための資本を融通したりする場となっているのである〔川田、二〇〇七〕。

来日した当初は、短期の在留資格しか持っていない、あるいは超過滞在や難民申請中であったアフリカ人たちが、長期間、日本で働いたり商売をしたりするためには、安定した在留資格が必要となる。日本にやって来るアフリカ人の多くは男性であり、そのなかで長期に在留する者の多くは日本人女性と結婚している。結婚後、安定した在留資格を得たことにより、日本を基点として国境を跨いだ移動をしながら、貿易ビジネスを展開している者も少なくない〔松本、二〇一四〕。

これまでの在日アフリカ人研究は、八〇年代から九〇年代に来日し、日本である程度の安定した暮らしを築き、定住に「成功」した人びとを主な対象としてきたが、二〇一〇年前後に来日したアフリカ人のなかには、様々な事情から不安定な暮らしをしている者、定住に「成功」していない者も少なくない。以下ではそのような在日アフリカ人に着目していく。

3　統計からみる

日本で暮らすアフリカ人の人口は、二〇一九年一二月末の在留外国人統計をみると、一万七九二三人である。内訳は、ナイジェリア三二〇一人、ガーナ二四〇四人、エジプト二二三九人、南アフリカ共和国一〇三五人、カメルーン八五七人、セネガル七八〇人、ケニア七八九人、ウガンダ六九六人と続く。ただし、在留外国人統計は、集計時に日本に有効な在留資格を有している外国人を対象としており、超過滞在者数はそこには含まれていない。たとえば、ナイジェリア人は、超過滞在者を含めると四〇〇〇人を超えると推計される〔松本、二〇一四〕。

在日アフリカ人の多くは、大都市近郊に暮らしている。首都圏〔埼玉、千葉、東京、神奈川の一都三県で九三二九人〕、愛知〔一〇五一人〕、大阪〔一〇一五人〕といった大都市圏に、全体の六割を超える人びとが暮らしている。賃金の高さ、仕事の見つけやすさ、同郷コミュニティの存在などが理由として挙げられる。

松本尚之は、在留外国人統計だけでなく出入国管理統計を用いてナイジェリア人の移動についで分析している。松本によれば、九〇年代は、短期入国者として来日した後に、超過滞在者となるナイジェリア人が増加したが、二〇〇二年の日韓ワールドカップ以降は、短期入国者数も減り、超過滞在する者も減っているという。一方で、一九九〇年以降、再入国者が上昇していることも指摘している。「再入国許可」とは、在留外国人が一時的に出国し、日本に再入国する場合に得られる資格であり、在留カードをもつ中長期滞在者が対象となる。つまり、安定した在留資格を持つナイジェリア人の出入国が増えているのである。主に企業家となった人びとのトランスナショナルな移動である。松本は、かれらの移動が在日アフリカ人の出入国の増加の要因だと指摘している〔松本、二〇一四・二〇一七〕。

二〇一〇年以降の出入国管理統計（表1）

表1　アフリカ人の出入国統計

	入国者	入国者のうち新規入国者	新規入国者のうち短期滞在者	出国者	出国者のうち再入国許可を得ている者
2010	26,888	19,038	13,934	27,115	8,593
2011	23,969	15,308	10,729	24,239	9,371
2012	29,166	20,969	14,341	28,794	8,965
2013	31,363	22,880	15,074	30,563	9,064
2014	32,737	24,124	18,084	31,991	9,455
2015	36,005	26,833	19,750	35,010	10,010
2016	37,924	27,612	20,355	36,862	11,264
2017	39,363	28,259	21,007	38,259	11,964
2018	42,822	31,519	24,722	42,049	12,370
2019	59,816	47,363	37,752	57,937	13,577

「出入国管理統計」より筆者作成

をみると、アフリカからの入国者数は二〇一一年に減少するものの、二〇一二年以降増加を続け、二〇一九年には過去最高の六万人近くになっている。新規入国者のうち八割近くの人びとが、短期滞在者（ここでは一五日と九〇日の滞在の合計）として入国している。

二〇一九年の統計では、アフリカ出身者で再入国の許可を得た数を除いた出国者数は四万四三六〇人。新規入国者数は四万七三六三人。単純に考えて三〇〇三人が何らかの形で滞在を続けていることになる。そのなかでも増加傾向にあるのが、「特定活動[★3]」「永住者」「日本人の配偶者等」「永住者の配偶者等」である。新規入国者がすぐに日本人の配偶者になる可能性もあるが、大部分が難民申請をして「特定活動」の在留資格を得ていると考えられる。

また、表2が示すように、アフリカ出身者は全国各地に住んでいる。表3は、ナイジェリア人が、都道府県ごとのアフリカ人全体のなかでどれくらいの割合を占めているかを示してい

★3　特定活動とは、「法務大臣が個々の外国人について特に指定する活動」と定義される在留資格のことである。就労の可否は指定された活動によって決まる。報酬が得られる活動に、外交官等の家事使用人、アマチュアスポーツ選手などが挙げられる。難民申請者も特定活動の在留資格を与えられ、申請の結果が出るまで、就労が可能となっていたが、二〇一六年の調査では就労できない事例がみられた。

る。二〇一九年六月末のデータによると、日本全体で一万七〇〇〇人ほどのアフリカ人が暮らしているなかで、ナイジェリア人が二割弱を占めている。表3をみると、東京近郊の埼玉では県内のアフリカ人のうち二七%、神奈川では二四%がナイジェリア人である。東京よりもその近郊に住む傾向をみてとれる。また、福島、静岡、高知も首都圏と変わらない割合を占めている。東京近郊に比べると、絶対数では地方に暮らすアフリカ人は少ないが、一部の県にはナイジェリア人が集住している状況がみられる。他のアフリカ出身者がナイジェリア人と同じ傾向を示しているわけではない。ガーナ人は千葉のアフリカ人全体のうち二四%（ガーナ人は日本全体で約一四%）、カ

表2　都道府県別在留アフリカ人の人口

都道府県	人口	都道府県	人口	都道府県	人口
総数	17,223	石川	70	広島	228
北海道	429	福井	26	山口	34
青森	16	山梨	46	徳島	53
岩手	29	長野	72	香川	33
宮城	175	岐阜	119	愛媛	50
秋田	36	静岡	167	高知	39
山形	30	愛知	1,051	福岡	570
福島	66	三重	196	佐賀	29
茨城	597	滋賀	100	長崎	139
栃木	239	京都	376	熊本	98
群馬	224	大阪	1,015	大分	111
埼玉	2,089	兵庫	612	宮崎	54
千葉	1,448	奈良	81	鹿児島	67
東京	3,764	和歌山	21	沖縄	168
神奈川	2,028	鳥取	79	未定・不詳	13
新潟	134	島根	32		
富山	67	岡山	112		

「在留外国人統計」2019年6月末のデータより筆者作成

メルーン人は群馬のアフリカ人全体のうち一七％（カメルーン人は日本全体で約四％）となり、それぞれの全国の人口割合よりも高い割合で集住している。

次では、日本の地方で暮らすアフリカ出身者の事例をとりあげて、かれらがどのような人間関係を築き、どのような生活や仕事をしているのかをみていきたい。

4　事例からみる

本節では、二〇一六年以降に私がおこなった在日アフリカ人への聞き取り調査のなかから四名の事例を紹介する。在日アフリカ人と知り合うことはなかなか難しい。かれらの生活を支援する団体や個人、大学関係者、アフ

表3　都道府県別アフリカ人の人口に占めるナイジェリア人の割合

都道府県	割合	都道府県	割合	都道府県	割合
北海道	10%	石川	23%	岡山	8%
青森	13%	福井	4%	広島	8%
岩手	14%	山梨	9%	山口	18%
宮城	14%	長野	13%	徳島	11%
秋田	0%	岐阜	14%	香川	15%
山形	7%	静岡	28%	愛媛	10%
福島	33%	愛知	20%	高知	21%
茨城	14%	三重	15%	福岡	12%
栃木	16%	滋賀	19%	佐賀	3%
群馬	12%	京都	6%	長崎	6%
埼玉	27%	大阪	18%	熊本	13%
千葉	23%	兵庫	18%	大分	15%
東京	16%	奈良	15%	宮崎	15%
神奈川	24%	和歌山	5%	鹿児島	6%
新潟	10%	鳥取	4%	沖縄	13%
富山	4%	島根	3%		

「在留外国人統計」2019年6月より筆者作成

リカ人の知人から紹介してもらい、インタビューをすることができた。

●リンゴ農家で働く留学生Ａ氏

ガーナ北部出身のＡ氏は、文部科学省の国費外国人留学制度によって青森の大学院に進学した。「留学」という在留資格で、かつ、奨学金を受給していたので生活や収入に問題はなかったが、修士課程修了後、海外の大学院の博士後期課程に進学しようと考えるようになり、それに必要な費用を準備するために、これまで働いてきたホテルの皿洗いに加えて、リンゴ農家での選果やパック詰めの仕事をはじめた。

リンゴのパック詰めの仕事場には、フィリピンパブで働きながら、空いた時間でアルバイトに来ているフィリピン人女性が四名いた。そのうち二人は以前日本人と結婚していたことがあるという。英語が通じるということもあって、Ａ氏はフィリピン人女性と知り合う機会があり、そのパブにたまに顔を出しているということであった。かれらが働く農業法人の社長は、フィリピン人やガーナ人の方が日本人よりも真面目で頼れると語っていた。七〇〇円ほど[★4]と決して高くない時給であったが、社長は学費の一部を立て替えるなど、Ａ氏に仕事を継続してもらおうと彼の生活や学業の支援もしていたようだ。

Ａ氏が青森を選んだのは、大学院進学のためで、とくに生活に不満を持っていなかった。

ガーナ人の友人に誘われて、夏休みには解体のアルバイトをするために関東地方へも行ったことがあるようだが、「大都市は犯罪が多く、すぐにアフリカ人が疑われるが、青森は犯罪が少なく、アフリカ人の数も少ないので疑われることはない」と、地方の安全性が彼のようなアフリカ人にとっての利点であるという。また、物価が安いこともメリットとして挙げていた。

A氏が青森のなかで付き合いのあるアフリカ人は、ヒップホップの服を販売しているナイジェリア人の一人のみであった。A氏によれば、そのナイジェリア人はわざわざ肌を脱色して、目立たないようにしているという。私も、その彼に会ったが、確かに肌の色が薄くなっていた。日本社会に存在する黒い肌に対する差別や偏見の眼差しを少しでも避けたいということなのかもしれない。

●国際空手大会に参加後、帰国せずに日本各地で働いたM氏

ナイジェリア出身でヨルバ人のM氏は、元空手の選手である。彼は、二〇〇八年、空手の

★4　筆者が調査をおこなった二〇一六年時点での青森の最低賃金は七一六円であった。二〇一九年一〇月には七九〇円となっている。

国際大会に参加するために来日したのだが、そのまま帰国せずに日本での滞在を続けた。

　超過滞在者となった当初、Ｍ氏はトルコ人が運営する派遣会社からコンクリート製造会社を紹介され、岐阜、滋賀、愛知などの現場で働くことになる。愛知の工場で働いていたとき、指を負傷する事故に遭ってしまうが、超過滞在であったため、労災を申請することをあきらめ、仕事もやめる。その後、大阪に移り住み、英語教師となったＭ氏は、日本人女性と結婚する。日本人の配偶者として合法的に在留するようになったＭ氏は、弁護士の助けを借りながら前職で負った怪我の補償を求めて会社と交渉し、労災認定を勝ち取る。また、在留資格を得たことで、Ｍ氏は弁当屋、車の解体業、フォークリフトの運転、自動車部品会社など、様々な仕事に就く。二〇一五年にナイジェリアに一度帰国した際に、現地で会社を興したＭ氏は、現在は日本を拠点に貿易業を営むことを考えているという。

　私がＭ氏への聞き取りをしたのは、彼がトーゴの友人から勧められて広島で暮らしていたときであった。Ｍ氏は、広島は大阪や名古屋といった大都市よりも静かで住民も優しいといって、気に入っているようであった。だが、その後は再び名古屋に移って働いていると聞いた。気に入った場所や街があっても、状況に応じて移動を繰り返しているようだ。

●難民申請中にフィリピン人と結婚したD氏

D氏もまたナイジェリア出身だが、ヨルバ人のM氏とは異なり、イボ人である。彼は東部の独立を目指すビアフラ主権国家実現運動（Movement for the Actualization of the Sovereign State of Biafra: MASSOB）の活動家だったが、メンバーの逮捕や拘束を受けて、国外へ逃げることを決意したという。D氏が、漠然と平和というイメージしか持っていなかった日本にやってきたのは、ブローカーがたまたま日本の観光ビザを取得できたからだったという。なお、彼の家族は、身の危険を感じて、ナイジェリアの隣国のベナンで暮らしているという。

日本に入国後、難民申請をしたD氏は、当初、関東の難民支援団体の支援で生活をしていたという。その後、難民申請者に認められていた就労可能な在留資格「特定活動」を得たことで、彼は派遣会社の紹介で静岡県の水産加工場で働きはじめる。しばらくして就業中に怪我をして、仕事を辞めざるを得なくなってしまうのだが、その頃、在留資格「定住者」を有するフィリピン人女性（以前に日本人と結婚していた）と知り合って結婚する。

安定した在留資格を得たD氏は、現在、静岡でかなり広い土地を借りうけて、生活雑貨から家電、廃材、中古車など何でも扱うリサイクル業を営んでいる。彼が「バショ」というリサイクル品の置き場には、タイ人、ベトナム人、パキスタン人、イラン人など様々な在日外国人がやって来るという。高速道路のインターチェンジが近いからか、時には関東方面からも物品を探しに来る。Ｄ氏によれば、外国人の客は国によって探し求めるものが異なるという。たとえば、タイ人は時計などの宝飾品、ベトナム人は鉄材、パキスタン人やイラン人は大型車といった具合である。また、近隣の日本人農家が不要な農具を持ち込んだり、日本人のリサイクル業者が中古自転車を売りに来たりと、日本人との関わりもある。Ｄ氏は、洗濯機などの家電、自転車、小型車の輸出なども手掛けているが、母国のナイジェリアには自身が難民として出国したため物品を送ることはできないという。

外国人の客とは日本語で会話をすることが多いようだ。たとえば、Ｄ氏が、タイ人の客相手に日本語で「社長、いいものあるよ」と言いながら、自慢の商品を見せていると、

「バショ」でフォークリフトを操縦するＤ氏（筆者撮影）

「全然、いいものじゃない」「もっと安く」という日本語がかえってきていた。こうした多様な人びとが集まる「バショ」や、そこでのやりとりは、未来の日本では当たり前となるのかもしれない。

●難民申請中に就労不可となったH氏

カメルーン人のH氏は、出身地域での社会関係のトラブルが原因で身の危険を感じ、日本に逃げてきたという。現地のブローカーから、行き先を日本、ドイツ、韓国のいずれかから選ぶようにいわれ、D氏と同じように平和というイメージしかなかった日本に行くことにして、航空券込みで約八〇万円を支払ったそうだ。

二〇一三年に来日。難民申請をしたことで、当初は難民支援団体の支援を受けて生活をしていた。その後、就労が認められる「特定活動」の在留資格を得たH氏は、派遣会社を通じて名古屋の電子産業の工場で働きはじめる。その次に働くことになったのが、静岡の水産加工の会社であった。H氏は、その会社では日系ブラジル人の上司との関係がうまくいかず、いじめや嫌がらせを受けたといっていたが、静岡は物価が安く、また気候が温暖で暮らしやすいという。また先にとりあげたナイジェリア出身のD氏をはじめ、複数のアフリカ出身者やパキスタン人やブラジル人など多様な外国人が近所で暮らしていることも、静岡の暮らしやすさになっているようだ。

しかし、Ｈ氏は、難民申請が却下され、その後、就労が認められなくなってしまう。異議申し立ての期間中、就労が認められる場合もあるが、Ｈ氏には認められなかった。収入を絶たれたＨ氏は、Ｄ氏のもとでアルバイトをしたり、彼の困窮をみかねた同じアパートに暮らす住民から、農作業の仕事を紹介してもらったりして、なんとか日本での生活を続けていたという。私にも助けを求めてきたので、食料を箱に詰めて送ったこともあった。Ｈ氏と直接会って食事をご馳走しようとした時も、食事よりも電気代を払ってくれと切実な依頼を受けた。Ｈ氏は、異議申し立ての結果が出るまで、働かずに何とか日本に留まろうとしていたが、結局、異議申し立も認められず、帰国を余儀なくされた。

５　在留資格からみる

外国人が日本で安定した暮らしを送るためには、在留期間や就労制限のない在留資格が欠かせない。在日アフリカ人男性にとっては、日本人女性と結婚することで得られる「日本人の配偶者等」がそれにあたる。実際、東京在住のアフリカ人を調査したアギェマンによれば、調査したアフリカ人男性の六六％が日本人と結婚していたという〔Agyeman, 2015〕。「日本人の配偶者等」を土台にして「定住者」「永住者」といったより安定した在留資格を取得する者もいる。そうした在日アフリカ人のなかには、自らビジネスをはじめる者も少なくない。

たとえば、前節で紹介したM氏はそうした一人である。日本人女性との結婚（現在は離婚）により安定した在留資格を得て、日本で様々な仕事を選ぶことができるようになったM氏は、今では貿易会社を経営するまでになっている。ただし、そうした日本人女性と結婚したり、経済的な豊かさを手に入れたりできるアフリカ人男性は一部にすぎない。A氏も、M氏のように日本人女性と結婚して安定した在留資格を得たいと考えて、出会いを求めているが、なかなか思い通りにはいかないようである。

また、近年、D氏のように、かつて日本人と結婚していて「永住者」となった外国人女性と結婚したアフリカ人男性が増えている。そうした場合、外国人女性はフィリピン人女性であることが多いが、「永住者」の日系ブラジル人女性と結婚したことで、安定した在留資格を手に入れたというアフリカ人男性の事例もある。

以前であれば、D氏のように、難民認定の申請をした場合、審査結果が出るまでの間、申請者には就労可能な「特定活動」の在留資格が認められることが多かった。しかし、近年では就労目当てで難民認定の申請をする者がいるという理由で、A氏のように、申請者の日本滞在は認められるものの、就労許可を得られない者が増えている。

難民認定の申請者にとって、就労不許可は生存を脅かす問題である。ある難民支援団体は、就労不許可になった人びとに、多少の食料と一時的に滞在可能なシェルターを提供することはできるが、実際には帰国を促すしかないと語る。超過滞在することになった場合、表向きは就労を勧めることはできないが、生きていくためにかれらは働かざるを得ないという。

就労不許可となった人びとが「就労先」を見つけることは極めて難しい。働くことができない人びとにとっては支援が命綱となるが、地方ではそもそも支援が非常に少ない。

現在の在留資格は、人びとを管理するだけでなく分断している。そして、それは就労できる者とできない者に分断するだけではなく、就労できる者のなかにも、就労可能な時間、職種、更新手続きの頻度の多少等によって分断線を引いている。東京で外国人支援をおこなってきた団体の代表の者によれば、就労の可否や自由度がそれぞれ異なっている在留資格の違いが、同じ国籍の者同士であってもその関係をぎくしゃくさせているという。

６　アフリカからみる

事例でとりあげた在日アフリカ人たちが日本に来た背景を考えるためには、かれらの暮らしてきた国や地域の状況を知ることが重要である。それにより、わたしたちが持つ在日アフリカ人へのまなざしを変え、かれらをより深く理解することにもつながるだろう。

ソマリア沖の海賊行為、マリやニジェール、ナイジェリアなどのイスラム武装集団の蛮行、各地で頻発する権力闘争や資源をめぐる争い、深刻な環境破壊、疫病の発生、そして再生産され続けている貧困。近年、こうした問題に直面するアフリカ諸国から多くの人びとが、難民・避難民となって近隣諸国やヨーロッパへ移動している。その数は数千万人にものぼると言われている。そして、そうした移動には危険が伴う。たとえば、二〇一四年以降、ヨーロッパを目指した一万五〇〇〇人以上のアフリカ人が地中海で命を落とし、「海に呪われた者」〔勝俣、二〇一九、一六六頁〕になったと言われている。

ただし、現代のアフリカ人の移動は、必ずしもこのような差し迫った移動ばかりではない。そもそも、多くのアフリカ人にとって移動とは日常的なものである。現在その日常的な移動がグローバル化しているのである。本節では、そうした観点から、アフリカ人の移動をみていきたい。

●ガーナ：貧しい北部

ガーナは南北で大きな違いがある。南部は熱帯に位置し、気候に恵まれていることから農業が盛んである。しかし、ここでとりあげたA氏の出身地の北部は、乾燥地帯が広がり、農業だけで生計をたてることが難しい。ガーナ政府は、南部で盛んなカカオ生産を奨励し、積極的に肥料や農薬の支援をしている。そうした政策は、北部と南部とのあいだにもともとあった経済格差をさらに拡大させ、北部の人びとが南部の町やカカオ農園へ出稼ぎに行くという構造を固定化している。ガーナのカカオ生産は北部出身の労働者によって支えられているのである。[★5]

そのようなガーナ北部から日本にやってきたA氏は、今も家族に毎月五万円ほど仕送りを続けているという。彼は、修士課程を修了後、奨学金の受給がなくなってからは、解体業の仕事をして生活費を得ている。少しでも条件のよい職場を求めて日本国内で移動を続けているという。希望する海外の大学院進学のために必要なお金を貯めたいと考えているが、仕送りや日々の生活費だけで給料はほとんどなくなってしまうと語っていた。

●カメルーン：マイノリティとしての英語圏

次に、カメルーン人のH氏をみてみよう。英仏の植民地であった経緯から、カメルーンは仏語圏と英語圏に分かれており、H氏の出身地の北西部は英語圏である。経済の中心であるドゥアラ、政治の中心である首都のヤウンデなどの主要都市はいずれも仏語圏であることから、カメルーンの政治経済は、仏語圏の人びとを中心に展開している。

H氏自身が国を出て日本にやって来た大きな要因は、彼が地域社会のなかでトラブルに巻き込まれたとのことであったが、カメルーン国内のマジョリティ―マイノリティ関係が、マイノリティである英語圏の人びとの国境を越える移動に影響を与えていることは少なくない。和崎は、仏語話者がマジョリティのカメルーンにおいて英語話者の移動が目立つのは、英語話者のマイノリティ性がプッシュ要因になっているからだと指摘している〔和崎、二〇〇九〕。

カメルーンでは、仏語圏出身のポール・ビヤが一九八二年に大統領に就いて以降、仏語圏を重視する政策が長年続き、近年、英語圏からの反発が高まっていた。そして、二〇一八年、ポール・ビヤが大統領に再選したことで、その反発はさらに高まり、分離独立の動きもみられるようになる。カメルーン政府は、そうした動きを抑え込もうと、北西部を中心とした英語圏の住民に対して一八時以降の外出禁止令を出すといった対策をとっている。[★6]

私が南部州のカカオ農民の調査をおこなっていた二〇〇七年頃、しばしば、英語圏最大の都市であるバメンダ出身の若者がカカオ農民のもとに住み込みで働きに来ていた。カメルーンで

★5　なお、ガーナ北部と南部の経済格差は、児童労働の大きな要因にもなっている。

★6　二〇一八年五月の The Gardian 紙は、政府の厳しい対応を「ジェノサイド」という見出しをつけて報道している〔The Guardian 30 May、2018〕。

は、こうした国内移動は日常的なものである。そして、今日では、カメルーンをはじめアフリカの人びとにとって国境を越える移動も日常的なものになりはじめている。それを後押ししているのはインターネットである。スマートフォンが一台あれば、アフリカの人びとは、容易に出稼ぎや難民として目指す国々の労働事情や生活環境を調べることができるようになっている。

●カメルーンへ帰国したH氏

先に述べたように、カメルーン北西部出身のH氏は、難民認定されず、またその異議申し立て期間中に就労も許可されなくなったため、二〇一六年末に帰国することになった。二〇一七年、カメルーン調査の

H氏の家族と筆者（写真提供：筆者）

際に、私はH氏と再会することができた。当初は、彼の居住地である北西部の州都バメンダで会おうと考えたのだが、現地では暴動やそれにともなう政府の弾圧が激化していたため、比較的安全な西部の州都バフサムで会うことになった。

H氏は、日本からの帰国の飛行機代は、彼の妻が車を売って捻出してくれたと語っていた。また、彼が日本に逃げるきっかけとなった地域社会のトラブルについても、どうやら解決したということであった。

日本では厳しい生活であったにも関わらず、H氏は機会があればまた日本に行きたいと語っていた。また、付き合いのあったナイジェリア人のD氏には、日本の中古家電をコンテナで送るように依頼しているという。カメルーンで販売しようというのである。私は、彼の話を聞きながら、どこまで本気、本当なのかわからなかったが、彼には生き抜くためのしたたかさ、転んでもただでは起きないたくましさがあることだけはわかった。

7　「見えない」在日アフリカ人を見る

以前であれば、来日するアフリカ人の多くは、先に日本で働き暮らしている身寄りや同郷の友人を頼ってやって来ていた。バブル景気のときには、在留資格の不安定な外国人でも、働いたり生活したりする社会的空間や場所がずいぶんとあったと言われている。そうしたなかで、これまで在日アフリカ人については、ある程度、日本社会のなかで「成功」した人びとに光があてられてきた。本章では、そのような人びととは異なり、光があたらない影の領域を生きている「見えない」在日アフリカ人をとりあげた。実際に、かれらの在留資格は決して安定したものではなく、日本で安心した居場所や関係を築けないことが多く、働きたくても働けなくなったり、頻繁に移動しなくては生活を維持できなくなったりするような厳しい状況におかれている。

かれらは、アフリカ国内のエスニック・マイノリティ、貧困地域の出身者、社会的・政治的な理由による難民申請者など、さまざまな背景をもった人びとである。アフリカ国内での日常的な移動の経験、来日の経緯、在留資格や職種など、個々のこれまでの経験は異なり、それらが重層的に絡み合って、かれらの現在の状況を規定している。そのような様々な背景と経験をもつ在日アフリカ人を一括りにして捉えることは難しく、かれらも日本国内で生き延びるために移動を繰り返すことがあるため、自らを「見えない」存在にしている。

しかし、「見えない」存在にしているのをかれらのせいにするのではなく、現在の外国人を管理する日本の制度やかれらを見ようとしない日本社会をみつめなおす必要があるだろう。わたしたちは、アフリカ人を日本に送る海外のブローカーを問題視したり、また、自ら進んで来日するアフリカ人を「偽装難民」や「偽装留学生」などと見なしたりして批判することがある。しかし、長〔二〇一八〕が指摘するように、制度を利用して「合法的」な形で、外国人を受け入れ続ける日本の労働市場が存在し、「見えない」アフリカ人もそこに組み込まれていることを考えるならば、かれらを一方的に批判することはできない。

人手不足が深刻な地方の労働現場には、就労可能な在留資格があれば、国籍に関係なく外国人が組み込まれる。そこは過酷な環境である場合も多い。在日アフリカ人のなかには、派遣会社からの斡旋によって、そうした地方で働くことになる者も少なくない。私が聞き取りをしたアフリカ人たちは、縁もゆかりもない地方で生活をはじめ、厳しい労働現場で働きながらも、なんとか地方に暮らすメリットを見つけようとしていた。地方は、「物価が安い」、「遊ぶところが少ないのでお金を使う必要がない」、「静かで暮らしやすい」など、都市と比較しながら、地方の暮らしを肯定していた。かれらの地方の滞在は一時的な場合もあるが、それでも国籍や民族、在留資格も関係のない人びとによる、生き延びるためのつながりを必死で手繰り寄せようしている。

肌の黒いアフリカ人は日本の田舎では相当目立つが、そうであるがゆえに「品行方正」な振る舞いをすれば日本人の信頼を勝ち得るといった語りも聞かれた。自分自身に疑いの目を向けられることが少ないからという意味で、犯罪の少ない地方での暮らしに価値を見出していた。

こうした語りは、地方に暮らすかれらが、日本社会のまなざしを敏感に感じ取っていることの現れに他ならない。

今のところ、「見えない」在日アフリカ人男性が経済的な成功を掴むためには、日本人や「定住者」「永住者」の外国人女性と結婚する以外にほとんど途はない。そうではない選択肢、弱いつながりだけに頼らなくもよい手厚い支援、肌が黒いという理由で「身構える」必要のない社会を、かれらは待ち望んでいる。

参考文献

Agyeman, E.A, 2015, "African migrants in Japan: Social capital and economic integration," *Asian and Pacific Migration Journal*, 24(4), pp. 463-486.

法務省、「在留資格一覧表」、法務省ホームページ（二〇一九年三月一〇日閲覧 http://www.moj.go.jp/content/000007209.pdf)

勝俣誠、二〇一九、「世界の中のアフリカ」『世界』九二四

川田薫、二〇〇七、「在日ナイジェリア人のコミュニティ形成――相互扶助を介した企業家の資本形成」『年報社会学論集』二〇

松本尚之、二〇一四、「在日アフリカ人の定住化とトランスナショナルな移動――ナイジェリア出身者の経済活動を通して」『アフリカ研究』八五

――、二〇一八、「在日アフリカ人と東アジア交易」栗田和明編『移動と移民――複数社会を結ぶ人びとの動態』昭和堂

長有紀枝、二〇一八、「難民が来ない国の難民鎖国」『世界』九一五

若林チヒロ、一九九六、「滞日アフリカ黒人の「プライド」形成のためのネットワーク」駒井洋編『日本のエスニック社会』明石書店

和崎春日、二〇〇八、「滞日アフリカ人のアソシエーション設立行動と集会活動――滞日カメルー

ン人の協力ネットワークと階層性」『名古屋大学文学部研究論集　史学』五四
――、二〇〇九、「中古自動車業を生きる滞日アフリカ人の生活動態――カメルーン人の生活戦略と母国の政治社会状況」『地域研究』九（一）
――、二〇一一、「産業人類学、都市人類学、超国家の人類学をつなぐもの――滞日アフリカ人の生活動態から十時嚴周の「混乱と境界侵犯の人類学」を見る」法学研究』八四（六）

コラム　十三の「中国エステ」で働くということ

●十三

十三(じゅうそう)は、大阪キタの中心梅田から阪急電車の特急で北へ一駅。淀川を渡ってきた阪急電車が三宮、宝塚、京都の三方向へ分岐する主要駅である。一〇年あまり前に関西に住むようになり、乗り換えに使うようになった。一番西側を走る神戸線のホームへ渡って電車を待つとき焼き肉の匂いがして、そのために何度降りようと思ったか知れない。戦後すぐからホームと並んである「しょんべん横丁」が誘っていたのだ。京都や神戸の人が「十三呑み」と言って行くこのあたり。駅の西口改札は、直接この横丁の入り口だった。それが二〇一四年の火災で数十店舗を焼失し、しばらく横丁も西口も封鎖されていた。いま、消防法に合わせて道幅を広げて復活しつつある飲食店街からは、この匂いはしてこない。

その横丁を背に、アーケードを抜け、国道一七六号と十三筋が交わる大交差点を渡って左に行けば十三のメインストリート、サカエマチ商店街である。一九八九年公開のハリウッド映画『ブラック・レイン』に全景が映っている。高村薫の『黄金を抱いて翔べ』や『李歐』の舞台でもあった。十三は淀川に渡しがあったころからの交通の要所で、鉄道の駅ができてからは中産階級の労働の場と寝食の場の交わるところで娯楽を提供する役割を果たしてきた。サカエマチ商店街には、日本映画の隆盛期には映画館が七館もあったという。現在は、第七藝術劇場／セブンシアターという二スクリーンのミニシアターと、ダンスホールやステージを備えたレトロな大型キャバレー二店だけが、芸能・興行の街の名残をとどめている。

このあたりがもっともにぎやかだったのは、この二店ができた一九七〇年の大阪万博前後といわれる。『李歐』の、やがてやくざと取引して大金を設け、同性の美貌の殺し屋と別天地に渡る主人公が、旋盤工場で中国人や朝鮮人の職人に遊んでもらっていたころだ。その後、バブル経済の八〇年代を経て、サカエマチ商店街の西と南には、キャバレーのほか、パチンコ店、ラブホテル、性風俗店などが密集するようになった。それが最近変わってきたことは、新参者にもわかる。この三年ほどはとくに、通には知られた落書きだらけのライブハウスが移転し、ラブホテルの跡に東横インが建ち、雑居ビルの間にあった立ち飲み屋がオーガニック・カフェになり、焼き鳥屋がタピオカミルクティー店になり、それも二年で替わり、と、ジェントリフィケーションで忙しい。もともと交通の便の割に家賃が安い十三。対岸の梅田の夜景や夏の花火の鑑賞スポットとなっている淀川河川敷に続く東口側に、積水ハウスの高級賃貸、パーティルームのついた高層分譲マンション、営業時間の長い企業経営の保育園などができ、新興ファミリーエリアが形成されていることとセットなのだろう。

●店舗型性風俗店

駅西口側の性風俗店はまだけっこう残っており、周囲のジェントリフィケーションに完全に取り残されている。ソープランドなどの店舗型性風俗営業は、一九八四年の風営法の抜本改正によって所在地の警察署への届け出制になり、禁止区域が設けられた。禁止区域は、禁止時間や禁止業態とともに、法に加えて都道府県が条例などで定めることができる。サカエマチ商店街のある西口側繁華街は、住所表示でいえば「大阪市淀川区十三本町」。この町で営業する店舗型性風俗店は、風営法と大阪府条例に従う。そして、「大阪府風俗営業等の規制及び業務の適正化等に関する法律施行条例」は、現在、ソープランド、ファッションヘルス、出会い系喫茶にあたる業態の営業を府内全域で禁止している。

確かに今、大阪にはソープはない。しかし、ファッションヘルスに分類される「ヘルス」「エステ」「性感マッサージ」系の店は多い。新風営法ができた八四年当時、性風俗をふくむ風俗業界は業態の多様化と店舗の増加に沸いており、それが規制を見直す抜本改正に結び付いた。一方で、これらの店を一斉に潰すことは経済的・社会的影響が大きすぎるとして、新風営法にも各地条例にも「既得権営業」の抜け道が設けられた。法改正前まで営業していた店舗については、存続が認められることになったのだ。ただし、判例などによって、法改正まで営業していた店舗との同一性が認められなければ営業はできないとされ、つまり、新規開店ができないだけでなく、老朽化しても大きな増改築や改装ができないことになっている。だから、十三に限らず日本全国で、今でも営業している店舗型性風俗店は、基本的に一九八四年のままの姿で立っているのだ。

ここでも火災のリスクは大きい。二〇一七年の大宮のソープランド火災が記憶に新しいが、実際に、性風俗店や類似の店では一〇年足らずに一度死者火災が起きている。「焼き肉の匂い」云々を気にしていられるのは外側から見たときだけで、そこで働いている人や利用者にとっては文字通りの死活問題である。しかし、中で働く人は、むしろこの状態でこの頻度でしか死者が出ないのは、風営法を遵守する合法店舗で、店内の整理整頓や火の始末のルールが徹底しているからだ、とも言う。自分たちを守ることはない法規制との駆け引き中で、営業停止を避けつつ身を守るための自己管理・自助努力が欠かせないのだ、と。

●「外国人エステ嬢」としての「リエ」

そんな十三西口側の「エステ」店の一つで「リエ」は働いていた。三一歳。中国遼寧省鞍山市の出身だと言う。外国人を雇う合法店舗は少ない。まず原則として、外国籍の人が風営法で定められた店などで働くことは、「資格外就労」で入管法違反になる。例外は、「特別永住者」「永住者」「日本人の配偶者等」「永住者の配偶者等」「定住者」という就労制限のない在留資格（ビザ）をもっている場合だ。これら以外のビザで日本に滞在している外国人を雇えば、店側も「不法就労助長罪」で罰金か懲役を科せられてしまう。就労資格の確認は風営法の方で義務付けられているので、「知らなかった」の言い逃れも効かない。いきおい、自己管理を働かせて外国人は雇わない方針にした方が安全だ、ということになる。この法的地位の差が、日本の性風俗産業で働く外国人と日本人をはっきり分けている。

「リエ」の店でも原則は同じで、外国人は雇わない。「リエ」は例外的な一人だ。今の店に勤めはじめたのは「三、四年前」とあいまいだが、すでに定住者ビザをもっていた。そして、日本語がかなり流暢でめったに中国人だと気づかれず、詮索を招かないことが決め手だった。就労資格未確認に罰則を設けた二〇〇四年の風営法の改正は、省庁をまたいだ「人身取引対策行動計画」の一環だった。日本の性風俗産業が人身取引の温床になっている、というアメリカ国務省と国連をはじめとする国際社会の批判を受けて、政府が打ち出した目に見える対策である。行動計画は、二〇〇五年から二〇〇九年の「不法残留者五年間半減計画」とも連動し、人身取引の被害者を救済し加害者を罰する名目で、性風俗産業全体と非正規滞在者両方の取り締まりを強化した。当時の「不法就労外国人対策キャンペーン」は、ポスターやウェブサイトで外国籍の被雇用者のビザのチェックを促すだけでなく、怪しいケースは通報せよ、と国民に呼びかけていた。効果は、具体的な雇用について使用者が在留資格の証明を要求し労働者候補がこれに応じる、というだけではない広範に及んだことだろう。ビザのチェックをする以前にあらかじめ、チェックをする役割がない人びとにもあまねく、そして常に、外国人と見たら「不法」を疑わせるレトリックがあったのだから。それいらい、合法性風俗店舗にとっては、定住者の資格にも増して、まず外国人を疑われず、周囲に怪しいと思われない「見た目」が大切になっている。だから「リエ」も雇われたのだった。

●「リエ」の側の事情

「リエ」の側から見ると、まず、風営法遵守の「日本人エステ」は、もちろん売春防止法（運用上は客とのペニス膣性交を違法とする）にも違反しない建前で、ホンバンを避けやすい魅力があった。とはいえ、サービスは「お客さんがイクこと」を目的としているので会話をする必要があまりなく、だから中国人とわからないところもいい、と言う。「日本人みたいにカワイイ振りをするのが一番難しい。三〇過ぎてみんなよくできるな、と思う」自分に向いている、とも。そういえば、長い脚と大きな手、無意味に笑わない骨格のしっかりした顔からビームのようにこちらを見る眼は、ベビーフェイスで売る印象ではない。

この店は客もほとんど日本人か日本語を話す人たちばかりで、おとなしいのもいい。ネットで調べて来るのが普通なので、日本語が読めない人には難しいのだろう。「事故」を装って入れたがったり、シャワーも浴びずに口でさせたがったり、ルール違反の客はだいたい酔っぱらって来店するが、大声を出せば男性従業員がすぐ飛んでくることになっている。「お客さん、無理はいけませんよ」としっかり言うだけで「秒で」静かになる。常連はそんなことにはならない。常連さんの中には自分が中国人だと知っている客もいるが、そもそもネットで噂を流したり、中国人だからと怒鳴ったり威張ったりしない客としか話らしい話はしないから大丈夫、と「リエ」は言う。一番嫌なのは、店外デートしようという客。おとなしいくせにしつこい人が多い。「お金にならないことは一瞬もしないに決まってるのに、なに勘違いしてるん？」と、ほかの女の子たちとも話している。「リエ」のほかにも何人かいる中国人と韓国人は、「結婚ビザが欲しい子たちのいる店に行けばいいのに」と「上から目線で言ったりする」。「今の店は勝ち組の店だから」。

前に働いていた「中国エステ」は、大阪ミナミの日本橋近くにあった。やはり遼寧省出身で日本人と結婚したママが同郷者を中心に女の子を集めた店だったが、店に来た客とホテルに行く「ホテトル型」で、二人きりになるので怖かった。

一般に「メンズ・エステ」と呼ばれる性風俗「エステ」は、風営法による届け出が必要な性的サービスを提供せず資格の必要なマッサージも施さないという建前で、法に規制されない営業が可能だ。「風俗」と「一般」のようなカテゴリーで店を分類する性風俗検索サイトがあるが、「一般」はこの種の店だ。このような店ならば、たとえば留学生など、制限内でなら資格外就労が可能なビザをもっている人が合法にアルバイトをすることも、理論的には可能になる。「遼寧省のママの中国エステ」はそのような店だったのだろう。関西の大学や語学学校に通う学生が多かった、と「リエ」は言う。「リエ」によれば、中国人には同郷のつながりが重要で、大阪の遼寧省出身者は、省内の「いなか」から「友だち」や「お姉さん」を頼って日本に来る。まとめているのはたいてい何年も前に来日した女性で、少しの手数料で入りやすい学校や稼ぎやすい仕事を紹介し、入学やビザの手続きを手伝ってくれる。日本への渡航をめざす若者はみな、留学生でも二八時間までアルバイトができることと、それが合法で一番安全な出稼ぎの仕方だと知っていて、もしかしたら中国のいなかで考えるのとはまったく違う未来が開けるかもしれない、と思っている。黒竜江省、吉林省と合わせた東北三省についてまとめている大きなネットワークもあるらしい。

●大連から大阪へ

「リエ」の場合も、来日経路は遼寧省の「お姉さん」だった。鞍山市の郊外で大豆などをつくる両親に育てられ、中学校を出てから家と近隣の農業を手伝うかたわら、採石場で働くようになった。仲の良い同級生の女子は、みな似たような進路だった。ほんとうは宝石の加工をしたかったが、「自分の家族にはつながり〔コネ〕がなさ過ぎた」。力仕事は任せられなかったが、石粉が目や鼻にいつも入ってくるのが嫌だった。それ以上に、零下になる冬に外で機械の整理や洗浄をするのが死ぬほど嫌だった。市街地で働いていた叔母に大連の日系企業用バッテリー工場に誘われた時には、幼なじみの友だちと一緒にすぐ村を出た。一七歳だった。バッテリー工場では三交代のシフト制の仕事で体がなかなか慣れず、寮のベッドと工場の往復だけで時間が過ぎてしまった。二段ベッドが四〇人分くらい並ぶ一部屋しかない寮だった。冬の寒さはいなかよりもずっとましだった。同世代の女性が近くのベッドに固まっていたのでおしゃべりはできたが、時間がないうえ給料も安すぎて、三個買うと安くなる饅頭を朝昼晩に一個ずつ食べるのが精いっぱい。貯金もしたかったし、せっかく都会に出たのに遊びに行くこともできない。食堂のテレビで北京や上海の光景を見るだけなら家にいるときと同じだ、と思ってがっかりした。もっと嫌だったのは、夜勤の時にその人に当たると触ってくるラインズマンがいたことだ。でも、何年か働くうちに度胸がついて、こんな薄給でセクハラ男がいる工場では仕事の能率も上げられない、と同僚数人で工場長に抗議に行ったこともある。工場長はその時は激怒したが、後で謝ってきてラインズマンを異動させてくれた。そして、どうせこの工場は近々人員削減になるから、首になる前に他の仕事を探した方がいい、と助言してくれた。後から思えば、うるさい女たちを追い出したかっただけかもしれない。「リエ」の方も長く勤めるつもりはなくなっていたので、休日に、寮の友人が「お姉さん」と呼ぶ人が勤めている大連の旅行会社に仕事がないか訊きに行った。そこで日本に誘われた。給料が当時鞍山の三倍で、遼寧省出身者同士で安く住むところもある。食費なども折半になる。日本は何よりも家が狭くて高いのでベッドだけが自分の空間になる、という説明も、今の工場の寮とあまり変わらないなら冒険しよう、という気持ちをかき立てた。

旅行会社が紹介できる仕事と渡航の仕方はいろいろあったが、「リエ」は高校も出ていなかったので、旅行者ビザを取るためにもまず高校卒業の資格を「買う」必要がある、と言われた。留学ビザなど、めんどうな資格は料金も高い。両親や親戚は「つながり」がないのでお金もない、自分の貯金も少ししかない、ということで、今ある貯金だけ払えば残額は後で払うことができる「マッサージ」の仕事を選んだ。友人はここで諦めた。

●「エステ」の仕事

それで就いたのが、最初の「中国エステ」の仕事だった。二〇〇九年ごろだった。店はやはりミナミにあった。「マッサージ」が何をすることなのかは噂で聞いて知っていたから、騙されたわけではない。でも、その時は処女だったたし、男性の裸も弟のしか見たことがなかったので、初めて射精を見たときは気持ちが悪くてトイレで吐いた、と「リエ」は言う。ただ、日本語が喋れないうちは、先輩がついてお客さんとのやり取りからマッサージの仕方、どうやってフィニッシュまでもっていくかを丁寧に説明してくれた。手とタオルですればいい店だったたしお客さんもおとなしかったたし、優しい人も、「ありがとう」と言ってくれる人もいて、慣れれば、採石場よりバッテリー工場よりしんどいことはなかった。でも、衛生状態はあまりよくなかった。「エステ」は夜間営業できないということで、夜はカーテンで仕切った「エステ」のベッドがそのまま女の子のベッドになる「節約の仕組み」があった。生活の場と仕事の場の区別がない。店は半地下で窓もほとんどない。タオルは店の洗濯機で洗って廊下で乾かす。キッチンがついていてそこで煮炊きもする。その「全部の臭いを安い消臭剤でごまかそうとする臭い」がいつもこもっていた。ただ、女の子たちはみなビザの上では「旅行者」で三か月以内に帰国するため、それが見つからないよう、早くたくさん稼げるよう、黙って仕事だけしていた。

だからこの店では経営者や「ママさん」に会ったことがない。給料をくれたのも先輩だった。肝心の収入については、かなり搾取された。「食費やベッド代を引いて三か月で五〇万円くらいになったから「すごい！」と思った――たぶんそのころの大連の工場の四倍ぐらい。けど、旅行会社に手数料を返したら半分以下になった。いま日本の「エステ」の仕組みが分かって考えたら、最初の店でもほんとうは倍ぐらい稼いだはず。女の子の取り分は半分が普通だから。ほとんど休みなく働いて毎日五人くらいは客がいたのに……」、と「リエ」は悔しがる。

大連や鞍山に帰っても仕事はない。一度日本の「エステ」で働くと、繰り返し似たような仕事で出稼ぎする女の子が多い、と「リエ」は続けた。「リエ」も、一緒に鞍山から出てきた友人が大連で結婚していたので、その家にしばらく置いてもらっている間にまた日本行きを計画した。旅行者ビザを続けて取るのは難しいからと、今度は「留学生」に挑戦することになった。まじめなことが分かっていたから、「お姉さん」はこの時も特別に手数料のほとんどを後払いにしてくれた。日本語学校の入学金は自分で払って「留学生」ビザを頼み、同時に「遼寧のママの店」を紹介してもらった。ここで実は週二八時間を超えるアルバイトをしたので、学校には疲れて通えなくなってしまった。けれど、日本語の勉強は、初めて勉強が楽しいと思ったほど好きだった。「遼寧のママの店」の仕事のことは話したくない。客の一人と仲良くなったつもりでいたらレイプされたからだ。結局、そのトラブルの中で良くしてくれた別の日本人男性と結婚できたので、嫌なことは忘れることにしている。

●「日本人の配偶者」としての「リエ」

結婚相手は大阪の専門学校の教員で、めんどうがらずに日本語を教えてくれた。今でも感謝している。結婚生活は難しく三年で終わった。まず、「エステ」は中国マッサージ店だと説明したが、彼の両親と妹は学もない中国人を家族と認めてくれなかった。彼は、最初は味方だったが、だんだんと、特に母親に泣かれることで「リエ」に当たるようになっていった。「リエ」が鞍山の両親に会いに年に一度帰ることと、その時両親に渡す金をふくめ、生活費のすべてを彼が負担することも、不満になっていった。教員の仕事も忙しく、配偶者としての滞在資格の更新を一年に一度しなくてはならないこともストレスになった。店を辞めるように言われた「リエ」としては、騙された気分になった。結婚していたころ「リエ」には友人がいなかったことも響いた。日本人とは「友だち」と言える近さになるのは難しかったし、「エステ」以外で日本に定住している中国人とは、価値観が違いすぎて仲良くできなかった。「だからテレビばかり観ていたから、日本語うまくなったでしょ?」と「リエ」は笑った。店と、仕事と、切れてしまったら孤独だ、ということに「リエ」は気付いたのだ。

三年経って、配偶者ビザの次の切り替えまでの期間が三年に延びた時、彼と別れることにした。派遣型は嫌だったし、就労資格制限がないので条件のいい今の店の面接を受け、受かったので別居した。近々正式に離婚する。今の日本人のボーイフレンドは、ビザのために結婚するかもしれないけれど、今度は結婚しても店は辞めない。今の店が好き。「お客さんがおとなしいから」と「リエ」は繰り返す。しかも料金の半分が女の子の取り分で「明朗会計」。頑張った分だけきちんと支払われる。店が紹介してくれる部屋も借りられ、自由時間が多くて自分のエステにも行ける。貯金もたくさんできる。親たちにも時々送金している。「エステ」業界は下り坂なのは知っているから、あと数年働いて、今の店ともう一軒の「日本人エステ」で働いている中国人の友人たちと、一緒に何かほかの水商売を経営しようと相談している。場所は十三がいいけれど、このあたりで商売が続けられる気はしていない。

●その後

八か月ほど経って、もう一度話を聞きたくて「リエ」に電話をした。番号は、もう使われていなかった。

（青山薫）

終　章　「移民ではない」移民

西澤晃彦

1　日本の外国人労働者と「新しい世界地図」

Z・バウマンは、『グローバリゼーション』（一九九八）において、「入国査証の不要化と入国管理の厳格化」という世界の趨勢は、「新しい形成途上の階層化の暗喩」であると述べた。一方には、移動の自由を謳歌する富裕な人々がおり、もう一方には、「「地域に結びつけられた」人びと、移動を阻止され、自らが結びつけられた地域にもたらされうるあらゆる変化に、受動的に耐えねばならない人びとの世界」があるとした〔Bauman, 1998=2010: 122-123〕。

しかし、今日では「移動を阻止され」た多くの人々が、消費者化されて消費社会に組み入れられていることは踏まえられなければならない。そして、現代世界の消費者が忌避する悲惨は、「消費社会のよそ者」〔Bauman, 1997=1999〕となることである。そうであるから、場所に束縛されているかのように見えていたその人々の中から、一人前の消費者となるために――つまりは「お金」を稼ぐことだけのために――、移動を厭わない人々も現れる。そのような人口が準備された地域に、ブローカーによってストローが突き立てられれば、労働力が噴き出してくるという訳である。

そのようにして移動を開始した「放浪者」たちではあるが、彼ら彼女らは、「どこかに滞留することも許されなければ（不愉快な移動に終止符を打つために、永住を保証してくれる場所はない）、より良い場所を探し求めることも許されない」〔Bauman, 1998=2010: 121〕。厳格な入国管理によって。移動への動機は地球的に遍在するものとなったが、生地という宿命を拒む人々の移動は、自由などというものとは程遠い、借金漬けになって半奴隷化された状態のままなされている。そして、移動先の国家と社会によって、外部化され権利を制限されて、周縁労働力として利用されている。

本書の諸論稿は、経済グローバリゼーションの進展のもと、低成長・衰退局面の日本における外国人について、労働に力点を置きつつ考察するものであった。ところで、「日本における外国人」についての研究において、「グローバリゼーションのもと」という決まり文句はいやというほど使われてきた訳だが、もはやグローバリゼーションが当たり前のこととなっている現代社会の中で、いまだにその文句を使い続けなければならない理由は何なのか。「グローバリゼーションのもと」という条件の明示は、「日本における外国人」への理解をどのように深化させることができるのだろうか。

グローバリゼーションは、単一のシステムとして世界を見て、一方での現象と他方での現象をシステム変容の表れである同時的で相互に連関する現象として論じる視角を私たちに要請した。地理的な人口移動をプッシュ要因とプル要因に分解してその原因を探るという発想はよくなされてきたが、プッシュ要因とプル要因にあたるものは、今ではともに世界システムあるいはグローバル資本主義の展開によるそれぞれの地域における帰結としてあり、両者は遠く離れていても互いを求め合っている。プッシュ要因とプル要因の間の時差も今日では重要なものではない。ある地域が周縁労働力の草刈り場になるとき、そこでの労働力化は、その地域における地域経済の変動と、待ち望んでいたかのようにすでに存在していたブローカーたちとの協働によってなされる。技能実習生からの中国人の退出とベトナム人の増加、そして技能実習制度を強化しようとする日本政府は、独立して捉えられるべきものではなく、同じシステム変容がもたらした相互に関連する現象である。

川越道子（第5章）は、ベトナム農村部の若者たちを海外へと駆り立てた背景として、農村部においても進行する急速な工業化とそれに伴う貨幣経済の浸透をあげている。ベトナムやタイの工業化は、世界システムの中心である先進産業社会の脱産業化と周辺における産業化による半周辺化、そして半周辺における産業化の進行とともに周辺からさらに半周辺化する地域が生じていったこの五〇年間の劇的な変動の一つの表出である。周辺が一気に半周辺化して工業化が進むとき、大量の離農者が現れる。彼ら彼女らは繋ぎ止められていた場所とそれまでそこにあった秩序からは解放されるが、その人々を捕らえる求心力をもったのはやはり貨幣価値——「お金」——であった。貨幣のみが、現金勘定のみが、信じるに値するものとなり、また、人々は自らの価値を貨幣によって計るようにもなる。川越がインタビューを行った、元技能実習生であるベトナム人青年による「僕らの世代はもう誰も農業をしません」（一七八頁）という言明は、ベトナムに今生じている価値の断絶的移行を示している。

崔博憲（第6章）は、タイの農村部や山間部の現在について次のように述べていた（二一六頁）。「急速に、そして深く市場経済に依存させられ、そこに暮らす人びとが、いっそう消費者と労働者とならざるをえなくなった」。消費社会に移し替えられた人々は、「「市場」のなかでいかに生き残れるのかを熱心に語るようになった」。そこにおいても、絶対的な存在は貨幣である。そうした場所を起点として、グローバルに流動する周縁労働者の群れが生じている。

川越は、急激な工業化局面において、「自由」を得、貨幣経済に捕らえられた人々の間で作られた人生設計について述べている（一七三頁）。「働いて資金を貯め、帰国後に自分の店や町工場を持てるなら、高収入を得る可能性が生まれる」。それが彼ら彼女らにとっての「成功」である。借金も多額の手数料も「未来への投資」なのだ。楽観的に過ぎるようにも思えるこうした人生設計が多くの若者たちに他にはないものとして共有されているという事態があって、ベトナムからの技能実習生の増大も生じている。日本の経営者たちからすれば、技能実習生は安価な労働力でしかない。その一方で、技能実習生たちからも、経営者たちが現金勘定によって計られているということは強調されるべきである。しかも、人間に向けられた安い労働力というまなざしは、それをケチな経営者と捉え返すまなざしを強化するよりない。温情主義で表面を取り繕えるような関係はそこにはない。

このようなシステムへの人の回収が世界の隅々にまで及んだばかりか、人々の意識にいっそう場所からの解放がもたらされたとき、国境を越えて移動する人々の地球観とその中での日本観はいかなるものになるのだろうか。崔が序章で述べたように、「外国人労働者や移民たちから見える景色がどのようなものであるかを考えなければならない」（一九頁）。言葉を変えて、移動する人々の心の中に置かれた世界地図がどのようなものかと問うこともできる。彼ら彼女らは、宗主国と植民地のような二国間関係が突出した狭苦しい世界地図の中に自らを位置づけている訳ではもはやない。彼ら彼女らの世界地図においては、移民してみようと思える場所はいくつもあるのだ。今日の移民たちの心の世界地図を踏まえれば、「他でもない日本」が選ばれているに違いないと感じているふしのあるナショナリストたちに対して、「天秤にかけられているのは誰か」（一九頁）、やはりそう言いたくもなるのだ。しかし、実は、日本政府に自らが選択される側だという認識がない訳ではないようなのだ。二〇一八年の秋の出入国管理法改定をめぐる議論の中で、「外国人に選ばれる国」を目指すと述べたのは、当時の官房長官である菅義偉だった。実際には、これから見ていくように、とても選択される立場であることを踏まえたものとはいえない法と制度が作られてきたのだが、そうすると菅の発言は大きな謎になる。そこには、選択される側だがどうせ選ばれる、そういう自惚れがあるように思われる。「グローバル化のなかで撤退戦を強いられている現代日本」（一六頁）にあって、そこには「撤退戦」の切迫感は微塵もないのである。

ここで、伊藤泰郎の第1章に従って、二〇〇〇年代以降の日本の外国人に関する動向を再び要約しておきたい。二〇〇八年の世界金融危機後、二〇一二年までの間、在留外国人数は一時的に減少したがすぐに回復し、今後当面の間は増加し続けるであろうと考えられる。特に二〇一五年から二〇一六年頃から外国人労働者数は急増した。増加とともに国籍も多様化し、国籍別の構成比における変化も生じている。ベトナム人とネパール人が急増する一方で、中国人とブラジル人の比率は相対的に低下した。とはいえ中国人も実数では確実に増加しており、ブラジル人についても、二〇〇八年の金融危機から二〇一五年までは減少が続いたが、二〇一六年になって再び増加した二〇〇八年の人口を上回っている。本書においても、様々な産業、職業、就労形態の労働者が取り上げられているが、産業別構成比における製造業の比率は約三〇%で依然最も大きいものの、「比重が少しずつ低下するとともに多様化」する傾向がみられる。

経済グローバリゼーションは、日本においては脱産業化を促進し、製造拠点の海外への移転も進んだ。製造・流通網における中枢管理機能と金融・知識・情報系企業に特化した東京への一極集中は進行したが、東京のみならず日本全体でも社会的分極化の傾向が持続し、非正規雇用人口が増大し賃金水準も低下していった。[★1] グローバルな競争のもとで、企業は労働の合理化、フレキシブル化、外注化を進め、賃金コストを圧縮してきたのだ。このような事態の中で、製造業を流出させた都市部において、低賃金職種に就く人口が蓄積された。単純（とみなされてい

★1　この段落は、S・サッセンをはじめとした世界都市論の要約のようなものであるが、その議論は、特定都市の範域に留まらないその後背地としての「地方」をまで含めたものとしても成立している。

る）事務、清掃、警備などの外注化された対企業サービス労働、一時的で熟練が不要とみなされている対人サービス労働、そして製造拠点の移転が難しいいくつかの業種の工場などである。変転するニーズに即応して少量生産を行うアパレルやすばやい商品の入れ替えが要求される食品などの部門は移転が難しいため賃金水準を低く抑えながら都市部に残存し、スウェット・ショップ（苦汗工場）を生み出している。このようにして膨張した周縁労働市場が、外国人労働者を吸収している。

製造業部門の工場は、国内の賃金格差を前提として、すでに高度経済成長期から、地方への移転も進展してきた。しかし、地方における中小企業の工場も、グローバルな競争のもと、さらなる賃金コストの圧縮を迫られることになった。また、公共事業の削減と東京への一極集中は人口流出を加速させ、地方における労働力人口を減少させた。地方の製造業のみならず第一次産業もまた、労働力不足の危機に瀕している。ここにもまた外国人労働者への強い需要が生じ、技能実習制度という強力な配列回路を利用した地方への外国人労働者の動員が実現している。欲望と市場に委ねれば誰も来ないだろう場所への人の配置は、国家権力の介入によってしかありえないのである。

飯田悠哉（第3章）によれば、産業分類とは異なるカテゴリー化を行って農漁業、食品製造業、外食産業など「食」に関連する諸産業を括れば、二〇一九年現在の外国人労働者のうち二一％

がそれに従事しているという。飯田のいうように、「食」の外国人労働者への依存は、「食の外部化」が著しく進展した社会の成立を前提としつつ、また、「軟弱な食材を扱う複雑な工程の組み合わせであり、かつ最終商品の仕様も頻繁に変わるがゆえに、一貫した機械化・装置化が困難であり、他の部門と比較しても資本装備率が低い」（二〇六頁）という食品製造の特性に由来する。先に述べたように、食品製造の工場においては、消費地との近接性も求められる。食品製造業は、留学生への依存度が他産業と比べて高く、技能実習生も急増しつつある。留学生と実習生によって「食」のシステムは支えられている。

少なくとも一九九〇年代までは、建設・土木産業は、製造業部門の労働者の減少をある程度は埋め合わせる部門として機能してはいた。しかし、公共事業の削減が進んだ二〇〇〇年代を経て、吸収力は低下している。それでも、東京オリンピックという国策は、建設・土木産業における大規模だが一時的な労働力需要を生み出すものとなる筈だった。北川由紀彦（第4章）によれば、政府が東京五輪開催に向けて技能実習制度の活用を目論んだほどには、技能実習生の導入は進んでおらず、やや抑制的であるといえる。しかし、それでも、すべての在留資格において、建設業で従事する外国人労働者は、二〇一五年以降、増加している。建設・土木産業は、東京オリンピックはさておいて、もっと長いスパンでも外国人労働者への依存を深めつつあると考えられる。

日系ブラジル人がそうであったように、いかに政府が帰国を半ば強いる政策をとろうが、それでも定住化する人口は出る。実際、外国籍者の半数以上が定着性の高い在留資格を有していて、彼ら彼女らは移民とその末裔である〔高谷、二〇一九、一七頁〕。梶田孝道は、一九九四年に出版された書において、日系人の流入について次のように述べていた。「日系人問題は、外国人労働者問題一般には解消されないが、日本での居住と就労が認められていることもあり、日本における外国人労働者問題を先取りしたもの」であると〔梶田、一九九四、一四八頁〕。日系人は、製造業の周縁労働者として日本の労働市場に組み入れられたその入り口に今もなお深く縛られていて、地方や大都市圏周縁部の工業地域が彼ら彼女らの集住地域となっている。しかも、自営業者への社会移動の趨勢は弱く、階層的地位は低位に固定されてしまっている。また、不就学児童など多くの生活問題があるにもかかわらず、取り組みは細々としたものに留まっている。日系人は確かに「先取り」であった。この無策ぶりにおいて。そもそも彼ら彼女らの未来について、政府から帰国への期待以上のことが提示されることがない。第2章で四方久寛が述べたように、「外国人受け入れについてのグランドデザインが欠如したままである」〔八九頁〕と言わざるを得ない。

残念ながら、外国人の統合問題に関しては、一九九〇年代前半から三〇年、政府レベルでの取り組みは鈍重であって議論も低調なままである。「移民の権利に関する政策の不在」〔高谷、二〇一九、一八頁）は異様とも思える。いや細々とではあっても努力はあった、そういう意見はあるだろう。総務省（英語ではMinistry of Internal Affairs and Communicationsである）を管轄官庁とする「多文化共生」政策はどうなのか。樋口直人は、「多文化共生」政策について、次のように総括している。「多文化共生概念は、たしかに移民をマイノリティとして認識してきた。しかし、それはあくまで文化的マイノリティとしてのみ移民を位置づけており、社会経済的なマイノリティ状況を直視するものではない。社会経済的地位が大きく違う人たちが、みな同じように対等な関係を築けるという非現実的な前提は、共生政策にゆがみをもたらしている」（樋口、二〇一九、一二三頁）。結局のところ、「多文化共生」なる概念は、先行住民と外国人の間のつきあいを円滑にするための、要するにかつてのコミュニティ政策のようなもので、「社会経済的地位」の不平等にまで踏み込んで課題化するものではなかった。実際、最初から地域社会から外部化され隔離されている技能実習生を、「多文化共生」政策はまともに扱うことができないでいるのである。

中田英樹が第7章で論じた「ラチーノ学院」は、政府による統合政策が事実上放置された状態のもとでの、日系ブラジル人と地域社会・自治体が「そうせざるをえない」ものとして達成した統合の実例であるといえる。しかし、そのような結晶物の背景には、結晶されざる広大な領域が拡がっている。未就学・不就学児童が生み出されており、定住志向の強い家族が子どもを公立学校にいかせたところで学習困難の問題への取り組みはきわめて貧しいと言わざるを得ない。外国人労働者の生活問題に対して、日本政府は一貫してケチである。

移民統合へのグランドデザインがないことは、外国人の現状を考えれば誰もが突き当たる事実だろう。では、なぜグランドデザインがないのだろうか。それを描かせない力学とはどのようなものなのか。その点については最終節で述べることにする。

2 技能実習生という編入様式

外国人の就労先の多様化は、日本への入り口の多様化とも関連している。この始まりの違いは、外国人の日本社会での生活のありようを深く規定し、代を重ねても影響を残す。A・ポルテスらは、移民が移民先での起点において組み入れられた社会的地位を編入様式（mode of incorporation）と呼び、編入様式によるその後の移民の生活のあり方への影響を説明しようとした〔Portes and Rumbart, 2001=2014〕。編入様式概念は、移民の移住先社会における開始点を決定する、在留資格と権利を規定する法制度による拘束、労働市場における機会構造による拘束、社会的な差別による拘束のセットとして捉えることができる。移民は、財や能力のふれ幅を編入様式を通して圧縮され、偏った階層的地位へと配置され、エスニック集団としてのあり方を限定される。この始まりにおける編入のあり方は、移住先社会における移民の生活を長期にわたって束縛し続ける。二世、三世にも、影響は及ぶ。また、編入様式概念は、移民というまとまりがカテゴリー化されて分類され、それぞれ異なる地位へと組み込まれている現実にも対応している。風俗産業従事者から結婚によって定住をするというフィリピン人女性に与えられてきた編入コースと、留学生から始まって自営を目指したニューカマー中国人の前にあった編入コースは、その後の生活を異なるものにした。

今日の移民が思い描くグローバルな世界地図については先に述べた。しかし、そこにあっても、世界はまだ国境を持った国民国家のモザイクであるとしかいいようがない。変わらず私たちは、国家という強力な変数の影響下にあり、国境をまたぐ者はいっそうその力によってその生を左右されている。そのような現状を踏まえれば、移民先社会における移民の生活と生存への理解にあたって、まず着目すべきは、特定のエスニック集団がどのような編入様式によって組み入れられたのかであるだろう。そうであるから、移民・外国人の社会学的研究も、どのようにしても政治経済的アプローチをとらざるを得なくなる。

技能実習生について述べよう。髙谷幸は、技能実習制度について次のように述べている。「リーマン・ショックによる日系人の大量解雇とブラジル人の大量「帰国」以降、」「「外国人労働者」受け入れの主要経路は日系人の受け入れから技能実習制度へと取って代わられた」。

「多くの批判にもかかわらず、技能実習制度の利用が拡大してきたのは、この制度が定住化の阻止に「成功」していること抜きに考えられないだろう」〔高谷、二〇一九、一四—一五頁〕。政府にとっては、血統主義で言いくるめた日系人労働力の導入は、一定数の定住化を見たがゆえに「失敗」であったということになる。だが、政府の関心は、「失敗」を受け入れて日系人の統合問題を論じる方へとは向かわなかった。「失敗」から目を逸らせた政府は、日系人に代わって、より生活を厳格に抑制しはっきりと帰国を義務づける技能実習制度を通じた外国人労働力の「輸入」による「成功」をあらためて求めたのである。

編入様式としての技能実習制度についてまとめておこう。技能実習生は、多くの場合、多額の借金を背負って来日しており与えられた仕事を拒めない。囲い込まれて管理されつつ労働している現実のもとで異議申し立ても困難であり、労働問題や人権問題について放任を招きやすい環境に置かれている。職場が定められ職業選択の自由がない技能実習生には逃げ場もない。満足感をもって帰国する技能実習生もいるかもしれない。手厚く扱う企業もあるだろう。しかし、うまくいくのかどうかが、来日する技能実習生にとっては運の問題になってしまっているということがそもそも制度として問題である。技能実習生としての編入は、階層ではなく脱出困難な身分——階級ですらない——を彼ら彼女らに与えるものである。

すでに本書でも述べられてきたように、技能実習制度は、産業分野が拡大され人数を増やしながら運用されてきている。そして、二〇一八年の出入国管理及び難民認定法の改定によって、労働力の不足を補うという目的が前面に出されることとなった。労働力不足の指定された産業分野について、一定のスキルを有する外国人に新しい在留資格として「特定技能一号」「特定技能二号」が設けられた。これらの在留資格は、技能実習生とは異なり、認められた分野では転職が自由であるし、「特定技能二号」においては家族の呼び寄せも可能となった。ただし、「特定技能」に関しては、特定技能評価試験と日本語能力判定テストが課されている。「政府としては、当該労働者の有する技能の水準が、「技能実習」、「特定技能一号」、「特定技能二号」、専門的・技術的就労資格の順に高くなっていくことを想定しているようである」（四方による第2章参照、八七―八八頁）。注目すべきは、各階梯の連続性と上位への移行が前提されている点である。「技能実習」から「特定技能一号」への移動は認められており、検定試験も免除されている。さらには、「特定技能二号」となって家族で暮らすことができるという「あがり」がある訳である。今のところは「特定技能」については産業分野が狭く限られているが、これまでの流れを踏まえるならば、分野については順次拡大されていく可能性が高いだろう。ただ、そうしたことは漠然とした推測に過ぎず、すべては政府の決定に委ねられていて、目標にできるほどの確かな「あがり」とはいえない。

排他主義的な半奴隷制ともいえる技能実習制度は、政府の狙い通り「成功」をもたらすものなのだろうか。そして、この制度は、持続可能なものなのだろうか。第一に、定住化の阻止は、不完全にしかなされないだろう。「あがり」を目指す人々はいるだろうし、ゲリラ的な結婚により定住する人も出てくるだろう。また、勤務先から逃亡して隠れて生きる人々は後を絶たないだろう。第二には、技能実習制度が国際的な人権問題となる可能性は否定できない。トランプ時代においては、一国主義というグローバリゼーションへの反動が生じ、グローバルな水準からの「外圧」が機能しにくくなったのかもしれないが、今後は再び「外圧」が影響力を持つかもしれない。第三に、もっと現実的であるのは、技能実習生の先細りである。崔が第6章で述べているように、「周縁労働力をめぐってグローバルな争奪戦が展開され」「移住労働の候補地は増え続けている」（二二八頁）。日本が選択されることを前提とした思い上がった制度設計は、いずれ破綻するかもしれないのだ。実際、日本は、もうすでに外国人に選ばれない国である。ベトナム人の増加ばかりが話題になるが、それとともに進んだのは、技能実習資格における中国人の減少である。技能実習生の割の合わなさは、母国の経済成長とともに明瞭に察知され周知される。ベトナム人も、より魅力的な移民メニューが揃うとともに、またベトナムの経済成長とともに、日本を選ぶことはなくなるだろう。それでも、見捨てられては次の国を探すという、そういうことを繰り返すのか。ここであげた技能実習制度の脆弱性は、いずれもが、この政策が変更・撤回される理由となりうるものである。

いや、まだ先のことを話すのは早いだろう。私たちは、外国人労働力の「輸入」についてあれこれ議論をしている人々が、外国人の生活に何ら関心を持とうとしない様をこれまで見てきた。そのことへの批判は当然のこととして、労働力にすらなれないところにまで追い詰められて生存を脅かされた外国人もいるのだ。

第8章においては、吉田舞が、ある日系フィリピン人の家庭菜園について述べつつ、インフォーマリティについて論じていた。貨幣経済における成功を求め来日した人々が、貨幣経済の外にあるものを再発見させられる逆説がそこにある。貨幣経済の浸透と消費社会化は、インフォーマリティを解体していく。しかしながら、仕事がなくなり社会保障も期待できない「消費社会のよそ者」たちは、インフォーマリティの記憶を掘り起こすことによって生存を維持するよりなくなる。生まれながらの消費社会の住人である私たちには、そのような記憶などもうないのかもしれない。だが、工業化と消費社会化の渦中からやってきた人々には、かろうじて記憶はある。二〇二〇年一〇月、ベトナム人技能実習生の男性四人が自宅アパートの浴室で豚を解体していたとして「と畜場法」違反で逮捕された（『朝日新聞』朝刊（群馬全県版）、二〇二〇年一一月三日）。新聞によれば、動機は「もっと稼ぎたい」というもので、在留期限をこえて「失踪」していた人もいたという。同じ一〇月には、NHKの『ETV特集「調査ドキュメント～外国人技能実習制度を追う～」』が放送されている（二〇二〇年一〇月一七日放送）。そこでは、コロナ禍で仕事を減らされた若いベトナム人女性の技能実習生が、夜間に食用ガエルを捕まえている映像が放送された。豚の解体、カエルの調理、そうしたことは、彼ら彼女らが背を向けた筈の、ベトナム農村の日常に根差した身体の記憶であるだろう。極限へと追いつめられる中で、自らがいったんは否定した身体の記憶が取り出されているのだ。

本書における川越のコラムは、ベトナム人技能実習生が置かれた孤立状態と、孤立させられた彼ら彼女らと私たちとの間にある深い断絶を捉えている。市民団体やコミュニティユニオンなどの奮闘にもかかわらず、また川越本人を含めた志ある個人の苦闘にもかかわらず、技能実習生は隔離されて社会的に孤立している。工場の塀の向こうに閉じ込められ、社会へと接続されない。川越は、通訳者の不足を特に重要な問題としてあげているが、それは、技能実習生に限らず、外国人に困難が生じているすべての現場において生じている課題である。これは通訳者の絶対量の問題なのだろうか。それもあるかもしれないが、外国人問題を入管問題に留めて統合をめぐる議論を疎かにしてきたことの帰結でもある。ベトナム人の「輸入」を計画あるいは予期していた筈の政府の中からは、ベトナム語の通訳を準備して要所に配置し問題に備えるという発想は出てこなかったのである。

3 「移民の受け入れではない」をめぐって

日本政府は、建前として「移民政策」を拒絶してきた。二〇一八年の入管法改定によって労働力の導入という目的は前面に出されることになったものの、そのために整備されてきた技能実習制度は「移民の受け入れではない」という。いっそう長期化された技能実習期間は、これまで世界的に用いられてきた定義に照らし合わせても、彼ら彼女らをますますもって移民であるというよりない存在にしているのだが、政府は「移民ではない」と強弁し続けている。この事態もまた、この三〇年の間になされてきた（なされないできた）ことの延長線上にある。結局のところ、髙谷のいうように、「「移民政策をとらない」というのは、「外国人材」は受け入れるが、彼らの定住化は可能な限り阻止しようという方針なのである」〔髙谷、二〇一九、八頁〕。そして、「移民政策」の拒絶は、統合政策の忌避をも意味していた。

ここで、二〇一八年の時点での、政府による「移民」の恣意的な定義を確認しておきたい。[★2]二〇一八年一一月三日の衆議院本会議において、安倍晋三総理大臣は、「移民」の定義を問う

★2　これ以下の、国会での発言は、国会会議録検索システム（kokkai/.ndl.go.jp/）から得た。

野党議員の質問に対して次のように答えている。「移民という言葉はさまざまな文脈で用いられており、明確に定義することは困難ですが、安倍政権としては、国民の人口に比して、一定程度の規模の外国人及びその家族を、期限を設けることなく受け入れることによって国家を維持していこうとするといった政策、いわゆる移民政策をとる考えはありません」。

ここでは、定住する「外国人及びその家族」が移民であるとされる。それに「規模」が付け加えられている。この定義は、総理大臣のみならず法務大臣など政府側の答弁で見事に一致団結して反復されている。外国人が恋愛し、結婚し、子どもが生まれ、子育てがあり、年を取り死んでいく、そのような人間を「受け入れる」「移民政策」は否定される。この時期の国会の議論は技能実習制度に集中するものであるから、すでに定住化しつつある多数の移民たちに関する発言ではないというべきなのかもしれない。しかし、現にいる移民への無関心を貫いてきた政府らしい、統合の忌避があらわになっている発言である。

一一月一日の衆議院予算委員会で、長妻昭（立憲民主党）が興味深い質問を総理大臣に投げかけている。「多文化共生という形を一つの軸足に置いて国を開いていくのか、あるいは、同化政策ということで、日本人になってもらうというような考え方で国を開いていくのか。大きな哲学というのは、総理、どういう考えですか」。もちろん、安倍からの回答は、「多文化共生」である筈はなく、そして同化主義でもない。「いわば多文化共生あるいは同化というのは、我が国に来られてずっとそのまま、家族の方々と来られて永住する方々がどんどんふえていくということを念頭におっしゃっているのであれば、そういう政策は私たちはとらないということは今まで再々申し上げているとおりでございまして、そこのところをまず混同しないでいただきたいと思います」。

長妻の質問は、欧米における移民に関する議論に基づくものであるが、安倍はその土俵を拒絶する。彼にとっては、「家族の方々と来られて永住する方々がどんどんふえていく」ことは否認の対象であって、言葉にされるべきではない禁忌なのだ。

興味深いのは、政府側の用意された答弁をうまく引き出す与党議員の質問である。一一月一三日の衆議院本会議における自民党の田所嘉徳議員の質問を検討しておきたい。

まず、彼は、「深刻な人手不足」について述べる。「特に、中小・小規模事業者の中には深刻な人手不足に陥っているところも多く、〔……〕そうした中、各方面から、外国人材の受入れを積極的に進めてもらいたいとの強い要望が出されていると承知しています」。地方の自営業者層という重要な支持基盤への配慮がここにはあるだろう。そう述べた上で、ある種の不安が列挙されていく。「犯罪が増加するのではないかとの懸念」、「特定技能二号について〔……〕家族の帯同も認められるとされ〔……〕自動的に永住者になるのと同じではないかとの危惧」、「無断で実習先を去ってしまい、その行方が捕捉できない者がいることは、大きな問題」、「母国の家族にまで給付義務が生じ〔……〕医療保険が乱用されないかなど、我が国の社会保障制度への影響が心配」、こうしたものである。「懸念」「危惧」「心配」のような異質な他者への怖れが、ここでの問題なのだ。実際、外国人の犯罪発生率の低下などの数値が政府から示されることはあるが、それらをもって彼らの恐怖が取り除かれることなどない。外国人が「家族の方々と来られて永住する方々がどんどんふえていく」不安、「排外主義者の妄想」〔高谷、二〇一九、一三頁〕こそが、排外主義者の政治家にとっては依拠されるべき民意なのである。自らの感情を絶対視し身もふたもない事実をも否認する排外主義者は、本質的に反知性主義者でもある。

現在の日本の政権は、二つの質の異なる勢力のキメラのようなところがある。一つは経済界である。経済グローバリゼーションを推進する勢力で、ナショナリズムをうっすらとしたものに留めた分かりやすい新自由主義者たちといえる。もう一つは、家族主義的[★3]で排外主義的なナショナリストで、旧来の保守勢力の中にあっては声が大きい。この二つが相合わさってできたキメラは、経済グローバリゼーションと新自由主義を受け入れつつ、家族主義的な国家統合は手放さないというものになる。もちろんそこに矛盾はある。経済界は、そもそも外国人労働者の導入に積極的であった。一方の排外的な家族主義ナショナリストたちからすれば、そういうわけにはいかない。外国人労働者問題は、キメラ体を分裂させかねない内部問題としてきわめて重大で難解なものだったのだ。

外国人を社会の外部へと排除したまま労働力として調達する技能実習制度は、このキメラ体内部での論争の妥協点として結実した（一九八〇年代以降に設けられたいくつもの編入様式も、「失敗」ではあったかもしれないが、その時点での保守キメラ体内部の妥協の産物としてみるべきだろう）。その過程における「移民の受け入れではない」という発言の文脈は明らかだろう。そうした発言は、外国人の人権や「多文化共生」を問うた少数派でしかない野党議員に向けて構築されたものではなかった。そうではなくて、「移民の受け入れではない」は、キメラ体としての自民党の半分を構成する排外的な家族主義ナショナリストを、新自由主義者の側から懐柔、慰撫するためのものだった。菅の「選ばれる国」発言の自惚れはこのナショナリズムに根を持つもののように思える。自惚れた人々は、動員の主導権は自らの側にあると確信したがる。田所は、先の質問の中で、「本制度の施行後において、受入れを認めない措置を機動的にとることができるので

★3 ここでの家族主義とは、家族に個人を融合させて捉える認識枠組みと家族から構成される国家観のことを指している。このような国家観のもと、それぞれの家族には負担を背負うことが最大限求められ、問題を抑え込めない家族は、家族主義ナショナリストによって攻撃の対象になる。西澤〔二〇一九〕を参照。

しょうか」と問うてもいた。自らは選ばれるに違いなく追放する権利もこちらにある、そういう訳だ。

保守キメラ体内部における言説空間では、統合論を議論する余地はそもそも与えられず、外国人労働者の存在は封じられたままに置かれてきた。本書の全体を通して、「多文化共生」を楽観的に語り得る事実などどこにもなかった。この事態は、日本の政治的言説空間から生じた政策の帰結である。しかしながら、国家と編入様式のあまりにも強い結びつきは、三〇年間の惰性から逸れた政策変更がかえって大きな変化を生み出し得るであろうことを予測させる。

参考文献

Bauman, Zygmunt., 1997, 'The strangers of the consumer era' in Bauman, "Postmodernity and its Discontents" New York University Press.（＝ジグムント・バウマン、一九九九、入江公康訳「消費時代のよそもの――福祉国家から監獄へ」『現代思想』一九九九年一〇月号）

――, 1998, *Globalization : the human consequences*, Polity press.（＝ジグムント・バウマン、二〇一〇、澤田眞治・中井愛子訳『グローバリゼーション――人間への影響』法政大学出版局）

樋口直人、二〇一九、「多文化共生――政策理念たりうるのか」髙谷幸編『移民政策とは何か――日本の現実から考える』人文書院

西澤晃彦、一九九五、『隠蔽された外部――都市下層のエスノグラフィー』彩流社

――、二〇一一、「身体・空間・移動」西澤晃彦編『周縁労働力の移動と編成（労働再審4）』大月書店

――、二〇一九、「貧困と家族――「恥」・近代家族・福祉国家」「責められる家族――貧困の犯罪化をめぐって」西澤晃彦『人間にとって貧困とは何か』放送大学教育振興会

Portes, Alejandro and Rubén G. Rumbaut, 2001, *Legacies: The Story of Immigrant Second Generation.*, University of California Press.（＝アレハンドロ・ポルテス、ルベン・ルンバウト、二〇一四、村井忠政他訳『現代アメリカ移民第二世代の研究――移民排斥と同化主義に代わる「第三

の道」』明石書店）

Sassen, Saskia., 1991, *The Global City: NewYork,London,Tokyo*, Princeton University Press.（＝サスキア・サッセン、二〇〇八、伊豫谷登士翁監訳・大井由紀・高橋華生子訳『グローバル・シティ――ニューヨーク・ロンドン・東京から世界を読む』筑摩書房）

――, 1998, *Globalization and its discontents*, New Press.（＝サスキア・サッセン、二〇〇四、田淵太一・尹春志・原田太津男訳『グローバル空間の政治経済学――都市・移民・情報化』岩波書店）

高谷幸、二〇一九、「序章――移民社会の現実を踏まえて」高谷幸編『移民政策とは何か――日本の現実から考える』人文書院

あとがき

本書は、人類学や社会学、アジアやラテンアメリカ、アフリカの地域研究などを専門とする研究者に、外国人労働者支援に携わる弁護士が加わった一一人のメンバーによる共同研究の成果である。今回のメンバーで研究会として活動を始めたのは二〇一六年からであるが、研究会の起源としては、二〇〇九年から京都大学グローバルCOE「親密圏と公共圏の再編成をめざすアジア拠点」が開始され、その中で立ち上げられた研究プロジェクトに遡ることができる。

このプロジェクトに参加した崔博憲、中田英樹、坂梨健太は、それまで海外の農村や少数民族を対象に研究を行ってきたが、自分たちがこれまで海外のフィールドで出会ってきた人々が国境を越えた移住労働を始めており、その中には日本に来ている者も出始めていることに注目するようになる。「向う側」を学んできた自分たちだからこそ可能な外国人労働者研究があると考えたのであった。プロジェクトを進める中で、中田や坂梨の大学の研究室の後輩である飯田悠哉や、元セックスワーカーのタイ人女性を調査していた青山薫、ベトナムをフィールドとしていた川越道子もメンバーに加わった。また、四方久寛が活動していたマイグラント研究会と接点ができたのも同時期である。

私が勤務していた広島国際学院大学に崔が着任したのは、二〇一一年九月であった。着任後は、広島市の外国人市民を対象にしたアンケート調査に実態調査委員会のメンバーとしてともに関わるなど、いくつかの研究を共同で進めたが、そうした中で崔が関わりを持ってきた関西のメンバーと研究費の申請をするという話を聞いた。そのメンバーに私も加えてもらい、私と同じ大学院出身で都市下層研究の西澤晃彦と北川由紀彦、さらにはフィリピンをフィールドに持ち日本の外国人労働者の研究も行っていた吉田舞に声をかけて始まったのが、今回の研究会の成り立ちである。外国人労働者が働く国内の労働現場や地域社会に加え、送り出し国での社会状況や日本のプレゼンスの変化をあわせて調査し、外国人労働者を軸とした日本の周辺労働市場の再編の実態を明らかにする。これが研究会のテーマであった。

フィールドに深く関わって得られた知見が毎回報告される研究会は、私にとっては非常に刺激的なものであった。二〇一八年三月には、川越の尽力により、ベトナムにおいてハノイ人文社会科学大学との研究交流会を行うとともに、技能実習生の送り出し機関や元技能実習生の聞き取りを行い、彼らの出身農村を訪れることもできた。二〇一七年と二〇一八年には、公開のワークショップやシンポジウムも大阪で実施した。

私たちの研究会はまだ道半ばである。そうした状況において研究成果の社会化をはかろうとしたのは、二〇一九年四月に在留資格「特定技能」が創設されたことが大きい。日本の外国人受け入れ政策が大きく転換したタイミングで、研究成果を世に問う必要があると考えたのである。実際には、刊行がやや遅れたことでコロナ禍以前の状況を総括するというものになってしまったが、これを踏み台として今後さらに研究を進めていきたいと考えている。共同で本書を編集した崔とは約一〇年に渡って同僚として苦楽をともにしてきたが、私は全学募集停止となった現在の職場をこの三月で離れる。そのタイミングで本書が出版できたことには、研究会としての一区切りという以上の感慨を覚える。

本書は、日本学術振興会の科学研究費補助金（基盤研究（B）：課題番号16H03707、および基盤研究（B）：課題番号19H01583）による研究成果の一部であり、またトヨタ財団研究助成プロジェクト（助成番号D15-R-0369）の研究成果の一部でもある。加えて、第5章については科学研究費補助金（基盤（C）：課題番号17K02027）の、第6章については科学研究費補助金（基盤（C）：課題番号25380728）の研究成果の一部であることも述べておきたい。トヨタ財団からの助成を受けるにあたっては、大庭竜太氏に大変お世話になった。また、ここでは一人ひとりの方の名前を挙げることはできないが、研究にあたっては様々な形で多くの方に協力していただいた。ありがとうございました。

本書の出版にあたっては、まず出版を引き受けていただいた松籟社代表の相坂一氏にお礼申し上げたい。そして、編集作業において松籟社の夏目裕介氏に辛抱強くご支援いただいたことにより、本書は刊行までこぎつけることができた。深く感謝したい。

二〇二一年三月

伊藤泰郎

川越道子（かわごえ・みちこ）
広島国際学院大学情報文化学部教員
主な著書・論文に『ベトナム「おかげさま」留学記――「異文化」暮らしのフィールドノート』（単著、風響社、2009年）、「戦争とアルバム――在日ベトナム人1世の家族写真より」（『Cultures/Critique――東アジアの家族写真の展開と表象』冬期臨時増刊号、国際日本学研究会、2013年）

中田英樹（なかた・ひでき）
社会理論・動態研究所所員
主な著書・論文に『トウモロコシの先住民とコーヒーの国民』（単著、有志舎、2013年）、「「移民の開拓する毎日は「進出」か「侵略」か」（『現代思想』45(18)、青土社、2017年）

吉田舞（よしだ・まい）
日本学術振興会特別研究員 RPD
主な著書・論文に『先住民の労働社会学――フィリピン市場社会の底辺を生きる』（単著、風響社、2018年）、「恩顧と従属的包摂――外国人技能実習制度における労務管理」（『社会学評論』284号、2021年）

坂梨健太（さかなし・けんた）
龍谷大学農学部教員
主な著書・論文に『アフリカ熱帯農業と環境保全――カメルーンカカオ農民の生活とジレンマ』（単著、昭和堂、2014年）、*Rethinking African Agriculture: How Non-Agrarian Factors Shape Peasant*（分担執筆、Routledge、2020年）

青山薫（あおやま・かおる）
神戸大学大学院国際文化学研究科教員
主な著書に *Routledge International Handbook of Sex Industry Research*（共著、Routledge、2018年）、『東南アジアと「LGBT」の政治――性的少数者をめぐって何が争われているのか』（共編著、明石書店、2021年）

西澤晃彦（にしざわ・あきひこ）
神戸大学大学院国際文化学研究科教員
主な著書に『貧者の領域――誰が排除されているのか』（単著、河出書房新社、2010年）、『人間にとって貧困とは何か』（単著、放送大学教育振興会、2019年）

著者一覧

編著者

伊藤泰郎（いとう・たいろう）

広島国際学院大学情報文化学部教員

主な著書・論文に「外国人に対する寛容度の規定要因についての考察：接触経験とネットワークの影響を中心に」（『部落解放研究』17、広島部落解放研究所、2011年）「「在日コリアン」の日本国籍の取得に関する意識の計量的分析」（『部落解放研究』20、広島部落解放研究所、2014年）

崔博憲（さい・ひろのり）

広島国際学院大学情報文化学部教員

主な著書・論文に『コンフリクトと移民――新しい研究の射程』（共著、大阪大学出版会、2012年）、『戦後日本の〈帝国〉経験――断裂し重なり合う歴史と対峙する』（共著、青弓社、2018年）

著者（執筆順）

四方久寛（しかた・ひさのり）

弁護士（大阪弁護士会所属）

主な著書・論文に「外国人労働者が直面する問題状況と抜本的制度見直しの課題」（『労働の科学』74巻4号、大原記念労働科学研究所、2019年）、「裁判から見えてきた外国人労働者の職場と人権」（『人権と部落問題』924巻、部落問題研究所、2019年）

飯田悠哉（いいだ・ゆうや）

龍谷大学農学部非常勤講師

主な著書・論文に、“Rural to rural migration: The migratory process of filipino farmworkers for seasonal labor in the Japanese agricultural sector”.（Asian Rural Sociology, 5(2)、2014年）、「農業技能実習生の帰国後の現実――フィリピン出身者の事例から」（『農業と経済』83（6）、2017年）

北川由紀彦（きたがわ・ゆきひこ）

放送大学教養学部教員

主な著書・論文に『移動と定住の社会学』（共著、放送大学教育振興会、2016年）、『グローバル化のなかの都市貧困――大都市におけるホームレスの国際比較』（共著、ミネルヴァ書房、2020年）

日本で働く――外国人労働者の視点から

2021年3月25日初版発行
2022年2月15日第3刷発行

定価はカバーに
表示しています

編著者　伊藤泰郎
崔　博憲
発行者　相坂　一

〒612-0801　京都市伏見区深草正覚町1－34

発行所　㈱松籟社
SHORAISHA（しょうらいしゃ）

電話　075-531-2878
FAX　075-532-2309
振替　01040-3-13030
URL：http://shoraisha.com

装丁　安藤紫野（こゆるぎデザイン）
印刷・製本　モリモト印刷株式会社

Printed in Japan

© 2021 Tairou ITO, Hironori SAI

ISBN 978-4-87984-384-5 C0036